Thea Leitner
Habsburgs Goldene Bräute

Zu diesem Buch

Wir kennen Karl V. als den Herrscher, in dessen Reich die Sonne nicht unterging, und seinen ebenso berühmten Sohn Philipp II. Wir wissen von schrecklichen Kriegen und glanzvollen Eroberungen dieser Regenten, aber so gut wie nichts über ihr Privatleben. Dabei wurde ihre Macht zumeist durch strategisch kluge Heiraten mit einflussreichen Frauen von königlichem und vermögendem Geblüt herbeigeführt. Thea Leitner zeichnet ein detailliertes Bild der Frauen, die Gold und Macht in das Haus Habsburg gebracht haben: Maria von Burgund und Bianca Maria Sforza, die beiden Ehefrauen von Kaiser Maximilian I., Johanna, die angeblich Wahnsinnige, die Maximilians Sohn Philipp den Schönen heiratete, und schließlich Maria Tudor, die als »die Blutige« in die Geschichte einging, die Gemahlin Philipps II. Anschaulich, kurzweilig und mitreißend erzählt Thea Leitner Geschichten von Machtkämpfen und Intrigen, von Liebe und finsterem Verrat.

Thea Leitner, geboren in Wien, studierte Malerei, Kunstgeschichte und Sprachen und arbeitete als Journalistin. Nach zahlreichen Kinder- und Jugendbüchern gelang ihr mit »Habsburgs verkaufte Töchter« und weiteren Büchern zur österreichischen Geschichte der Sprung auf die Bestsellerlisten. Thea Leitner lebt heute als freie Autorin in ihrer Geburtsstadt.

Thea Leitner
Habsburgs Goldene Bräute

Durch Mitgift zur Macht

Mit 14 Abbildungen

Piper München Zürich

Von Thea Leitner liegen in der Serie Piper vor:
Habsburgs verkaufte Töchter (1827)
Fürstin, Dame, Armes Weib (1864)
Habsburgs vergessene Kinder (1865)
Skandal bei Hof (2009)
Die Männer im Schatten (2324)
Spiele nicht mit meinem Herzen (3004)
Habsburgs Goldene Bräute (3525)

Ungekürzte Taschenbuchausgabe
Piper Verlag GmbH, München
Februar 2003
© 2000 Verlag Carl Ueberreuter, Wien
Umschlag/Bildredaktion: Büro Hamburg
Isabel Bünermann, Julia Martinez/
Charlotte Wippermann, Katharina Oesten
Umschlagabbildung: Niclas Reiser (?) (»Maria von
Burgund«, Kunsthistorisches Museum Wien)
Druck und Bindung: Clausen & Bosse, Leck
Printed in Germany   ISBN 3-492-23525-5

www.piper.de

Inhalt

*Den Lebensfreunden
Brigitte und Friedel*

Die Geschichtsschreibung sollte nicht so kopflastig sein.
Es geht schließlich um Menschen und ihr Wirken.
Wenn die Geschichte so akademisch wird,
dass sie den Menschen nicht mehr erfasst,
dann hat sie ihr Ziel verfehlt.
Robert Goddard

Gold, Macht und Ehebruch

Von einem Habsburger auf Englands Thron und anderen merkwürdigen Geschichten aus der Chronik der berühmten Dynastie erzählt dieses Buch, vor allem im Hinblick auf die Wurzeln ihrer Macht und ihres Reichtums, die vorwiegend weiblich waren.

Zunächst aber wagt die Autorin noch einen Ausflug aufs spiegelglatte Eis der Spekulationen, der seriösen Historikern natürlich verwehrt bleibt. Wir, die kecken Laien jedoch dürfen ungeniert fragen: Was wäre gewesen, wenn ...? Welche Zufälle haben den Gang der Weltgeschichte verändert?

Was wäre gewesen, wenn ein Provinzherzog nicht von der fixen Idee besessen gewesen wäre, eine Königskrone zu erlangen? Er wollte dieses Ziel erreichen, indem er einen bettelarmen Prinzen zum Schwiegersohn bestimmte, in der Hoffnung, dass dessen Vater, der immerhin Kaiser war, ihn zum König erheben würde. Die Krone bekam er nicht, aber Habsburg erheiratete das unermesslich reiche Burgund.

Was wäre gewesen, wenn nicht, kurz hintereinander, die drei ersten Anwärter auf den spanischen Thron gestorben wären? Kein Hahn hätte nach der Nummer vier gekräht, der dann plötzlich ganz Spanien und die Kolonien in den Schoß gefallen sind; ihr und damit ihrem habsburgischen Mann und ihren fünf habsburgischen Kindern, von denen zwei sogar Kaiser wurden.

Was wäre gewesen, wenn die Tochter Heinrichs VIII., vermählt mit ihrem Neffen aus dem Hause Habsburg, nur einen einzigen männlichen Erben geboren hätte? Ein riesiges Länder-Konglomerat bestehend aus England, Spanien samt Kolonien, den Niederlanden, Mailand und ganz Süditalien unter einem einzigen, dem habsburgischen Wappen vereint. Die Welt sähe heute wohl ganz anders aus.

Noch ein zweiter Aspekt soll in diesem Buch behandelt werden: die Stellung der Goldenen Bräute zu ihren Ehegesponsen, die uns Heutige in basses Staunen versetzt. Abgesehen von einer, die zu jung starb, um von ihrem liebestollen Mann nachweislich hintergangen zu werden, befanden sich die anderen stets in der demütigenden Lage der unverfroren vor aller Augen betrogenen Ehefrauen.

Das Gold, die Macht, die sie in die Ehe einbrachten, die wurden angenommen. Der Dank in Form von Liebe und Treue wurde ihnen nicht zuteil von den allerchristlichsten Herrschern, welche die Zehn Gebote offensichtlich nicht einmal vom Hörensagen kannten. Eines davon lautet: »Du sollst nicht ehebrechen.«

Die Heldinnen dieses Buches – und ungezählte vor ihnen und nach ihnen – haben ihr Los mit Geduld, Demut und niemals nachlassender Liebe für ihre Ehemänner ertragen. Sie haben die biblische Botschaft bis an den Rand der Selbstaufgabe verinnerlicht, wonach das Weib dem Manne untertan zu sein hat.

Eine von ihnen allerdings hat versucht, sich zu wehren. Johanna, die spanische Gemahlin von Kaiser Maximilians I. Sohn Philipp dem Schönen, brachte den historisch bedeutsamsten Machtzuwachs in die Familie. Sie wollte sich nicht unterwerfen, sie hat mit Wut, mit Aggressivität, sehr »männlich«, auf die beleidigenden Betrügereien ihres Mannes reagiert. Also musste sie wohl wahnsinnig sein – nach dem damaligen Verständnis des Frauenbildes.

Als sie sich, nach vergeblichem Kampf, resigniert in sich selbst zurückzog, wurde sie erst recht für verrückt erklärt – sehr zum Vorteil ihrer männlichen Familienmitglieder: Vater, Gemahl und Sohn, die von ihrem »Wahnsinn« ungeheuer profitierten ...

Ich wünsche allseits spannendes Lesevergnügen.

Thea Leitner

Mitgift schlau verhandelt

Maria von Burgund 1457–1482

∞ Maximilian I. 1459–1519

Bianca Maria Sforza 1472–1510

Das kleine Mädchen war entzückt. Ein fremder Herr aus einem fernen Land, dessen Namen sie nicht einmal kannte, hatte ihr einen Papagei mitgebracht. Gerade ein Papagei hatte in ihrer kleinen Menagerie gefehlt, zu der Vögel, Hunde, Katzen und sogar einige Äffchen gehörten. Das Mädchen liebte Tiere über alles. Menschen zum Liebhaben gab es sehr lange Zeit nicht, und alle Leute, die sich ihr näherten, taten es mit gebeugtem Knie. Wie gesagt, nichts zum Liebhaben.

Sie hieß Maria, ihr Titel lautete »Erbprinzessin von Burgund«.

Sie war eines der reichsten, wenn nicht überhaupt das reichste Mädchen der damals bekannten Welt und damit, logischerweise, die begehrteste aller Partien. Rund ein Dutzend hervorragender Fürsten hatten im Laufe der Zeit um ihre Hand angehalten.

Einer von ihnen war der Mann mit dem Papagei: Herzog Sigmund von Tirol, der 1469 vorsichtig seine Fühler ausstreckte, ob sich eine Heirat seines Neffen Maximilian mit dem Goldmädchen anbahnen ließe. Maximilian war damals zehn, Maria zwölf Jahre alt. Eine Antwort bekam Sigmund nicht. Der Burgunderherzog war klug genug, sich die Optionen nach allen Seiten offen zu halten.

Burgund. Was wissen wir heute über Burgund?

Älteren Semestern, wie ich eines bin, fällt sogleich ein, was man uns im Deutschunterricht für ewige Zeiten ins Hirn gehämmert hat:

9

Uns ist in alten maeren / wunders vil geseit
von helden lobebaeren / von grozer arebeit ...

... der Anfang des in Mittelhochdeutsch verfassten »Nibelungenliedes«, dessen unvergessliche Helden Siegfried und Kriemhild waren sowie deren Brüder Gunther, Gernot und Giselher; Hagen und Etzel – Figuren aus einem fernen burgundischen Sagenreich, über die wir merkwürdigerweise im *Geschichts*unterricht so gut wie nichts erfahren haben.

Denn es hat sie doch wirklich und wahrhaftig gegeben, die Burgunder. Ihr Ursprung lag auf der Ostseeinsel Borgundarholm (heute das zu Dänemark gehörige Bornholm), von wo aus sie ihr blutrünstiges Raubhandwerk betrieben. Im 2. Jahrhundert n. Chr. wurden sie vorübergehend zwischen Weichsel und Oder sesshaft, wanderten dann aber nach Westen weiter und gründeten am Rhein ihr erstes Königreich mit Worms als Hauptsitz.

Von den Hunnen Mitte des 5. Jahrhunderts überrannt und dezimiert, zogen die Letzten ihres Stammes südwärts, um im Gebiet von Saône und Rhône ein neues Königreich zu errichten. Im Laufe einer turbulenten, wechselhaften Geschichte, da das Reich zerfiel, als Herzogtum wieder auferstand, durch Eroberungen und Heiraten weit über seine ursprünglichen Grenzen hinauswuchs, entstand ein fast unübersichtliches Flickwerk, das von der Nordseeküste (heute Niederlande) bis zum Südzipfel der jetzt französischen Bourgogne reichte.

Die Einwohner waren teils französischstämmig, teils Niederländer, Flamen und Deutsche, das Herzogtum war in manchen Gebieten der französischen, in anderen der deutschen Krone lehenspflichtig. Zwischen den »Oberen« und den »Niederen« Landen lag, ein ewiger Stachel im Fleisch, das Herzogtum Lothringen.

Es ist heute noch ein Rätsel, nein, besser, es mutet fast wie ein Wunder an, wie dieses Konglomerat für kurze Zeit zu einem der mächtigsten Länder Europas aufsteigen konnte; umso mehr, wenn man bedenkt, dass es vor allem in den Niederen Landen innerhalb der Bevölkerung – hier Handel und aufstrebende Industrie, dort Bauernschaft und konservativer Adel – ständig Reibereien gab; dass Frankreichs Könige stets waffenstarrend an den Grenzen lauerten, um beim Nachbarn reiche Beute zu machen.

Der erste Burgunderherzog, der weit über die Grenzen seines Landes hinaus bekannt war und der auch heute noch in Geschichtsbüchern zu finden ist, war Philipp, der den Beinamen »der Gute« führte, Großvater unserer Heldin Maria von Burgund. Er entstammte, wie sein Vetter, der französische König, dem Haus Valois, was allein schon einer der ausschlaggebenden Gründe für die ständigen Querelen zwischen Frankreich und Burgund war.

Wieso er zu dem Ehrennamen »der Gute« kam, ist nicht recht ersichtlich, denn er hatte neben erwiesenermaßen hervorragenden staatsmännischen Eigenschaften auch recht düstere Schattenseiten in seinem Charakterbild.

Philipp hatte die alten Residenzen im Süden aufgegeben und regierte vom reichen Norden aus, streng zentralistisch, wodurch es ihm gelang, die Fliehkräfte seines aus Dutzenden Ländern und Ländchen zusammengewürfelten Reiches zu bändigen. Es gelang ihm aber nicht, die latenten Spannungen zwischen seinem an französischen Sitten orientierten Hof und den reichen, mächtigen flandrischen Handelsherren und einflussreichen Gildenmeistern zu beseitigen. Dies umso weniger, als er sie Jahrhunderte alter Privilegien (Selbstverwaltung der Städte, Mitsprache bei Ernennung von Würdenträgern, gewisse Steuermonopole) beraubt hatte.

Mehr noch: Philipp zog die Steuerschraube immer brutaler an, presste das an sich reiche Land bis über die Schmerzgrenze aus. Man bedenke: Allein in Flandern gab es zwanzig große Städte, Gent, damals Regierungssitz, war wesentlich größer als Paris. Allein in Gent lebten 40 000 Wollweber und trugen durch ihrer Hände Arbeit wesentlich zum Reichtum ihrer Vaterstadt bei. Der internationale Handel konzentrierte sich auf Flandern, Brabant und Holland, selbstverständlich besaß das Bankhaus Medici in Brüssel eine lukrative Außenstelle im damals dichtest besiedelten Land des Kontinents.

Wie skrupellos Philipp vorging, wenn es galt, Geld zu beschaffen, erhellt sich aus einer Episode, die längst in Vergessenheit geraten ist:

Er war es, der die Auslieferung der Jungfrau von Orléans aus burgundischer Gefangenschaft an die Engländer veranlasste – und er strich seelenruhig den Judaslohn von 10 000 Goldtalern ein – für damalige Verhältnisse eine sagenhafte Summe.

Es war nun nicht so, dass Philipp das Geld nur für private Zwecke zum Fenster hinauswarf – das übrigens auch –, aber es floss sehr viel davon in die Infrastruktur des »Großen Herzogtums« zurück. Burgund war das erste Land mit einem straff organisierten Beamtenapparat, das erste, wo man bei Schlechtwetter nicht im Schlamm versank, weil die Straßen gepflastert waren. Philipp ließ eine Reihe von Schulen gründen und es gab einen gewissen sozialen Standard, sogar für die Armen und Alten.

So weit, so gut. Ein Großteil des Geldes allerdings kam dem pompösen Geschmack des Herrschers zugute. Seine über das ganze Land verstreuten Residenzen waren die modernsten, die elegantesten ihrer Zeit, ausgestattet mit den erlesensten Kunstwerken der Maler, der Bildhauer, der Tapisseure, der Silber- und Goldschmiede – wobei die Grenze zwischen Prunk und Protz manchmal sehr fließend war.

Dazu passend entwickelte Philipp einen Lebensstil, der ihn selbst in den Mittelpunkt eines raffiniert ausgeklügelten Zeremoniells stellte. Dutzende Hofschranzen hatten Hunderte Exerzitien zu vollziehen zum Ruhm und zur Ehre des allerdurchlauchtigsten Souveräns. Kälte muss an diesem Hof jeden Funken menschlicher Wärme erstickt haben. Dieses »burgundische Hofzeremoniell« wandelte sich später zum spanischen und hat noch bis ins 19. Jahrhundert auch am österreichischen Kaiserhof die Atmosphäre vergiftet.

Burgund war, aus militärischem und weltwirtschaftlichem Kalkül, lange Zeit eng mit England liiert, stand, wie wir gehört haben, im Hundertjährigen Krieg treu an der Seite des Verbündeten (Auslieferung der Jungfrau von Orléans) und übernahm vom Freunde jenseits des Kanals manche Sitten und Gebräuche. Was lag für den prestigehungrigen Philipp näher als auch in seinem Reich einen ebenso exklusiven Orden wie den des englischen Hosenbandes zu gründen.

So entstand der berühmte Orden vom Goldenen Vlies, in den nur die Tapfersten und Treuesten mit makelloser Ahnenreihe aufgenommen wurden, um gemeinsam die Werte des christlichen Abendlandes hochzuhalten. 24 Mitglieder umfasste der Orden zunächst, 24 Glieder hatte darum auch die massiv goldene Ordenskette, an der das Goldene Vlies baumelte. Böse Zungen wussten gleich zu berichten, dass die 24 Glieder die zwei Dutzend Mätressen des Herzogs symbolisierten und das goldene Schaffell nichts anderes als die blonde Lockenpracht seiner Favoritin Marie de Cambrugghe.

Zeremoniell hin oder her: Das Liebesleben des Herzogs verlief äußerst facettenreich und unkonventionell und er nahm sich nicht einmal die Mühe, es vor seiner Frau Isabella, einer Tochter des portugiesischen Königshauses, auch nur ansatzweise zu verbergen. In Scharen trieben sich Bastarde bei Hof herum, machten unter den wohlwollenden Augen des Vaters Karriere – und Isabella konnte sehen, wo sie blieb. Bis es ihr eines Tages zu viel wurde. Sie packte ihre Sachen und zog sich in ein Kloster zurück, um bis an ihr Lebensende zu beten und gute Werke zu vollbringen.

So lendenstark er sich außerhalb des Ehebettes erwies, so wenig erfolgreich waren Philipps Bemühungen, eine möglichst große Zahl an legitimen Kindern zu zeugen. Ein einziger Sohn, Karl mit Namen, ging aus der Verbindung mit der portugiesischen Königstochter hervor und gerade mit diesem gab es immer wieder Spannungen und sogar Zerwürfnisse.

Karl, der als Thronfolger den Titel eines Grafen von Charolais trägt (analog etwa dem englischen Prinzen von Wales und dem französischen Dauphin), heiratet, durchaus mit Billigung, vielleicht sogar über Weisung des Vaters, eine Tochter des Herzogs von Bourbon. Isabelle ist siebzehn, Karl einundzwanzig Jahre alt.

Die Ehe wird als glücklich beschrieben. Karl hat, im Unterschied zum Vater, niemals eine Mätresse gehabt, dennoch mutet es höchst merkwürdig an, dass er sich nicht in seinem Jagdvergnügen stören ließ, als seine Frau im Februar 1457 ihrer schweren Stunde entgegensah. Er blieb auch fern, nachdem Isabelle im Schloss zu Brüssel am 13. Februar von einer Tochter entbunden worden war: Maria!

Vierzehn Tage lang hielt man das arme Wurm, den damaligen Vorstellungen von Hygiene entsprechend, in einem vollkommen abgedunkelten Zimmer, wobei allerdings Tag und Nacht stinkende und rußende Fackeln loderten. Nachdem Maria dieses Martyrium glücklich überstanden hatte, wurde sie feierlich getauft, mit großem Aufwand, wie sich von selbst versteht, unter Anteilnahme zahlreicher hoher Gäste und der halben Bevölkerung von Brüssel.

Wer fehlte, das waren der Vater und der Großvater des Kindes. Karl soll einen veritablen Tobsuchtsanfall erlitten haben, als man ihm das Jagdvergnügen mit der Hiobsbotschaft vergällte, Vater einer *Tochter* geworden zu sein. Über die unmittelbare Reaktion Philipps ist nichts bekannt – seine Abwesenheit bei der Taufe spricht indes für sich.

Von allerhöchstem Interesse ist die Person des Taufpaten der kleinen Maria. Karl hat seinen Jagdkumpanen Ludwig für diese verantwortungsvolle Aufgabe gewonnen, gewiss nicht ohne ganz klare Hintergedanken: Ludwig ist der französische Dauphin, der Sohn Karls VII., jener Witzfigur auf Frankreichs Thron, der seinen Sieg über die Engländer Jeanne d'Arc, ausgerechnet einer Frau!, zu verdanken hatte.

Ludwig hat an einer Adelsverschwörung gegen seinen Vater teilgenommen und lebt nun im burgundischen Exil. Doch eines Tages wird er französischer König werden, eines Tages seine schützende Hand über seinem Taufkind halten statt, so wie alle seine Vorgänger, danach zu trachten, das blühende Burgund dem französischen Territorium einzuverleiben. So mag Karl gehofft haben – dies eine der unzähligen historischen Fehlspekulationen.

Maria lebt zunächst mit ihren Eltern in ziemlicher Abgeschiedenheit auf der Festung Quesnoy im südlichsten Zipfel des Hennegaus, wohl mehr oder weniger in der Verbannung, denn die Entfremdung zwischen Herzog Philipp und seinem Sohn, dem Grafen von Charolais, war dermaßen eskaliert, dass die beiden einander nicht einmal mehr sehen wollten.

Dann wurde das sechsjährige Kind, das nicht wusste, wie ihm geschah, von den Eltern getrennt. Philipp befahl den Sohn als Statthalter nach Holland. Widerspruchslos begaben sich Karl und seine Frau nach Gorkum (heute Gorinchen). Maria wurde nach Gent, dem Sitz der Grafen von Flandern, verfrachtet.* Und das ist eine höchst seltsame Geschichte, zumindest aus der Perspektive der heutigen Zeit.

Von »Kidnapping« zu sprechen mag vielleicht übertrieben sein, aber ein Hauch von Erpressung ist schon mit im Spiel, wenn die Bürgerschaft von Gent »untertänigst bittet«, die kleine Prinzessin in ihre Obhut nehmen zu dürfen (d'avoir en garde). Zwischen den Zeilen des devoten Ansuchens mag Karl sehr wohl deutlichere Worte gelesen haben: »Bekommen wir die Prinzessin nicht, dann gibt es Ärger.«

Nur zu gut ist noch in Erinnerung, dass die Genter Bürger vor gar nicht zu langer Zeit ein respektables Heer von 12000 Mann auf die Beine gestellt haben, um Herzog Philipp den Guten zu stürzen, der sie der meisten ihrer alten Stadtrechte beraubt hatte. Sie wurden zwar geschlagen (1453), die alte Wut aber schwelte unter der Oberfläche weiter und es würde ein Funke genügen, um den Brand wieder auflodern zu lassen.

Um des lieben Friedens willen wird Maria also geopfert und nach Gent geschickt. Wer letzten Endes die Entscheidung fällt, bleibt unklar: Vater Karl, dem auf seinem unfreiwilligen Außenposten die Hände gebunden sind, oder Großvater Philipp – er ist längst in die Jahre gekommen und daher mehr und mehr bereit, Kompromisse zu schließen.

Der »Prinsenhof« zu Gent, ein düsteres, festungsartiges Wasserschloss mit nicht weniger als 300 Zimmern und einem ausgedehnten Park, wird nun die neue Heimstatt der Prinzessin. Das Hofzeremoniell ist hier nicht so ausgeprägt wie in den Residenzen von Vater und Großvater, der Respektabstand aller Erwachsenen zu diesem einen Kind wird jedoch peinlich genau eingehalten.

Eine Madame d'Haleweyn leitet die Erziehung Marias und wir

---

* Die Herzöge von Burgund führten auch den Titel eines Grafen von Flandern.

wissen nicht viel mehr über sie, als dass sie über die schulische Ausbildung ihres Schützlings wacht.

Maria werden alle für eine Prinzessin wichtig scheinenden Wissensgebiete vermittelt – auf ihre Rolle als künftige Herrscherin wird sie nicht vorbereitet. Noch hoffen die Eltern auf einen Stammhalter.

Sie wächst zweisprachig auf, beherrscht beide Landessprachen, das Flämische und das Französische, perfekt, zieht aber zeitlebens Französisch vor. Es ist das Idiom der herrschenden Schicht.

Selbstverständlich lernt sie auch Latein, die internationale Diplomatensprache, sorgfältig ist der Religions- wie der Geschichtsunterricht. Musik ist ihr Lieblingsgegenstand. Nirgendwo in Europa wird so viel musiziert wie am burgundischen Hof. Die Hofkapelle, die zu allen Gelegenheiten aufzuspielen hat, besitzt einen legendären Ruf.

Auf Handarbeit wird großer Wert gelegt – alle feinen Damen der Gesellschaft stickten und stichelten damals wie besessen – aber ebenso auf Sport. Eine Burgunderin muss eine perfekte Reiterin und Jägerin sein – und so wird sie es auch. Das Reiten wird ihre große Leidenschaft, der sie schon als ganz junges Mädchen stundenlang frönt, und es ist heute noch unfassbar, dass ausgerechnet sie durch einen Sturz vom Pferd ums Leben kommen wird. Wenn in der Winterszeit Ausritte nicht möglich sind, jagt sie mit dem größten Vergnügen auf Schlittschuhen über die zugefrorenen Kanäle und Grachten von Gent und Umgebung.

Durch ihren häufigen Aufenthalt im Freien kommt sie, mehr als sonst bei adeligen Fräulein üblich, mit der Bevölkerung in Kontakt. Nicht sehr intensiv, denn sie ist ja immer von Höflingen und Aufpassern umringt, aber doch so weit, dass die Menschen merken: Sie ist nicht arrogant und auf striktesten Abstand bedacht wie Vater und Großvater. Sie strahlt eine unbekümmerte Freundlichkeit und Leutseligkeit aus und wird darum bald sehr populär – was ihr später, wenn wieder einmal die Bestie des Aufruhrs losstürmt, leider gar nichts nützen wird ...

1465 ist ein Schicksalsjahr für Maria – nur ist sie sich dessen gewiss nicht bewusst. Es stirbt die Mutter an einem Lungenleiden (Tuberkulose?), der Vater tritt zum ersten Mal ins Rampenlicht der Weltgeschichte.

Wie sehr der Mutter Tod Maria beeindruckt oder in Trauer versetzt hat, ist schwer einzuschätzen. Die nun Achtjährige hat die Mutter seit der zwei Jahre zurückliegenden Trennung nur ein einziges Mal kurz gesehen. Wir wissen auch gar nicht, ob es zwischen der Gräfin von Charolais und ihrer Tochter jemals eine stärkere emotionale Bindung gegeben hat.

Wesentlich größeren Eindruck muss ihr gemacht haben, dass der Name des Vaters plötzlich in aller Munde ist, dass jedermann von seinen glänzenden Heldentaten schwärmt und ihm von nun an der Beiname »der Kühne« wie ein brillanter Orden anhaftet – bis in unsere Tage. Wenn wir es recht besehen, gefiele uns eigentlich der Spitzname »der Tollkühne« wesentlich besser.

Nach langen Jahren der gegenseitigen Abneigung ist es zwischen dem alten Herzog Philipp und seinem Sohn Karl zur Annäherung, zur Versöhnung gar, gekommen und Karl erhält das Oberkommando über die burgundischen Streitkräfte.

Und schon in diesem Augenblick wird mit beklemmender Deutlichkeit sein wesentlichstes Charaktermerkmal sichtbar, das ihn in den schmählichen Untergang und sein Land an den Rand des Abgrundes treiben wird – für Maria ein erdrückendes Erbe.

Gewiss: Karl ist ein kühner Krieger stets in vorderster Linie fechtend bis an die Grenze der Tolldreistigkeit. Aber was ihn in den Kampf treibt, ist meist nicht rationale Überlegung, sondern ein heftiger, kopfloser Impuls auf der Jagd nach Ruhm und Ehre.

Im Laufe der Jahre tritt ein deutlicher Zug hemmungsloser Großmannssucht hervor. Er träumt von einem burgundischen Großreich, dem die Schweiz ebenso zugehört wie Lothringen, das ganze südliche Frankreich, und selbst auf Savoyen und das Herzogtum Mailand richtet er sein begehrliches Auge. Ein Reich von der Nordsee bis an die Gestaden des Mittelmeeres schwebt ihm vor, in den Ausmaßen des legendären frühmittelalterlichen Austrien. Und wer wird dieses unzweifelhaft mächtigste Land Europas regieren? Karl. *König* Karl natürlich.

Bezeichnend für den Weg, den Karl einzuschlagen gedenkt, ist der erste Krieg, in den er sich sofort nach Übernahme des Oberbefehls über die burgundischen Truppen stürzt: Er zieht mit 26000 Mann gegen Frankreich und gelangt bis vor die Tore von Paris, nachdem er sich einem verschwörerischen Bund des französischen Adels (ligue du bien public) gegen den König angeschlossen hat.

Dieser König ist niemand anderer als sein ehemaliger Jagdgenosse Ludwig, jetzt Ludwig XI., der Patenonkel der kleinen Maria, den Karl sich eigentlich zu deren Schutzpatron erkoren hatte. Ludwig, seit vier Jahren auf dem Thron, hatte jedoch nichts anderes im Sinn als gegen Burgund zu intrigieren, das Land mit seinen Spitzeln und Agents provocateurs zu infiltrieren und die Stimmung gegen den regierenden Herzog aufzuheizen.

Statt auf diplomatischem Weg wenigstens eine Annäherung, einen Ausgleich, zu suchen zieht Karl gegen Ludwig ins Feld. Es kommt zu einer großen Schlacht bei Montléri, die zwar unentschieden endet, den König aber so geschwächt hat, dass er den meisten Forderungen seiner aufrührerischen Granden nachkommt. Und Karl kehrt als ruhmbedeckter Held nach Hause zurück.

Gut für den Vater, schlecht für seine Tochter. Maria steht seit dem Tod der Mutter de facto ohne Familie da. Der Vater ins Kriegshandwerk vertieft, der Großvater kümmert sich ohnehin nicht um die Enkelin und die Großmutter in ihrem Kloster ist damit beschäftigt, ein heiligmäßiges Leben zu führen. Kleine Mädchen haben darin keinen Platz.

Am 15. Juni 1467 stirbt Herzog Philipp der Gute im Alter von 71 Jahren. Logischerweise wird nun der 34-jährige Sohn Karl zu seinem Nachfolger – aber schon 13 Tage später kommt es zum bedrohlichen Eklat. Die Amtseinführungszeremonie Karls in Gent verläuft ruhig und in gewohnten Bahnen, nichts deutet darauf hin, dass sich an deren Ende jahrelange Wut und Frustration plötzlich gegen den neuen Souverän wenden werden.

Eine Abordnung von Genter Bürgern spricht bei ihm vor, verlangt ultimativ die Vorrechte zurück, die ihnen Herzog Philipp genommen hat. Der völlig überraschte Karl bittet um Bedenkzeit. Die wird ihm mit dem Hinweis, dass jeden Augenblick ein bewaffneter Aufstand ausbrechen könnte, verweigert. Unausgesprochen hängt die Drohung in der Luft, Maria als Geisel zu nehmen. Karl bleibt keine Wahl. Er muss nachgeben. Eine unerhörte Demütigung.

Was Karl in dieser fatalen Lage dringend braucht, das ist ein starker Verbündeter, einer, der ihm den Rücken decken kann sowohl gegen den stets sprungbereiten Nachbarn Frankreich als auch gegen die eigenen aufrührerischen Untertanen. Überdies: Einen Sohn hätte er noch immer lieber zum Erben als ein schwaches Frauenzimmer.

Also wird er heiraten und seine Wahl ist sehr wohl überlegt: Margarete von York, die Schwester des englischen Königs Eduard IV. Das ist genau jener Eduard IV., der in der düstersten Zeit Englands die Rosenkriege provozierte, der König Heinrich VI., seinen Gegenspieler, im Tower ermorden ließ und dessen kleine Söhne von Richard III. ebenfalls im Tower gemeuchelt wurden. Der Stoff, aus dem Shakespeare mit vollen Händen schöpfen konnte ...

Zurück zu Margarete. Sie trifft am 25. Juni 1468 in Brügge ein, wo bereits am 2. Juli Hochzeit gefeiert wird – eines der glanzvollsten Feste, das der an glanzvollen Festen nicht eben arme burgundische Hof je veranstaltet hat. Im Mittelpunkt steht – und das ist die allseitige freudige Überraschung – eine bildschöne und anmutige Braut von gerade 22 Jahren in silbernem, edelsteinbesetztem Brokat, lebhaft umjubelt von der Bevölkerung, staunend angehimmelt von der elfjährigen Maria.

Margarete bringt der Halbwaise Wärme und Zuneigung entgegen, sie behandelt Maria weniger wie eine Stiefmutter, sondern vielmehr wie eine liebevolle ältere Schwester. Maria wird in Margarete eine Freundin, eine Vertraute, eine energische Helferin in allen schwierigen Lebenslagen finden. Margarete, die, sehr zur Enttäuschung Karls, kinderlos bleibt, wird Maria mit allen Gefühlen beschenken, die sie ansonsten eigenen Kindern entgegengebracht hätte.

Die Fama will wissen, dass Margarete ihrem schwierigen Gemahl herzlich zugetan gewesen sei, in Liebe, die Karl offensichtlich nicht erwiderte. Nachdem sich herausgestellt hatte, dass Margarete nicht schwanger werden konnte, verlor er jegliches Interesse an ihr.

Seinen Schwager Eduard an der Seite, mit dem er gegen Frankreich manchen Strauß ausfocht, gab er sich ganz seinen politischen Traumbildern und teils sinnlosen Kriegsabenteuern hin: Schon wenige Wochen nach der Hochzeit legte er sich wieder mit Ludwig XI. an, den er – Triumph, Triumph! – sogar vorübergehend gefangen nehmen konnte. Von da an herrschte permanent Kriegszustand zwischen Frankreich und Burgund. Karl und Margarete trafen einander äußerst selten, und dann nur zu offiziellen Anlässen, meist in Prinsenhof zu Brügge.

Die Folge davon war, dass Margarete und Maria sich immer enger aneinander schlossen. Die junge Frau und das halbwüchsige Mädchen hielten sich Anfang 1469 in Schloss Hesdin, einem der von Philipp dem Guten errichteten Prunkbauten auf, als Herzog Sigmund von Tirol im Prinsenhof zu Brügge dem Herzog Karl seine Aufwartung machte, um die Möglichkeit einer Heirat zwischen Erzherzog Maximilian von Österreich (zehn Jahre alt) und Maria von Burgund (zwölf Jahre alt) zu sondieren. Unwahrscheinlich, dass man das Mädchen über den Besuch aus Tirol unterrichtet, sicher ist nur, dass sie sich über den mitgebrachten Papagei gefreut hat. Er wurde zum Paradestück ihres kleinen Zoos.

Es war nicht das erste Mal, dass eine Verbindung Habsburg – Burgund ins Auge gefasst wurde, und überhaupt gab es im Laufe der Jahre mehr Konkurrenten – insgesamt rund ein Dutzend – um die Hand der reichen Erbin, als jedem einzelnen von ihnen lieb sein konnte.

Am eiligsten hatte es König Johann II. von Aragón, der die damals fünfjährige Maria für seinen elfjährigen Sohn Ferdinand begehrte, aber nicht erhielt. Wir, die wir alle im Geschichtsunterricht gut aufgepasst haben, wissen (und amüsieren uns sehr), dass jener Ferdinand dafür Isabella von Kastilien ehelichen wird, beider Kinder werden in ferner Zukunft (und im nächsten Kapitel nachlesbar) die Kinder der Maria von Burgund heiraten – mit gigantischen Auswirkungen auf die Weltgeschichte und auf die des Hauses Habsburg ...

Schon wenige Monate später kam ein neuer Heiratsplan aufs Tapet, der fortan beständig durch Karls fantastische Wunschträume irrlichterte. Und das kam so:

Papst Pius II., einer der gelehrtester und feinsinnigsten in der langen Reihe der Petrus-Nachfolger, versteifte sich gegen Ende seines Lebens immer mehr darauf, einen Kreuzzug gegen die Türken zu führen. Auf der Suche nach möglichst potenten Mitstreitern wandte er sich natürlich auch an Karl, den Souverän des wohlhabendsten europäischen Staates, und es war dem Heiligen Vater auch bewusst, wie er dem Herzog die Idee schmackhaft machen könnte – indem man ihm die heiß begehrte Königskrone in Aussicht stellte.

Es war nun nicht so, dass der Papst Königskronen wohlfeil zu vergeben hatte, das allein konnte der Kaiser des Heiligen Römischen Reiches Deutscher Nation, Friedrich III., und auf diesen hatte Pius II. einen nicht zu unterschätzenden Einfluss. Der Papst, mit bürgerlichem Namen Äneus Sylvius de Piccolomini, hatte als Kardinal einige Zeit dem Kaiser als Ratgeber gedient; das geistliche und das weltliche Oberhaupt des christlichen Abendlandes standen einander noch immer sehr nahe.

Pius' II. fein gesponnener Plan sah nun vor, Karl für den Türkenfeldzug zu gewinnen, indem er ihm die von Friedrich zu vergebende Königskrone in Aussicht stellte. Dazu wäre der Kaiser wohl gewillt, wenn Karls Tochter Maria Friedrichs Sohn Erzherzog Maximilian heiratete. Die mehrmals um die Ecke gedachte Idee scheint Karl denn doch zu vage gewesen zu sein. Weder ließ er sich für den Kreuzzug erwärmen – der dann sowieso nicht zustande kam – noch wollte er weiter über eine Verlobung der beiden Kinder verhandeln. Das Projekt wurde fürs Erste fallen gelassen. Der Gedanke an die Königskrone allerdings sollte ihn nie mehr loslassen.

Eine Königskrone, wenigstens für Maria – das wäre doch immerhin etwas. Es begannen Gespräche mit dem französischen König Ludwig XI., dem Patenonkel Marias. Der war kinderlos und es hatte den Anschein, dass sich dieser Zustand nicht ändern würde. Als nächster Anwärter auf den Thron fungierte Ludwigs Bruder, der Herzog von Guyenne, ein schwächlicher, abgrundtief hässlicher Jüngling, bekannt für sein ausschweifendes Leben – aber wen störte das schon, solange gute Chancen für eine Thronbesteigung bestanden. Karl sagte noch nicht Ja, aber auch nicht Nein – er wartete ab.

Er brauchte nicht lange zu warten, da erschien Herzog Sigmund von Tirol samt Papagei und dem neuerlichen Vorschlag einer burgundisch-habsburgischen Verbindung, allerdings ohne konkrete Zusagen für die Erhebung des Herzogs zum König von Burgund. Karl äußerte sich nicht.

Und schon stand der nächste Brautwerber vor der Tür, diesmal erneut Ludwig XI., dem, o Wunder, doch noch eine Erbe geboren worden war – der spätere Karl VIII. Er hing zwar noch an der Brust seiner Amme, dennoch wurde er allen Ernstes als Heiratskandidat vorgeschlagen. Karl lehnte – diplomatisch verbrämt, versteht sich – ab und Ludwig sollte sich nicht allzu sehr kränken. Eine Braut aus Burgund kriegt der Dauphin bestimmt – wenn auch nicht Maria, sondern deren kleine Tochter Margarete. Doch das ist ferne Zukunftsmusik ...

Maria ist bereits fünfzehn Jahre alt, als ihr ein potenzieller Bräutigam zum ersten Mal leibhaftig begegnet – und diesmal scheint es ernst zu werden. Karl hat, fürs Erste, die Schimäre der Königskrone zurückgestellt, weil ein wesentlich erträglicheres Geschäft möglich zu werden scheint: Nicolas, Herzog von Lothringen, tritt als Freier auf die Bühne.

Lothringen, das wie ein Keil zwischen den nördlichen und südlichen Landen Burgunds liegt, könnte, auf dem Weg über das Brautbett und nicht durch einen (seit langem heimlich ins Auge gefassten) Eroberungszug gewonnen werden. Mit allen Ehren und großer Freude wird Nicolas von Karl in Brügge empfangen, Maria vorgestellt und bleibt.

Nicolas war ein gut aussehender junger Mann, der, so erfahren wir aus zeitgenössischen Berichten, großen Eindruck auf die Damenwelt machte und der dies auch durchaus zu seinen Gunsten nutzte. Es hätte schon sehr widriger Umstände bedurft, wäre das Mädchen nicht in erster Liebe zu dem hübschen Jungen entbrannt, der mit ihr einen ganzen Monat lang unter einem Dach lebte und ihr täglich den Hof machte.

Die offiziellen Papiere, die bereits das Stadium ausgefeilter Verträge erlangt hatten, geben keine Auskunft über die Gefühlslage der Prinzessin – doch das ganze Projekt hat sich dann ohnehin zerschlagen: Nicolas wurde das Opfer einer in Lothringen grassierenden Typhusepidemie.

Lothringen – passé. Also doch wieder Habsburg und vielleicht die Königskrone dazu? Wie ernst es Karl mit seinen Plänen diesmal ist, beweist die Tatsache, dass er einen perfekt Deutsch sprechenden Sondergesandten nach Wien schickt um, so der wörtliche Auftrag, »Wuchs, Gewicht, Charakter und sonstige Eigenschaften« des »Monsieur Maximilien« zu erkunden. Die Auskünfte müssen befriedigend gewesen sein. Von nun an betreibt Karl die Verbindung mit Habsburg zügig.

Was genau Karl über seinen potenziellen Schwiegersohn erfahren hat, ist unbekannt. Die Dokumente, die darüber Auskunft geben könnten, sind verloren gegangen. Also müssen wird selbst versuchen, uns ein Bild vom jungen Maximilian zu machen.

Er wurde am 22. März 1459 in der Burg zu Wiener Neustadt, rund 40 Kilometer südlich von Wien, geboren. Wiener Neustadt, damals an einer wehrtechnisch wichtigen Stelle gelegen, war in jenen Tagen wichtiger und größer als Wien: Hier residierte Maximilians Vater, Kaiser Friedrich III., die meiste Zeit – was aber nicht bedeutete, dass die Wiener Neustädter Burg komfortabler und ansehnlicher gewesen wäre als die in Wien oder Graz, wo sich die kaiserliche Familie gelegentlich auch aufhielt: Geld für eine standesgemäße Ausstattung war nie vorhanden.

Der Kaiser war immer in Geldnöten, aber nicht nur das. Er musste sich zeitlebens mit einer schier unübersehbaren Meute von Gegnern herumschlagen, mit aufsässigen Böhmen und Ungarn, die unter ihrem König Matthias Corvinus zeitweise einen Großteil der österreichischen Erblande, inklusive Wien, besetzt hielten.

Friedrich wurde von seinem Bruder bekämpft, ganz zu schweigen von den eigenen Landsleuten, darunter sogar Männer aus dem Adelsstand, die wiederholt gegen ihn rebellierten. Unter Friedrichs Regentschaft herrschte überwiegend Aufruhr, Chaos und bittere Not. Es ist ein Witz der Weltgeschichte, dass es heute noch immer Leute gibt, welche die Buchstaben A.E.I.O.U. als »Alles Erdreich ist Österreich untertan« interpretieren. Tatsache ist, dass das Geheimnis der Buchstabenreihe, die Friedrich überall anbringen ließ, bis heute nicht enträtselt ist, die falsche Auslegung stammt, längst nachgewiesen, aus dem 16. Jahrhundert.

Nein, Friedrich war ein armer, vom Schicksal heftigst gebeutelter Mann, die Glorie des Hauses Habsburg, das einmal wirklich die halbe Welt beherrschen würde, konnte er nicht im Entferntesten voraus ahnen.

Friedrich war mit einer um viele Jahre jüngeren portugiesischen Prinzessin namens Eleonora verheiratet, die ihm fünf Kinder gebar, von denen zwei überlebten: Maximilian und die sechs Jahre jüngere Kunigunde.

Der Kaisersohn war kein viel versprechendes Kind, bis fast zum neunten Lebensjahr unfähig, sich artikuliert auszudrücken. Meist hielt er überhaupt den Mund und machte solcherart einen leicht blödsinnigen Eindruck. Vielleicht war ein Trauma aus der frühen Kindheit daran schuld: Drei Monate lang waren er und seine Eltern in der Wiener Burg eingeschlossen, als die Bürger, aufgehetzt durch des Kaisers Bruder, sich gegen den Herrscher erhoben.

Kaiserin Eleonora, das Kind Maximilian und alle in der Burg lebenden Frauen mussten tage- und nächtelang unter denkbar elenden Bedingungen im Kellergewölbe ausharren. Das Wasser war knapp, die Lebensmittel gingen aus, nachdem sämtliche in der Burg gehaltenen Haustiere – Rinder, Schweine, Hühner – verzehrt worden waren. Auf den kargen Tisch kamen dann gekochte Hunde, Katzen und Singvögel.

Es ist auch möglich, dass Maximilian unter den ständigen Spannungen seiner Eltern gelitten hat. Eleonora, im lässigen Überfluss eines heiteren Hofes im Süden aufgewachsen, konnte nie in der kargen Kälte der österreichischen Burgen heimisch werden. Dies umso mehr, als ihr stets griesgrämiger Mann ihr an allem und jedem, was in der Familie schief lief, die Schuld zu geben pflegte. Gleich, ob die erstgeborenen Kinder starben – die »portugalische süße Kost« war die Ursache; ob Maximilian sprachunfähig war – wie denn anders, wenn die Mutter nicht einmal deutsch sprechen lernte?

Die sehr geliebte Mutter starb, als Maximilian acht Jahre alt war – und merkwürdigerweise begann sich von diesem Zeitpunkt an seine Sprachfähigkeit zu normalisieren.

Der Junge wurde zusammen mit Söhnen aus angesehenen Adelsfamilien erzogen. Zwei von ihnen wurden ihm zu lebenslangen Freunden, ein Sigmund von Prünschek und ein Wolfgang von Polheim.

Die Knaben wurden in allen damals üblichen Disziplinen von ausgezeichneten Lehrern unterrichtet, die noch Eleonora ausgewählt hatte; dabei stellte sich zu jedermanns Überraschung heraus, dass Maximilian ein besonders intelligentes Bürschchen war, das den Lehrstoff schnell erfasste und selten vergaß.

In der ausgehenden Periode der Ritterzeit, da es im Kampf auf Ausdauer, schnelle Reaktion, Einsatzbereitschaft und große körperliche Kraft ankam, war es nur natürlich, dass auf die Leibesertüchtigung besonderer Wert gelegt wurde – und auch dabei war der Junge seinen Mitschülern stets ein ganzes Stück voraus.

Um das positive Bild abzurunden, sei noch erwähnt, dass Maximilian wohlgewachsen, wenn auch nicht überdurchschnittlich groß war, ein hübsch geschnittenes Gesicht hatte, das von einer Fülle langer blonder Locken wirkungsvoll umrahmt war; die stark gebogene, ein wenig heftig hervorspringende Nase störte nicht allzu sehr, sie gab ihm vielmehr frühzeitig ein männliches Aussehen.

Tatsache ist, dass der 14-Jährige schon wie 18 wirkte und sehr, sehr früh einen ausgeprägten Hang zu allerlei Tollheiten hatte, aber auch zu schönen Fräulein, zu ausgiebigen Trinkgelagen und zur maßlosen Geldvernichtung.

Der besorgte Vater wusste sich nicht anders zu helfen als einen befreundeten päpstlichen Vikar zu bitten, dem Jungen die Leviten zu lesen, was dieser auch ausführlich tat. In einer schriftlichen Philippika warf der Kirchenmann Maximilian »mangelnde Lernfreudigkeit, Leichtsinn und Maßlosigkeit« vor. Maximilian möge mehr auf den

Vater hören, brav studieren und erst dann seinem Tatendrang nachgeben. »Auch Cäsar, Alexander und Augustus haben erst mit 20 Jahren angefangen die Welt zu erobern«, heißt es weiter im Text. Dazu muss man wissen, dass Maximilian sich exzessiv an den kühnen Taten der antiken Heroen begeisterte, denen nachzustreben sein allerhöchstes Ziel war.

Wir können sicher sein, dass Karl der Kühne von diesem Teil der Maximilian-Biografie nichts wusste, als er nach Trier aufbrach, um dort den Kaiser samt Sohn zu treffen und das Verlöbnis seiner Tochter endgültig auszuhandeln. Maria war nicht mit von der Partie, wofür es zwei Erklärungen gibt: Entweder wollte Karl sein kostbares Schätzchen noch eine Weile unter totalem Verschluss halten – oder die Genter Bürger waren nicht bereit, es herauszurücken. Beide Varianten sind ebenso möglich wie plausibel.

Der äußere Anlass der historischen Begegnung war ein Reichstag. Die Reichstage, die in mehr oder minder großen Abständen in den wichtigsten Städten des Reiches stattfanden, versammelten die führenden weltlichen und geistlichen Würdenträger zur Erarbeitung gemeinsamer politischer und wirtschaftlicher Entscheidungen (Kriege, Steuern, Gesetze usw.). Die Granden des Reiches haben bei diesen Gelegenheiten so manchen König und Kaiser spüren lassen, wie gering im Grunde genommen deren Machtbefugnisse waren, wie viel mehr Einfluss Kurfürsten und Kardinäle als die Krone hatten. Maximilian wird das ein Leben lang schmerzlich spüren müssen.

Karl zieht in diesen Septembertagen 1473 nach Trier, als gelte es, eine Entscheidungsschlacht zu gewinnen. Im übertragenen Sinne mag er das wohl auch so empfunden haben und so bietet er alles auf, dem Kaiser seine Macht und seine Herrlichkeit zu demonstrieren: 3000 schwere Panzerreiter, 5000 leichte Reiter, 3000 Knechte, der gesamte Adel – jeder nach der neuesten Mode in Samt und Brokat gekleidet – Pagen, Herolde, Trompeter, natürlich die Ritter vom Goldenen Vlies in ihren purpurnen Prunkgewändern und an der Spitze, im vergoldeten Kürass, darüber ein aus echten Goldfäden gewirkter Mantel: Karl der Kühne, Karl der Prächtige.

Einziger Wermutstropfen: Karls als glänzende Schau geplanter Einzug in Trier ertrinkt fast in einem Wolkenbruch und Friedrich hat für das neureiche Spektakel nur einen kurzen, bissigen Kommentar: »Welsches Geprotze.«

Später sagt der Kaiser dann nichts mehr, denn das in den nächsten Tagen auf die Spitze getriebene Angebertum Karls verschlägt allen die Rede. In 400 Wagen hat der Burgunder seinen gesamten Hausschatz angeschleppt: Möbel und Bilder, Tapisserien, das komplette Tafelsilber, edelsteinbesetzte Sakralgeräte, zwölf Apostelstatuen aus massivem Silber, eine fast zwei Meter hohe Lilie aus purem Gold, das man aber kaum wahrnimmt, denn es ist über und über behaftet mit Brillanten, Smaragden und Perlen.

Karl dekoriert mit seinem Hausschatz die Kirche, in der die Fürsten beten, und die Hallen, wo er seine Gastmähler gibt (mindestens 40 Gänge!), begleitet von noch nie gehörter süßer Tafelmusik der burgundischen Hofkapelle. Karl platziert den Kaiser immer so, dass dieser fast mit der Nase auf die ausgestellten Schätze stoßen muss.

Der Kaiser hat diesen ins Auge springenden Äußerlichkeiten nichts entgegenzusetzen. Er war nicht einmal imstande gewesen, für sich und seine Begleiter eine dem Anlass entsprechende Garderobe aufzubringen, und es stand zu befürchten, dass die Kaiserlichen in abgetragenem, geflicktem Zeug nach Trier reisen müssten – bis Friedrich einen diskreten Wink bekam: Es gab in Augsburg einen reichen Kaufmann und Tuchhändler, der bereit war, die Österreicher auf Pump einzukleiden. Fugger hieß der Mann, Ulrich Fugger: Damit begann das legendäre Zusammenspiel zwischen einem rasch zu Reichtum gelangenden Krämer und der Krone des Heiligen Römischen Reiches.

Während die Großen des Reiches, zumindest hinter vorgehaltener Hand, dann doch zu lästern beginnen über die burgundische Großmannssucht, ist einer zutiefst beeindruckt: der 14-jährige Maximilian. Täglich streicht er mit großen Augen durch Karls Feldlager, bestaunt die Zelte und die Wagenburgen, die kostbar gezierten Geschütze, die schneidigen Ritter auf ihren mit goldenen Schabracken behängten Pferden. An allen Turnieren, Messen, Gelagen sowie sonstigen Festen darf der Junge teilnehmen und er begreift: Das ist Luxus! Das ist Eleganz! Das ist der wahre Ausdruck fürstlichen Lebens!

Ach ja – da gab es noch etwas: die Verhandlungen zwischen dem Kaiser und dem Herzog über die Verlobung zwischen Maria und Maximilian um den Preis einer Königskrone. Acht Wochen lang wird gefeilscht, was das Zeug hält. Ein ewiges Hin und Her zwischen Forderungen Karls, zögerndem Nachgeben Friedrichs, noch unverschämteren Ansprüchen, halb- und ganzherzigem Zurückziehen von Seiten des Kaisers.

Vor allem auch die Kurfürsten legen sich quer. Sie gönnen dem Parvenü die Königskrone nicht, sie fürchten um Beschneidung ihres eigenen Einflusses. Dann fasst Friedrich endlich doch einen Entschluss – um im nächsten Augenblick auf eine der kaiserlichen Würde ganz und gar nicht angemessene Weise zu kneifen: Während er schon Vorbereitungen zur Krönung treffen lässt, kommen aus Paris eindeutige Signale, dass man dort Karls Erhebung als unfreundlichen Akt empfände.

Friedrichs Reaktion löst bei Karl einen seiner gefürchteten Tobsuchtsanfälle aus: Der Kaiser entweicht samt Sohn und Gefolge in der Nacht lautlos aus der Stadt. Keine Erklärung, keine Entschuldigungen, keine Nachricht, nichts, absolut nichts hinterlassend – außer einem Berg von Schulden bei den Kaufleuten und Gastwirten von Trier.

Gewiss, Karl mag sich gekränkt, gedemütigt fühlen – dass er aber von nun an das Augenmaß für alles Mögliche vollkommen verliert, ist schwer begreiflich. Zunächst mischt er sich in einen Streit um den Bischof der Stadt Köln ein. Das Domkapitel hat einen Gegenkandidaten zum regierenden Kirchenfürsten aufgestellt und wird darin vom Kaiser unterstützt. Grund genug für Karl, augenblicklich die Partei des attackierten Bischofs zu ergreifen, nicht nur ideell, sondern mit der geballten Kraft seiner Armee und vermutlich mit dem Hintergedanken, das Bistum Köln seinem Herrschaftsbereich einzuverleiben, wie er es schon zuvor mit den Bistümern Lüttich und Tournai getan hat.

Monatelang belagert er die Stadt Neuß, eine Schlüsselstellung auf dem Weg nach Köln, und tritt, nebenbei, wieder in Verhandlungen um die Hand seiner Tochter Maria ein. Diesmal wirbt der Prinz von Tarent, der Thronfolger des Königs von Neapel, um die viel begehrte Prinzessin und steht dem zukünftigen Schwiegervater auch gleich mit einem Kontingent neapolitanischer Soldaten bei. Vergeblich – Neuß leistet so lange Widerstand, bis der Kaiser endlich in der Lage ist, der bedrängten Stadt Waffenhilfe zu leisten.

Auf der einen Seite rückt die kaiserliche Armee heran, auf der anderen Seite verweigern die flandrischen Stände ihrem Herzog weitere Geldflüsse zur Unterstützung eines sinnlosen Krieges, Karl muss sich zu einem Friedensschluss bequemen, »vor Wut schäumend wie ein Eber«, lesen wir in einem zeitgenössischen Bericht.

Unter diesen für ihn höchst unerfreulichen Umständen kommt es zu einem erneuten persönlichen Zusammentreffen mit dem Kaiser – und der ist es nun, der die Bedingungen für eine mögliche Hochzeit zwischen Maria und Maximilian diktiert: Von einer Königskrone ist nicht mehr die Rede.

Statt nun Ruhe zu geben und seine Wunden zu lecken, überfällt der Herzog Lothringen, nimmt handstreichartig die Hauptstadt Nancy, die er, nun inmitten burgundischen Gebietes liegend, zu seiner Metropole machen will, und verjagt den regierenden Herzog René. Der Kaiser ist beeindruckt und erhebt keinen Einspruch gegen den offensichtlichen Landraub. Karl bedankt sich artig: Am 17. November 1475 erklärt er zum ersten Mal mit Brief und Siegel, dass er die Heirat Marias mit Maximilian wünscht.

Noch etwas steht auf seiner Wunschliste: Nicht mehr und nicht weniger als die Schweiz, die er nach seinem Sieg über Lothringen überfällt – doch am 2. März 1476 erleidet er bei Grandson eine schwere Niederlage. Er verliert einen Teil seiner Truppe und, was noch viel schmerzlicher für ihn ist, die Hälfte seines Hausschatzes, den er immer mit sich herumschleppt. Und er verliert fast den Verstand. Tagelang schreit und tobt er, verweigert Essen, Trinken und Schlaf. Von nun an halten ihn alle für wahnsinnig.

Noch einmal fordert er die Schweizer zur Schlacht und wieder wird er, im Juni 1476 bei Murten, blutig geschlagen. Diesmal bleibt er ganz ruhig, wohl begreifend, dass es ihm nicht mehr viel nützen wird, »dem wegrollenden Ball nachzulaufen«, wie ein Zeitgenosse schreibt. Der Tochter lässt er bestellen, sie möge »frohen Herzens alles Nötige [für die bevorstehende Hochzeit] in die Wege leiten«.

Das Ende des tollkühnen Karl steht unmittelbar bevor – und es wird ein schreckliches sein. Herzog René hat sich mit den Schweizern verbündet, wird von Ludwig XI. aufs Tatkräftigste unterstützt und macht sich auf den Weg, sein Land zurückzuerobern.

Am 5. Januar 1477 kommt es im Weichbild von Nancy zur entscheidenden Schlacht und Karl scheint Böses geahnt zu haben. Ehe er in den Sattel steigt, befiehlt er, dass Maria im Falle seines Todes so rasch wie möglich den Kaisersohn heiraten solle.

Wie zu erwarten siegen die vereinigten Schweizer und Lothringer. Karl, der sich mit Berserkerwut in den Kampf geworfen hatte, bleibt zunächst verschollen. Erst am nächsten Tag findet ihn ein Page und schreit entsetzt: »O weh! Da ist unser guter Herr.« Ein Wunder, dass der Junge ihn überhaupt erkannt hat. Der Leichnam liegt ausgeplündert, nackt, das Gesicht von hungrigen Wölfen zerfleischt, im Eis eines Tümpels halb eingefroren.

Die Lothringer läuten im Siegestaumel die Sturmglocken, die Schweizer entfachen Freudenfeuer, Ludwig XI. ordnet sofort die Besetzung des südlichen Teils von Burgund an, der ja französisches Lehen ist. Herzog René lässt seinen Gegner mit allen militärischen Ehren in der St.-Georgs-Kirche beisetzen. Jahrzehnte später wird Karls Urenkel, Kaiser Karl V., die sterbliche Hülle seines Namenspatrons ins heimatliche Gent überführen lassen.

Während Karl auf den verschiedenen Kriegsschauplätzen seinem sicheren Untergang entgegentaumelte, hatte man im Prinsenhof zu Gent mit fröhlichen Festen den endgültigen Abschluss der Heiratsverhandlungen gefeiert. Maria hatte ein Bildnis des zukünftigen Gemahls erhalten und sei, so wird berichtet, dermaßen von ihm angetan gewesen, dass sie das Porträt »wohl zwanzig Mal am Tag betrachtet«, so ein Chronist. Was wahr daran ist, was höfische Legende, ist natürlich nicht überprüfbar.

Erhalten ist hingegen ein Brief, den Maria auf Geheiß ihres Vaters geschrieben und mitsamt ihrem eigenen Bildnis nach Wien geschickt hat.

»Erlauchter Prinz, viel geliebter Cousin*! Ich empfehle mich Ihnen bestens. Durch Ihren Gesandten Heßler habe ich Ihre reizenden Briefe erhalten, zusammen mit den schönen Schmuckstücken.**

Mit Gottes Hilfe werde ich frohen Mutes ... allen Befehlen folgen, die mein hochgeehrter Herr und Vater für mich gegeben hat (sic!).

Hochgerühmter Prinz, teurer, viel geliebter Cousin, der Heilige Geist bewahre Ihnen seine Huld.

Geschrieben in Gent am 26. November [1476] Ihre Cousine Maria.«

Beigelegt war dem Brief ein wertvoller Diamant – eine wohl mehr als willkommene Zugabe!

Maria erfährt, wenn auch mit wocherlanger Verspätung, von jeder einzelnen der desaströsen Kampfhandlungen, in die der Vater verwickelt war. Ob sie auf seinen Tod gefasst war, erfahren wir nicht.

Es ist Karls Kanzler Hugonet, der ihr, so schonend wie möglich, die Hiobsbotschaft beizubringen versucht. In vorsichtigen Worten hält er ihr einen Vortrag über das Kriegerleben und die damit verbundenen Gefahren. Noch ehe er zum Kernpunkt seiner Ausführungen gelangt, hat Maria begriffen, was er ihr eigentlich mitteilen will.

Es steht nirgendwo geschrieben, in welcher Weise Maria auf das plötzliche Erkennen der schrecklichen Wahrheit reagiert hat. Nur so viel ist bekannt: Hugonet hat sie seiner und aller Mitarbeiter bedingungslosen Loyalität versichert. Sie möge Gott vertrauen und nicht den Mut verlieren. Leicht gesagt zu einem noch nicht einmal 20-jährigen Mädchen, das man über die Aufgaben einer Herrscherin, noch dazu in schwierigsten Zeiten, völlig im Unklaren gelassen hat.

---

* In der Tat waren die beiden, wenn auch entfernt, verwandt. Marias Großmutter väterlicherseits und Maximilians Mutter entstammten beide dem portugiesischen Königshaus.

** Die zitierten reizenden Briefe gibt es nicht mehr; mit welchem Geld Maximilian oder sein Vater die »schönen Schmuckstücke« bezahlt hat, ist rätselhaft. Ob der brave Fugger wieder einspringen musste?

Der Trauergottesdienst, der in Gent zum Andenken des gefallenen Herzogs mit allem höfischen Aufwand abgehalten wird, findet kaum Anteilnahme unter der Bevölkerung. Zu streng war Karls Herrschaft gewesen, zu stark der ständige Steuerdruck, zu maßlos jedes seiner Ziele. Rasch ist vergessen, dass Karl auch durchaus seine positiven Seiten gehabt hatte.

Abgesehen davon, dass er ein hochgebildeter und äußerst kunstsinniger Mensch gewesen war, zeichnete er sich durch einen ganz unüblichen Gerechtigkeitssinn aus. Als einer seiner Höflinge im Rausch einen Bauern erschlagen hatte, wurde die Sache nicht, wie sonst üblich, vertuscht. Vielmehr wurde dem Übeltäter ein öffentlicher Prozess gemacht und man hat ihn auf dem Marktplatz in Brügge hingerichtet. Karls Krieger standen in Zucht und Ordnung. Plünderungen waren – auch das ein Unikum im Mittelalter – strengstens untersagt, auf Vergewaltigung stand die Todesstrafe.

Erwähnenswert ist auch Karls überdurchschnittlicher Fleiß. Immer und überall hatte er seine Berater und Sekretäre um sich und er arbeitete, selbst unter den miserabelsten Bedingungen im Felde, bis spät in die Nacht.

Man weiß nicht, welche Vorstellungen sich Maria vom Regierungsgeschäft gemacht hat. Dass es so schlimm werden würde, hat sie bestimmt nicht geahnt.

Die ersten Nachrichten, die vom Patenonkel Ludwig XI. kommen, sind auf jeden Fall niederschmetternd: Er hat das südliche Burgund besetzen lassen – und er drängt mit aller Macht, begleitet von unmissverständlichen Drohungen, auf ein Verlöbnis Marias mit dem nun siebenjährigen Dauphin.

Mit einer geharnischten Protestnote schickt Maria den Kanzler Hugonet nach Paris, aber der steht so gut wie auf verlorenem Posten: Längst haben sich die burgundischen Stammlande den Besatzern ergeben und sogar mit ihnen fraternisiert. Die frankophile und auch Französisch sprechende Bevölkerung hat es ihren Herzögen nie verziehen, dass sie ihre Residenz in den Norden verlegt haben.

Hugonet versucht zu feilschen. Maria werde, wenn der Dauphin das Mannesalter erreicht, noch einmal mit sich reden lassen. Doch die vage Zusage ist den Franzosen zu wenig. Sie zwingen den Kanzler, im Namen seiner Herrin auf die südflandrische Stadt und Festung Arras zu verzichten – deren Statthalter, ein enger Freund Karls und Ritter des Ordens vom Goldenen Vlies, ohnedies bereits mit fliegenden Fahnen ins gegnerische Lager übergelaufen ist. So viel über die geschworene Treue eines edlen Ritters ...

Auch Marias erster offizieller Auftritt bei der Eröffnung der Sitzung der Generalstände in Brügge gerät zum Verhängnis. Ihre Antrittsrede, in der sie auf ihre Rechte als Regentin hinweist, einen Überblick über die politische Lage gibt, nicht ohne ausdrücklich auf die Verhandlungen mit Frankreich hinzuweisen, hinterlässt keinerlei Eindruck.

Ganz im Gegenteil: In einer hitzigen Debatte fordern Stände und Gilden ihre alten, von Philipp und Karl beschnittenen Vorrechte zurück. Sie treiben die rat- und hilflose junge Frau so in die Enge, dass sie nicht nur die alten Privilegien bestätigt, sondern auch neue Auflagen hinnimmt, etwa die Kürzung des Heeresetats um die gigantische Summe von 500 000 Talern.

Damit nicht genug: Am 11. Februar 1477 signiert sie einen »Grand Privilège«, ein ungeheuerliches Dokument, wie es in dieser Form noch nie zuvor gegeben hat. Es stellt eigentlich nichts anderes dar als eine Verzichtserklärung auf alle herrschaftlichen Ansprüche. Der Zentralstaat ist damit de facto aufgelöst, die einzelnen Provinzen werden in die Selbstständigkeit entlassen, ohne deren Zustimmung kann die »Princesse Générale« – ein neuer Titel ohne Macht und Mittel – praktisch nichts bewirken; keinen Beamten ernennen, keine außenpolitischen Verhandlungen führen, schon gar nicht einen Krieg erklären.

Wie zum Hohn wird ihr dennoch am 16. Februar die traditionelle Huldigung zur »Gräfin von Flandern« zugebilligt, mit der Farce einer Vereidigung und eines Festzuges durch die Stadt. Das Spalier ist dünn, Maria trägt Trauerkleidung, sie wirkt blass und bedrückt.

In der Kirche St. Jean leistet sie den Eid, dessen Text neben dem Üblichen – die Rechte der Kirche zu wahren die Witwen und Waisen zu schützen – auch Zündstoff enthält: sie wird die »Freiheiten [sic!], Bräuche und Rechte des Landes achten ... alle den Bürgern ... seit 1450 auferlegten Lasten annullieren«. Tiefer wurde kaum jemals zuvor ein Herrscher des Mittelalters gedemütigt, von denen ja jeder einzelne sich im Besitz der absoluten Gottesgnade wähnte.

Ähnlich ergeht es ihr in Holland und in Seeland. Zwar wird ihr gehuldigt, doch auch dort fordert ihr die Eidesformel weitest reichende Zugeständnisse an die einzelnen Bürger und die Selbstständigkeit der Provinzen ab.

Kaum nach Gent zurückgekehrt, erwartet sie neue Unbill: Es ist durchgesickert, dass die Herzogin, beraten von ihrem Kanzler und einem Grafen d'Humbrecourt, hinter dem Rücken der Generalstände eine Geheimbotschaft an den französischen König gerichtet hat – und das unmittelbar, nachdem sie geschworen hatte, sich aller politischen Aktivitäten zu enthalten.

Der Inhalt des Briefes an Ludwig XI. ist nicht bekannt. Allein die Tatsache, dass Maria eigenmächtig gehandelt hat, wird als schweres Vergehen, als Treu- und Eidbruch empfunden. Noch wagt es niemand, die Hand gegen die Person der jungen Fürstin zu erheben, aber ihre Minister werden zur Verantwortung gezogen – ohne dass man Maria vorher die Erniedrigung erspart hätte, durch ein von ihr persönlich erlassenes Dekret eine Untersuchungskommission einzusetzen.

Wir kennen weder die Berichte der Kommission, noch gibt es Aufzeichnungen über den unmittelbar darauf folgenden Prozess im Genter Rathaus. Es ist aber überliefert, wie Maria außer sich geriet, als sie erfuhr, dass ihre beiden Getreuen wegen Hoch- und Landesverrates zum Tode verurteilt worden waren.

Nur in leichter Hausgarderobe, ein Kopftuch nachlässig übers Haar geschlungen, rennt sie vom Schloss zum Rathaus, stürzt laut schreiend in den Verhandlungssaal und pocht auf das ihr noch immer zustehende Recht der Begnadigung. Sie stößt auf taube Ohren, macht auf dem Absatz kehrt, stürmt auf den Balkon und wendet sich an das Volk direkt. Es kommt auf dem Rathausplatz zu Gebrüll, zu Tumulten, zu »Hoch«- und »Nieder«-Rufen und das Gericht beschließt angesichts der gespannten Lage, sich noch einmal zu beraten. Tags darauf begibt sich eine Delegation ins Schloss um Maria mitzuteilen, dass das Urteil der Schöffen als bindend betrachtet werde.

Hugonet und d'Humbrecourt werden auf dem Rathausplatz im Beisein einer unübersehbaren Menge enthauptet. Zuvor hat man ihnen die Ordensketten des Goldenen Vlieses heruntergerissen um ihre Schande vollständig zu machen.

Die Hinrichtung der Minister war erst der Anfang von Marias weiterer Schmach. Die Unruhen flammten auch in anderen Städten auf und bald hallte durch ganz Flandern der Kampfruf: »Lasst die Burgunder baumeln!« Das schrie das Volk eines Landes, das noch immer Burgund hieß! Gemeint waren (zunächst noch) nur die Französisch sprechenden Angehörigen des Hofes, gemeint war nicht explizit die Herrscherfamilie. Dennoch: Margarete von York wurde aus Gent gewiesen und Maria unter Hausarrest gestellt, ihre gesamte Dienerschaft ausgewechselt, ihre Post überwacht. Nur ihre alte Hofdame, Frau von Haleweyn, eine Flämin, durfte bei Maria bleiben. Wem sie näher stand, ihrer Herrin oder ihrem Volk, bleibt offen.

Nur einmal darf Maria für kurze Zeit ihr Gefängnis verlassen, um in Brügge den Amtseid abzulegen und die Huldigung der Bürger zu empfangen. Fast wäre es nicht dazu gekommen, denn Anhänger und Gegner der Herzogin geraten sich dermaßen in die Haare, dass nur die Bürgerwehr, rasch eingreifend, Blutvergießen verhindern kann. Ohne Zwischenfälle verläuft die Vereidigung im Rathaus. Wie gehabt muss Maria den Bürgern weitreichende Vorrechte einräumen und – in einem hastig zugefügten neuen Paragrafen – eine Generalamnestie für jegliche Aufrührer verkünden.

Niemand spricht mehr von einer Vermählung Marias mit Erzherzog Maximilian. Das Heiratskarussell beginnt sich mit neuer Heftigkeit zu drehen.

Ludwig XI. beginnt über Marias Kopf hinweg mit den Generalständen über deren Verbindung mit dem Dauphin zu verhandeln. Der Herzog von Kleve wirbt bei Maria direkt für seinen Sohn Johann. Maria lässt ihn kalt abfahren: »Wenn mein Vater mir ihn als Gatten vorgeschlagen hätte, hätte ich vielleicht gehorcht. Jetzt bin ich meine eigene Herrin und sehe keine Veranlassung, mir derartige Gewalt anzutun.« Sie kannte diesen Johann von Kindesbeinen an und war dem ungehobelten Burschen niemals gewogen. Außerdem: Das winzige Herzogtum Kleve hatte der allseits bedrängten Maria nicht das Geringste zu bieten.

Plausibler klang schon der Plan von Marias Stiefmutter, Margarete von York. Wenn die Herzogin Margaretes und des englischen Königs Bruder, den Herzog von Clarence, zum Manne nähme, könnte sie Hilfe aus England erwarten. Die Idee wurde dann doch fallen gelassen. Man wollte den französischen König, der nach wie vor den Erzfeind jenseits des Kanals fürchtete, nicht allzu sehr reizen. Und außerdem: Der blutrünstige Eduard IV. ließ ohnehin nur ein Jahr später Bruder Clarence meuchlings vom Leben zum Tode befördern.

Auch von einem weiteren Kandidaten wurde Maria durch dessen jähes Ende befreit. Es war die Bürgerschaft von Gent, die auf eine Verbindung Marias mit dem Herzog von Geldern drängte. Dieser war stets ein wütender Widersacher von Marias Vater gewesen und hatte sich schon frühzeitig auf die Seite von Karls bürgerlichen Gegnern geschlagen. Maria fürchtete und hasste diesen »wilden Mann, dieses Monstrum« und sie muss sehr erleichtert gewesen sein, als man ihr mitteilte, dass Adolf von Geldern gefallen war.

Ihre einzige, ihre letzte Hoffnung blieb Maximilian. Sein Bildnis hatte ihr, darüber besteht kein Zweifel, ausnehmend gut gefallen und sie hoffte, dass hinter dem jungen hübschen Prinzen die Macht des Kaisers und des Reiches stünde. Es ist heute noch ein Rätsel, wie es ihr gelungen ist, an ihren Bewachern vorbei einen Brief an Maximilian zu schmuggeln. Ein weiteres kleines Wunder, dass das Schreiben erhalten geblieben ist:

Der liebe Cousin, so schreibt sie, möge wissen, dass es ihr fester Wille sei, die Vereinbarungen ihres Vaters einzuhalten und ihm, Maximilian, eine treue Gemahlin zu werden. »Ich bin sicher, dass Sie mir gegenüber dieselben Empfindungen hegen. Der Bote, der Ihnen diesen Brief überbringt, wird Ihnen berichten, wie ich hier behandelt werde ... Ich flehe Sie an, säumen Sie nicht, kommen Sie mir und meinen Ländern zu Hilfe. Wenn Sie nicht kommen, könnte ich gezwungen werden, Dinge zu tun, die gegen meinen Willen sind ...«

Das ist kein Hilferuf, das ist ein Hilfe*schrei*, dem eine weitere Botschaft, diesmal aus der Feder der Margarete von York aus ihrem Witwensitz in Malines, zusätzlich Nachdruck verleiht. Der Kaiser, bislang mangels Mitteln unfähig, der Schwiegertochter in spe zu Hilfe zu kommen, sieht sich nun gezwungen, rasch zu handeln. Eilig wird eine Delegation nach Flandern in Marsch gesetzt, die eine Eheschließung per procurationem inszenieren soll. Das heißt, ein Stellvertreter soll für Maximilian das Ehegelöbnis leisten – ein damals weit verbreiteter Brauch, um Heiraten zügig abzuschließen, ehe Dritte sie verhindern könnten. Maximilian wird baldmöglichst nachfolgen, das heißt, sobald ein, zwei Hindernisse beseitigt sind, von denen die Braut aber nichts weiß, außer dass die Ungarn gerade wieder einmal in Österreich eingefallen sind ...

Der kaiserlichen Abordnung gehören hohe Beamte, kirchliche Würdenträger sowie der Herzog von Bayern an. Sie treffen bei sinkender Nacht in Brügge ein. Die Herren sind aufs Höchste verdutzt, als sie im Schein Hunderter Fackeln von der Bevölkerung wohlwollend, ja freudig empfangen werden. Vereinzelt ertönen sogar Hochrufe aus der Menge: »Es lebe der Kaiser! Es lebe Erzherzog Maximilian!«

Wie der Delegationsleiter Dr. Heßler später nach Wien berichtet, war die Stimmung mit einem Mal vollkommen umgeschlagen. Die Menschen begannen sich vor der Landgier des Franzosenkönigs immer mehr zu fürchten. Sie erhofften Sicherung des Friedens und, vor allem, Sicherung der Geschäfte und des Wohlstands durch einen starken Mann an Marias Seite. Dass der »starke Mann« gerade erst 18 Jahre zählte, wurde weniger in Betracht gezogen als die Tatsache, dass er immerhin der Sohn des deutschen Kaisers war.

Maria empfängt noch in derselben Nacht ihre Retter im Prinsenhof, und als Dr. Heßler sie fragt, ob sie gewillt sei, zu ihrem Heiratsversprechen zu stehen, antwortet sie mit fester Stimme: »Ja. Mein Herr

Vater hat die Verbindung zwischen mir und dem Sohn des Kaisers für gut befunden und ich will keinen anderen als diesen zum Gemahl nehmen.«

Die Hochzeit per procurationem vollzieht sich am 21. April 1477 nach dem immer gleichen, streng vorgeschriebenen Ritus. Die Braut und der Stellvertreter des Bräutigams, es ist dies der Herzog von Bayern, legen sich, selbstverständlich vollkommen bekleidet, auf ein Prunkbett. Das linke Knie des Herzogs ist entblößt, berührt aber nicht das Schwert, das zwischen dem Mann und der Frau liegt. Das Paar erhebt sich in Sekundenschnelle. Die Ehe gilt als geschlossen.

Das gleiche Schauspiel wird tags darauf noch einmal den Honoratioren von Gent geboten, damit nur ja keine Eifersüchteleien gegen Brügge aufkommen könnten.

Die Genter und die Brügger, die ganzen Niederen Lande waren es zufrieden: Die feindselige Haltung gegenüber »den Burgundern« wich zaghafter Hoffnung, dass nun mit dieser Ehe alles anders, alles besser werden würde.

Es lag zu einem nicht unwesentlichen Teil am französischen König, dass Marias Untertanen ihre Haltung radikal geändert hatten. Um einem möglichen Einmarsch der kaiserlichen Truppen zuvorzukommen, war Ludwig XI. in Brabant und in Luxemburg eingefallen und seine Truppen gebärdeten sich keineswegs wie die großspurig angekündigten Befreier von der burgundischen Unterdrückung. Vielmehr fielen sie wie entfesselte Bestien über die Bevölkerung her, raubten, plünderten, vergewaltigten.

Als blanker Hohn wurde die Grußadresse des Siegers an die Besiegten empfunden, in der es unter anderem hieß: »Meine Freunde, wenn ich in dieses Land komme, ist es zu Eurem und zum Besten des Fräuleins von Burgund, meiner geliebten Cousine. Sie ist schlecht beraten, wenn sie mir kein Vertrauen schenkt.« Und dann schoss er auch noch eine gewaltige verbale Breitseite gegen Marias zukünftigen Gemahl ab: »Er entstammt einem Haus, dessen Prinzen die geizigsten der Welt sind. Er wird das Fräulein von Burgund nach Deutschland bringen, in ein raues, abweisendes, trostloses Land. Wenn meine Cousine klug wäre, nähme sie den Dauphin zum Mann. Das wäre auch für Euer Land von Vorteil. Ihr sprecht französisch. Ihr braucht einen französischen Prinzen, nicht einen deutschen ...«

Auf ihren deutschen Prinzen musste Maria länger warten, als ihr lieb war. Zwei erhebliche Hindernisse standen seiner zügigen Abreise im Wege. Das eine war des Vaters Finanzschwäche. Das andere war er selbst. Maximilian konnte nicht einsehen, warum er überstürzt in ein wildfremdes Land reisen sollte, um eine wildfremde Frau zu heiraten. Maximilian war zum ersten Mal in seinem Leben verliebt.

Er war zwar erst 18, dennoch hatte es in seinem jungen Leben allerlei zärtliche Begegnungen mit willigen Mädchen gegeben. Was ihm jetzt mit der Gewalt eines Naturereignisses widerfuhr, war das Neue, das Einzige, das Einmalige, dem sich kein junger Mensch so leicht entziehen kann. Sie hieß Rosina von Kraig, war eine Hofdame seiner Schwester Kunigunde und sie hatte gar nichts mit denen gemein, die er abschätzig als »Bettweib« oder »Bübezin« zu bezeichnen pflegte.

Sie war die echte Dame seines Herzens, er leistete ihr, wie es sich für einen jungen Ritter gehörte, eifrigen Minnedienst bei Turnier und Tanz, er wollte nicht von ihr lassen. Der Vater musste seine ganze Autorität einsetzen um den Jungen endlich auf den Weg nach Burgund zu bringen. Aber noch lange, nachdem er Maria geheiratet und in der Fremde Fuß gefasst hat, wird er in Briefen an seinen Freund Polheim von Rosina schwärmen und sie dessen Schutz anempfehlen. Wir werden auf das Thema Rosina zurückkommen müssen, wenn wir uns mit der als einmalig beschriebenen Liebe zwischen Maximilian und Maria befassen.

Die Zähmung des störrischen Prinzen hat den Kaiser einige Kraft gekostet. Nicht viel leichter war es, das nötige Geld für die Reise zur Braut zu beschaffen, denn Maximilian sollte ja nicht als der »Bettelprinz« dastehen, als den ihn der französische König zu verspotten beliebte.

Friedrich III. war, gemessen an burgundischen und französischen Vorgaben, ein armer Schlucker. Oft konnte er gar keinen eigenen Hofstaat halten, nistete sich auf Burgen und Schlössern des Hochadels ein mit dem Versprechen, »später« für Kost und Quartier aufzukommen. Aus »später« wurde leider allzu oft ein »nie«.

Um Maximilian standesgemäß auszustatten, wurden Steuerschulden rigoros eingetrieben, einige Burgen verpfändet und die Augsburger Fugger-Quelle aufs Neue angezapft.

Am 21. Mai 1477 wurde der Prinzenzug endlich auf die Reise geschickt, ließ aber sehr viel an Glanz zu wünschen übrig. Friedrich sandte darum der Hochzeitskavalkade Eilboten voran, um von den am Wege liegenden Fürsten- und Erzbistümern angemessene Unterstützung zu erbitten, was keine allzu gute Idee war: Die hohen Herren meinten, dass diese Heirat ausschließlich Habsburg zum Vorteil gereiche, sie hätten nichts damit zu schaffen. Weniger knauserig zeigten sich die Städte und Gemeinden, die sich den auch auf sie fallenden Glanz des Kaisersohnes einiges kosten ließen.

Nachdem sich unterwegs einige junge Aristokraten auf eigene Rechnung dem Zug angeschlossen hatten, traf Maximilian, nun schon mit 600 Berittenen, am 3. Juli in Köln ein. Dort erwartete ihn eine unliebsame Überraschung. Eine Gesandtschaft des französischen Königs wünschte ihn zu sprechen, um ihm klarzumachen, dass »das Fräulein von Burgund« nicht ohne Zustimmung ihres »lieben Cousins« heiraten dürfe. Sie sei erstens von französischem Königsgeblüt und zweitens Burgund noch immer französisches Kronlehen.

Maximilian lehnte es ab, die Delegation überhaupt zu empfangen. Und der Herzog von Jülich, an den sich die Franzosen dann mit ihrem Ansinnen wandten, wies sie gehörig in die Schranken: »Verlassen Sie die Stadt so schnell wie möglich, ansonsten könnte ich Ihre Sicherheit nicht gewährleisten.«

Vier Wochen lang hielt sich Maximilian in Köln auf – und das hatte einen sehr peinlichen Grund: Der Erzherzog war zahlungsunfähig, konnte nicht mehr für den Unterhalt seines Gefolges aufkommen. Neue Mittel waren nicht in Sicht, die Gläubiger begannen lästig zu werden.

So musste sich der in der Bischofsstadt gestrandete Bräutigam zu einem demütigenden Schritt bequemen: Über Mittelsmänner ließ er in

Gent nachfragen, ob man ihm nicht aus seiner Bedrängnis helfen könnte. Es waren nicht die Bürger von Gent, welche die stattliche Summe von 100 000 Talern aufbrachten, es war die gute Margarete von York. Sie sorgte auf diese Weise nicht nur für Maximilian und seine Mannen, sondern auch dafür, dass ihre geliebte Stieftochter Maria angemessene Brautgeschenke bekam.

Aller Geldsorgen ledig reist Maximilian frohen Mutes weiter, nun auch begleitet von den Mainzer und Trierer Kurfürsten, den Markgrafen von Brandenburg und Baden, dem Herzog von Sachsen. Nein, das ist nun ganz gewiss nicht mehr der Bettelzug eines Bettelprinzen. Maximilian kann sich überall sehen lassen!

Nach kurzem Aufenthalt in Löwen (Jubel und »Viva Maximilien«-Rufe) endlich feierlicher Einzug in Brüssel am 11. August 1477. Es ist nicht bekannt, wer hier werbewirksam Regie geführt hat – über die Maßen beeindruckend ist sie auf jeden Fall: Zum Zeichen der Trauer um Karl den Kühnen haben alle Teilnehmer an dem Zug unauffällige, fast uniform wirkende Trauerkleidung angelegt. An der Spitze, deutlich abgesetzt von der dunklen Masse, reitet Maximilian ein, auf einem Schimmel, im silberglänzenden Harnisch, das lange blonde Haar im Wind flatternd – eine strahlende Erscheinung, wie ein direkt vom Himmel herabgestiegener Erzengel. Bestaunt, beklatscht, bejubelt.

Der Auftritt in Brüssel hat seine tiefe Wirkung nicht verfehlt. Die Kunde von der fabelhaften Erscheinung des Prinzen ist ihm nach Gent vorausgeeilt und dort wird er bereits wie der lang ersehnte Erlöser empfangen – wofür es einen ziemlich einleuchtenden Grund gibt: Französische Truppen sind bis Tournai vorgestoßen, es steht zu befürchten, dass sie in die flandrischen Kerngebiete weitermarschieren.

Gent hat sich aufs Festlichste herausgeputzt. Riesige Teppiche hängen über die Fassade des Rathauses, Blumen und Fahnen überall, ein gewaltiger Triumphbogen und ungezählte Transparente. »Glorreicher Prinz, kämpfe für uns, auf dass wir nicht untergehen. – Du bist unser Prinz, befiehl und wir werden dir folgen.« Die ansonsten so herrisch selbstbewussten Bürger müssen gewaltige Franzosen-Angst verspürt haben, dass sie sich zu dermaßen demütigen Bitten herabließen.

Durch ein Fackelspalier wird Maximilian zum Schloss geleitet. Auf dem Vorplatz empfangen ihn Marias Hofdamen; über eine Freitreppe schreitet endlich *sie* herab und, wie wir vermuten dürfen, nicht weniger aufgeregt als er. Sie hat Tränen in den Augen, als sie mit leiser Stimme auf Deutsch die Worte sagt, die man ihr eingelernt hat: »Sei willkommen, edelstes deutsches Blut, nach dem sich mein Herz so lange gesehnt hat.« Er starrt sie an und sagt nichts. Zaghaft bietet sie ihm die Wange zum Kuss.

Am Rande bemerkt: Die beiden unterhielten sich zu Anfang in Latein, das sie beide leidlich beherrschten. Sie konnte überhaupt nicht Deutsch, sein Französisch war miserabel. Aber er lernte es rasch und beherrschte es neben der flämischen Landessprache bald fließend. Maria hat nie Deutsch gelernt.

Zurück zum festlichen Empfang. Margarete von York geleitet das Paar in den Zeremoniensaal, wo der von den Hofkanzleien ausgehandelte Ehekontrakt zu unterzeichnen ist. Die Brautleute haben an dessen Formulierung nicht mitgewirkt. Sie wurden erst gar nicht gefragt.

Maximilian überreicht Maria sein Hochzeitsgeschenk, einen prachtvollen Brillanten – vermutlich aus der großzügigen Spende der Margarete von York bezahlt.

Maria hält, so bedeutet ihm Margarete von York, eine Gegengabe, eine Blume, bereit. Wo? Natürlich an der Dame selbst, so will es das burgundische Liebesprotokoll. Wo also ist die Blume? Rein äußerlich ist nichts zu bemerken. In den weiten Ärmeln? Nein, da ist sie nicht. Maximilian stockt – was tun? Es ist nun nicht so, dass der heißblütige junge Mann nicht schon manchem Fräulein die Corsage aufgenestelt hätte – aber die Herzogin von Burgund? Schickt sich das denn?

Es ist ausgerechnet der Erzbischof von Trier, der dem Jungen aus der tödlichen Verlegenheit hilft und ihn fröhlich anspornt, das Mieder aufzuhaken. Gespanntes Kichern ringsum, dann hat er es mit nervösen Fingern geschafft. Eine rosa Nelke kommt zum Vorschein. Und was hat die zu bedeuten? Auch das weiß der Erzbischof: Die Nelke ist Sinnbild der ehelichen Liebe und Treue.

Am nächsten Morgen, Dienstag, dem 18. August 1477, findet in der Schlosskapelle die Trauung der beiden jungen Leute statt, die einander gerade erst 13 oder 14 Stunden kennen. Maria ist in weißen Atlas gekleidet, über und über mit Gold bestickt, um die Schultern trägt sie ein weites Hermelincape, auf den offen fließenden kastanienbraunen Haaren die juwelenblitzende Herzogskrone. Auch der blonde Bräutigam im silbernen Harnisch kann sich sehen lassen.

Die Trauung nimmt der päpstliche Legat vor, nachdem er die vom Heiligen Vater gegebene Heiratsdispens verlesen hat. Wir haben es bereits erwähnt: Maria und Maximilian sind durch Mutter beziehungsweise Großmutter entfernt blutsverwandt.

Beim Ringwechsel – man trägt den Ehering nach burgundischer Sitte am Mittelfinger – gelobt Maximilian das Übliche: Fürsorge und Treue, bis der Tod ihn scheidet, Maria holt ein wenig weiter aus. Sie betont ausdrücklich zu befolgen, »was zwischen deinem und meinem Vater in Bezug auf meine Länder und Provinzen vereinbart worden ist«. Das höfisch-zeremonielle »Sie« entfällt in diesem Text, da er lateinisch abgefasst ist. Der Hinweis auf die Absprache der Väter hebt ausdrücklich den politischen Aspekt dieser Verbindung hervor, der in der Trivialliteratur zugunsten eines süßlich verkitschten Bildes von »Liebe auf den ersten Blick« meist außer Acht gelassen wird.

Das närrische Nachspiel folgt auf dem Fuß. Maximilian gibt seiner Frau 13 Goldstücke, womit er symbolisiert, dass er gewillt sei, seiner Unterhaltspflicht nachzukommen. Er, der das Geld für die Brautfahrt buchstäblich zusammengebettelt hat, ihr, der reichsten Braut Europas. Herzliches Schmunzeln ist angebracht.

Margarete von York rettet die ein wenig heikle Situation, indem sie Maximilian spontan umarmt und küsst, zufrieden, dass »das Glück nun besiegelt ist«. Wie es weiterging, erfahren wir aus dem autobiografischen Roman »Weißkunig«, den Maximilian als alter Mann verfasst hat und in dem er sich noch wehmütig glücklicher Stunden entsinnt, die mit »essen und trincken allerköstlichst zugerichtet« waren sowie »mit manicherlay saitenspil und seltsam new gesang wunderplich frewd« bereitet haben.

Über die Hochzeitsnacht und deren vorangegangenen Zeremonien schreibt Maximilian nichts. Aus anderen Quellen wissen wir, dass Braut und Bräutigam vom jeweiligen Gefolge zum Brautgemach geleitet und nach streng vorgeschriebenen Regeln ins Bett gebracht wurden. Die schreckliche Unsitte, zwei Zeugen hinter einem Vorhang zu platzieren um zu erfahren, ob die Ehe auch wirklich vollzogen wurde, kam erst viel später am französischen Hof auf.

Ausführlich werden Maximilians Berichte erst über die Tage nach der ersten Nacht: »vil täg mit rennen und stechen und thurnieren und anderen ritterspilen« hätten er und seine Frau »... mit vil grosser frewd ... kurzweil getrieben«.

Worüber im »Weißkunig« nichts zu finden ist, was aber zu allerlei üblem Gerede Anlass gegeben hat, war der Eifer, mit dem Maria ihren Mann zunächst einmal von Kopf bis Fuß neu einkleidete. Er scheint, außer seiner prächtigen Rüstung, nicht viel Vorzeigbares besessen zu haben, denn bereits vor der Hochzeit schickte sie ihm einen kostbaren Samtrock mit feinster Gold- und Silberstickerei. Eine Menge eleganter Kleidungsstücke kam in den nächsten Tagen und Wochen dazu.

Die offizielle Begründung lautete, dass die Herzogin ihren Mann nach der landesüblichen Mode gekleidet sehen wollte. Jeder aber wusste, dass er so gut wie keine standesgemäße Garderobe gehabt hatte. Umso erstaunlicher sein erlesener Geschmack, der ihm zu einer Truhe voll üppigstem Pelzwerk und feinsten Brokaten aus den Florentiner Webereien verhalf. Damals schon begann sich eine seiner bemerkenswerten Fähigkeiten abzuzeichnen: das Geld anderer Leute mit leichter Hand nonchalant auszugeben.

Aufschlussreich sind die Briefe Maximilians an seinen Freund Sigmund Prüschenk, die, in einer Mischung aus kindlichem Stolz und knabenhaftem Staunen, Aufschluss geben über die faszinierenden Wunder der neuen Heimat. So große Städte! So prächtige Schlösser! So aufregende Jagden! Die Turniere! Die Maskenfeste!

Es ist auch erstaunlich, wie rasch sich der bislang unbekümmerte Junge aus der Provinz an das starre burgundische Hofzeremoniell gewöhnt, wie er es sogar *genießt*, sich als Mittelpunkt förmlich-steifer Ehrerbietung zu fühlen. Wo ist der lässige, auf strenge Vorschriften

Maria von Burgund

pfeifende Knabe geblieben, der einstmals voller Übermut die Außen-
wand des Ulmer Domes hochgeklettert ist, ein anderes Mal sein
Haupt in das weit aufgesperrte Maul eines Löwen gesteckt hat? Maximilian selbst führt die »Verfeinerung« der Sitten so weit, dass er sich
selbst seinen Jagdgesellen nicht mehr so zeigt, wie ihn Gott geschaf-

fen hat. Ein grünes Häuschen muss immer dabei sein, damit er intime Bedürfnisse abgeschirmt vor neugierigen Blicken erledigen kann.

Über seine Frau berichtet er: Maria sei »ein schöns, froms, tugendhafftig weib ... von leib viel kleiner den die Rosina [sic!] und schneeweis, ein prauns haar, ein kleins naßl, praun und graube augen gemischt ... daz unter heutel an augen ist etwas herdann gesenkt, gleich als sie geschlaffen hiel, doch es ist nit wohl zu merckhen. der mund ist etwas hoch, doch rein und rot ...«

Also: Eine hinreißende Schönheit, als die sie spätere Autoren gern bezeichnen, war Maria bestimmt nicht, auf ihre Weise jedoch attraktiv, wenn Maximilian auch nicht auf ihre leicht hängende Unterlippe einging. Eine solche hatte er selbst.

»Hetten wir fried, wir säßen im Rosengarten«, meint Maximilian im Zusammenhang mit der latent schwelenden Kriegsgefahr, und dieser blumige Satz war es vor allem, der Generationen von Geschichtsschreibern und nach süßen Romanzen süchtigen Lesern die Vorstellung suggerierte, dass Maria und Maximilian das ideale Paar gewesen wären, eingebettet in eine überirdische Liebe.

Der Ursprung dieser Legenden liegt offensichtlich in der damals üblichen Verherrlichung der Herrschenden, die, Göttern gleich, vom Alltag des gemeinen Volkes abgehoben, im siebenten Himmel schwebten und durch und durch perfekt zu sein hatten. In Wahrheit wissen wir über diese »Jahrhundertliebe« sehr wenig. Wir wissen nur, dass es sich um zwei Jugendliche mit gesundem sexuellem Appetit gehandelt hat, die bis zur letzten Konsequenz aufeinander angewiesen waren. Maria brauchte einen tatkräftigen Beschützer um das väterliche Erbe zu retten, Maximilian brauchte ihr Geld und ihren Besitz um in der Welt überhaupt etwas zu gelten.

Es mag schon sein, dass Maximilian Marias leibhaftige Erfüllung aller jungfräulichen Liebesträume dargestellt hat. Ähnliche exklusive Gefühle bei Maximilian sind zu bezweifeln. Zu häufig wird in seinen Briefen die ferne Rosina erwähnt und selbst in der nur weniger als fünf Jahre währenden Ehe mit Maria dürfte er es mit der Treue nicht sehr genau genommen haben. »Maximilian hatte zahlreiche uneheliche Kinder und, wie es scheint, nicht nur aus der Zeit seiner Witwerschaft«, lesen wir in der ausführlichsten Maximilian-Biografie (fünf dicke Bände) aus der Feder des renommierten Historikers Hermann Wiesflecker.

Einen winzigen Einblick in die Intimsphäre des ehelichen Lebens gewährt ein anderer Brief Maximilians: »Mein gemahl ist eine ganze weidmännin mit valcken und hundten. Sie hat ein weiß windtspiel daß laufft vast bald [sehr schnell] daß liegt zue meisten all nacht bey uns« ... ob im Bett oder davor, wird verschwiegen.

Gut möglich, dass das »windtspiel« das eheliche Lager geteilt hat, denn Maria war eine geradezu närrische Tierfreundin. Immer hatte sie ein Rudel Hunde um sich, ganz zu schweigen von ihren Lieblingsfalken, die in den Stuben frei umherflattern durften. Stundenlang beschäftigte sich die Herzogin mit den Vögeln, um sie zahm und gehorsam zu machen. Von ihrer Menagerie war schon die Rede, der wurde schließlich sogar ein Elefant zugesellt.

Die Frage, wie es denn bei der ständigen Anwesenheit von so vielen Tieren um die Hygiene bestellt gewesen sein mag, beantwortet sich rasch. Der Hof zog, wie damals allgemein üblich, mit fast dem gesamten Hausrat und allen dienstbaren Geistern von Schloss zu Schloss, um einerseits in allen Landesteilen wenigstens für einige Zeit präsent zu sein, andererseits, weil es angenehmer war, in frisch gereinigten als in abgewohnten und mit allerlei Unrat übersäten Räumen zu leben. So logierte das Paar abwechselnd in Gent, Brügge, Brüssel, Lille und Mecheln.

Bereits eine Woche nach der Hochzeit wurde Maximilian als Mitregent inthronisiert und die Genter Stadtväter leisteten den Untertanen-Eid – nicht ohne sich vorher ausdrücklich noch einmal ihre von der Herzogin ertrotzten Privilegien bestätigen zu lassen. Aus diesem feierlichen Anlass wurde eine goldene Gedenkmünze mit dem Doppelporträt des jungen Paares aufgelegt. Auf der Rückseite stand der Wahlspruch: »Wir legen unser Schicksal in Gottes Hand.« Ein kluges Lebensmotto: Wer denn, wenn nicht der liebe Gott, sollte den beiden Kindern auf dem Thron helfen?

Mit den Generalständen wird ein Vertragswerk abgeschlossen und auch in diesem werden einmal gewährte Vorrechte expressis verbis bestätigt. Maria erkämpft jedoch eine spezielle Klausel, die den zukünftigen Kindern das volle Erbrecht an den burgundischen Ländern sichert. Das heißt, Maximilians Nachkommen, also die *Habsburger*, werden über Burgund gebieten wie über Österreich oder Tirol oder Krain. Später tut Maria noch ein Übriges und bestimmt ihren Gemahl zum alleinigen und rechtmäßigen Erben, falls sie kinderlos sterben sollte. Was immer passiert: Habsburg gewinnt ein reiches Land.

Ludwig XI. kommentiert diese weit tragende Entscheidung auf seine Weise: Ab nun nennt er die Nachbarn nur mehr »Herzog und Herzogin von Österreich«, was gar nicht freundlich gemeint ist, denn kommende Konflikte sind unausweichlich. Maximilian hat in seiner Regierungserklärung zwar zugesichert, dass Burgund alle gegenüber Frankreich eingegangenen Verpflichtungen auch weiterhin einhalten werde. Mit der Annexion der südburgundischen Gebiete allerdings ist er nicht einverstanden und behält sich weitere Schritte vor.

Nicht einmal ein Jahr lang war dem jungen Paar relative Ruhe gegönnt. Während dieser Zeit wurde Maximilian von erfahrenen Mitarbeitern seiner Frau in die speziellen Geheimnisse der Landespolitik eingeweiht und büffelte nebenbei die beiden Landessprachen. Schwiegermutter Margarete erteilte ihm Englischunterricht.

Zeit der Muße muss dennoch geblieben sein, denn wir hören ausführlich von Jagden, Bällen, Turnieren, Banketts und wir lesen, dass Maria ihren Mann dazu brachte, mit ihr auf Schlittschuhen (aus Pferdeknochen gefertigt) über die zugefrorenen Kanäle und Grachten zu gleiten – was ihm um ein Haar das Leben gekostet hätte. Er brach einmal im Eis ein, geriet unter die Eisdecke und konnte nur mit Mühe gerettet werden.

Seine Begeisterung für das Eislaufen flaute nachhaltig ab. Umso lieber spielte er mit seiner Frau Schach, las mit ihr gemeinsam. Ritterromane waren in der jungen Zeit des Buchdrucks hoch beliebt, aber sie interessierten sich auch für die klassische Literatur, die beide im lateinischen Originaltext lasen. Innig verband sie die Liebe zur Musik. Maria spielte Klavichord, Max begleitete auf der Laute.

Gehegt und gepflegt wurde die Hofkapelle, deren geistlichen und weltlichen Gesängen das Ehepaar hingebungsvoll lauschte. Nach dem Vorbild dieser burgundischen hat Maximilian später seine eigene Hofkapelle geschaffen, nebst eigenem Knabenchor, auf den die Wiener Sängerknaben ihr mehr als 500-jähriges Bestehen zurückführen können.

Enge Beziehungen unterhielten Maria und Maximilian auch zu den berühmten Meistern der flämischen Malerschule van Eyck, Roger van der Weyden und Hans Memling. Experten vermuten, dass Memling auf seinem Gemälde »Die Vermählung der heiligen Katharina« das Antlitz der Maria von Burgund verewigt hat. Ganz sicher wird das nie feststellbar sein, da es kein schlüssig nachweisbares Porträt der Herzogin gibt. Sie starb zu jung um ein viel beachtetes Objekt der Hofmalerei zu werden – ganz im Unterschied zu Maximilian, von dem es Unmengen von Abbildern gibt, darunter eines aus der Meisterhand Albrecht Dürers.

Im Frühjahr 1478, kurz nachdem Maximilian in den Orden vom Goldenen Vlies aufgenommen und zugleich auch zum Großmeister dieses exklusivsten europäischen Adelszirkels erhoben worden ist, schlägt Frankreich zu. Mit Mühe gelingt es Maximilian, ein kunterbunt zusammengewürfeltes Heer aus Freiwilligen und Söldnern aufzustellen. Vom Reich kommt keine Hilfe. Burgunds Städte und Generalstände zeigen sich mehr als knauserig. Maria muss, im wahrsten Sinn des Wortes, das Familiensilber und einiges Goldgeschirr veräußern, um die Truppe auf den Weg zu bringen.

Maximilian, der 19-jährige Feldherr, schlägt sich geschickt und tapfer, überraschend schnell wird ein Waffenstillstand ausgehandelt. Er kann zu seiner Frau eilen, die am 22. Juni 1478 im Prinsenhof zu Brügge einen Knaben geboren hat. Man gibt ihm den Namen Philipp, den sein Urgroßvater »der Gütige« getragen hat. Ihn selbst wird man später »der Schöne« nennen – wir werden im nächsten Kapitel viel mehr über ihn erfahren. Großvater Kaiser Friedrich III. und Großonkel König Eduard IV. von England haben die Patenschaft übernommen – sie werden bei der Taufe durch Gesandte vertreten – und Marias Patenonkel, der böse König Ludwig XI. von Frankreich, hat ein besonders infames »Taufgeschenk« ausgeheckt.

Durch seine ungezählten Agenten und Agents provocateurs lässt Ludwig die Fama verbreiten, Maria hätte keinem Sohn, sondern einer Tochter das Leben geschenkt. Margarete von York vermag das Gerücht eindeutig zu widerlegen. Nach der Taufe trägt sie den Säugling vor das Kirchenportal, schält ihn aus seinem Wickelkissen und zeigt ihn in seiner eindeutigen Männlichkeit dem neugierigen Volk. Freudengeheul angesichts eines winzigen Hautsäckchens ...

Maximilian stößt erst kurz nach der Taufe zu seiner Familie. Aber noch ehe er es sich daheim gemütlich macht, setzt er neuerlich eine höchst publikumswirksame Geste. Noch in voller Kriegsrüstung spaziert er mit dem Sohn, seinem »Gesellen«, wie er ihn von nun an nennt, auf dem Arm langsam durch die Stadt. Das Volk ist gerührt und es lässt sich nicht lumpen, spendiert ein Taufgeschenk von 14 000 Goldstücken. Was mit dem Gold geschieht, ist in den Chroniken nicht vermerkt. Man darf wohl vermuten, dass es in die leere Kriegskasse fließt.

Denn der nächste offene Krieg lässt nicht lange auf sich warten. Im Sommer 1479 fallen französische Truppen in der Picardie ein, erleiden jedoch neuerlich eine Niederlage. Der nun 20-jährige Maximilian hatte sich bravourös in die Schlacht gestürzt, in der ersten Reihe gefochten und seine Kampfgefährten mitgerissen. Doch wieder ist der darauf folgende Waffenstillstand brüchig.

Schon wenige Monate später greifen Frankreichs Truppen Luxemburg an, und als Maximilian die Generalstände um Geldhilfe bittet, erleidet er eine niederschmetternde Abfuhr. Die Herren aus Flandern und den Niederlanden haben schon immer den Standpunkt vertreten, dass das von Philipp dem Guten eroberte Luxemburg im Grunde genommen gar nicht zum burgundischen Reich gehöre, es sei ein lästiges Anhängsel und brauche keine Verteidigung. Das Herzogspaar möge gefälligst selbst für diesen Krieg aufkommen, sich von der Überzahl seiner schmarotzenden Höflinge trennen.

Auch vom Reich kommt keine Unterstützung. Luxemburg, Burgund seien eine Angelegenheit Habsburgs, das Reich habe damit nichts zu tun, wird auf dem Reichstag von Nürnberg postuliert. Maria bleibt nichts anderes übrig, als sich von ihrer kostbaren Gemäldesammlung zu trennen (Maximilian: »Das tut sehr wehe«). Sie wird später versteigert – und so kommt es, dass man heute die wichtigsten flämischen Meister in London bewundern kann.

Während der Wintermonate herrscht Waffenruhe, Maximilian ist daheim – diesmal in Brüssel –, als am 10. Januar 1480 sein zweites Kind zur Welt kommt, eine Tochter, die auf den Namen der Stiefgroßmutter Margarete getauft wird.

Ebenfalls in Brüssel wird im nächsten Jahr, am 2. September 1481, ein weiterer Sohn geboren und auch er erhält einen beziehungsvollen Namen: Franz. So hieß sein Taufpate, Herzog Franz von Bretagne.

Die Bretagne war damals noch ein selbstständiges, unabhängiges Herzogtum und darum wegen seiner strategisch wichtigen Lage an der Westflanke Frankreichs ein bedeutender Bündnispartner für Burgund. Dass ausgerechnet dieses Kind schon wenige Tage nach der Geburt stirbt, können abergläubische Menschen (mit heutigem Wissen) als böses Omen deuten: Sieben Jahre später wird Herzog Franz ebenfalls unter der Erde liegen, wird das Schicksal mit Franzens Tochter Anna und mit Maximilian ein absurdes Spiel treiben, das mit dem Untergang der Bretagne endet ...

Am 10. Februar 1482 lädt Maximilian zu einem Großen Lanzenstechen auf dem Marktplatz zu Brüssel. Es ist dies die wohl brutalste Sportart der zu Ende gehenden Ritterzeit. Maximilian bevorzugt sie dennoch vor allen anderen, nicht achtend der zahlreichen Leicht- und Schwerverletzten, die er mit roher Gewalt vom Pferd gestochen hat.

Fein herausgeputzt sitzen die Damen auf den Tribünen, belohnen mit heftigem Applaus den »Mut« ihrer Ritter, allen voran Maria. Denn Maximilian ist, wie immer, der Größte, der Stärkste, der Verwegenste. Sie ist sichtbar glücklich. Wer kann denn ahnen, dass es ihr letzter öffentlicher Auftritt ist? Sechseinhalb Wochen später ist sie tot. Zugrunde gegangen bei ihrem Lieblingssport.

Die Reiherbeize (auch Falkenjagd genannt), von Ende Dezember bis Anfang Juni zu Pferde abgehalten, war ein grausames oder aber, wenn perfekt betrieben, edles und elegantes Jagdvergnügen. Maria war darin eine Meisterin. Stunden- und tagelang befasste sie sich mit ihren Falken, bis diese nur noch auf ihre Stimme hörten, nur ihr gehorchten.

Der Falke saß, die Augen mit einem Käppchen verdeckt, auf ihrer Schulter. Während sie im Schritt dahinritt, stöberten Jagdhunde die Reiher aus dem Schilf von Tümpeln und Weihern auf. In dem Augenblick, da die Reiher in die Luft stiegen, nahm die Jägerin dem Falken die Kappe ab und ließ ihn auf sein Opfer los. Im Galopp verfolgte sie das faszinierende Schauspiel der kämpfenden Vögel. Manchmal siegte der Falke, indem es ihm gelang, sich von oben auf den Reiher hinabzustürzen und ihm den Todesstoß zu versetzen, manchmal war der Reiher erfolgreich, wenn er es fertig brachte, den Falken mit seinem langen spitzen Schnabel aufzuspießen. Die hohe Kunst der Reiherbeize bestand nun darin, den Falken durch bloßen Zuruf zu bewegen, vom Gegner zu lassen und zur Herrin zurückzukehren. Darin war Maria unübertroffen und sie besaß die ungeteilte Anerkennung ihrer Jagdgefährten.

Für den 6. März ist wieder Reiherbeize angesagt. Der Morgen ist frisch und sonnig. Vorfrühling liegt in der Luft. Maria, im eleganten Reitrock aus grünem Samt, galoppiert in lachender Vorfreude den anderen davon, auf der Schulter ihren Lieblingsfalken, zu ihren Füßen der neben dem Pferd herhechelnde Windhund. Endlich der langersehnte, prickelnde Augenblick: Ein Reiher erhebt sich aus dem Moor, Maria lässt den Falken los, feuert ihn an, beobachtet, während sie ihnen nachgaloppiert, den tänzerischen Kampf der beiden Vögel, wie sie es Dutzende Male, Hunderte Male zuvor getan hat.

Dutzende Male, Hunderte Male ist es gut gegangen, dieses eine Mal nicht. Das Pferd stolpert über einen Baumstumpf, wirft die Reiterin ab, die bleibt bewusstlos am Rande eines Tümpels liegen – so leblos, wie erst fünf Jahre zuvor ihr Vater in einem Moor bei Nancy gelegen ist.

Wenig später wird sie gefunden und dem ersten Schrecken folgt Erleichterung. Die Herzogin ist nicht tot, sie gibt schwache Lebenszeichen. Man trägt sie in ein nahes Bauernhaus, bettet sie neben dem offenen Kamin auf Kissen. Endlich trifft Maximilian ein. In diesem Augenblick kommt sie zu sich, lächelt schwach und flüstert: »Bitte beruhigen Sie sich. Es ist nichts. Es wird nichts weiter passieren.« Sie ist offensichtlich schmerzfrei. Noch ist sie schmerzfrei.

Vorsichtig wird Maria in den Prinserhof nach Brügge transportiert und von mehreren Ärzten untersucht. Große Ratlosigkeit: Die junge Frau weist keine äußerlichen Verletzungen auf, doch bald setzen starke Unterleibsschmerzen ein, was niemanden verwundert, denn es ist bekannt, dass die Herzogin am Beginn einer Schwangerschaft steht. Helfen kann ihr niemand. Das weiß auch sie und sie bereitet sich gewissenhaft auf das baldige Ende vor. Gefasst und in Würde zu sterben gehört zum Ehrenkodex des mittelalterlichen Menschen.

Maria lässt die Ritter des Goldenen Vlieses an ihr Bett rufen, anempfiehlt Mann und Kinder deren Fürsorge und ritterlichen Treue. »Das ist mein Wunsch und mein letztes Gebet«, sagt sie und die hohen Herren sinken in die Knie, schwören Treue für immerdar.

In ihrem Letzten Willen setzt sie die Kinder zu Gesamterben ein. Bis zur Volljährigkeit Philipps soll Maximilian die Regentschaft übernehmen.

Am 27. März 1482, genau drei Wochen nach dem verhängnisvollen Unfall, spürt sie ihre Lebenskraft schwinden. Sie verlangt die Letzte Ölung, sammelt die Ordensritter, Mann und Kinder um sich, nimmt Abschied von jedem Einzelnen, bittet – auch dies ein festgeschriebenes Ritual – um Verzeihung »sollte ich Ihnen jemals Kummer gemacht haben«, und empfiehlt ihre Seele dem Allerhöchsten. Eine Stunde vor Mitternacht tut sie ihren letzten Atemzug.

»Der jung Kunig trueg gross laid um seinen gemahl, den sy heten aneinander gar lieb gehabt«, schreibt Maximilian in seinem autobiografischen Werk »Weißkunig«.

Tage- und nächtelang hatten Menschenmassen stumm vor dem Schloss ausgeharrt. Als der Bote auf die Straße gerannt kam und schrie: »La dame est morte« (die Dame ist tot), erhoben sich schrille Entsetzensschreie und lautes Wehklagen.

Drei Tage lang war der Leichnam aufgebahrt. Tausende zogen weinend am weißen Sarg vorbei, der am 3. April 1482 in der Liebfrauenkirche beigesetzt wurde.

Dem Trauerzug voran schritten Wappenherolde, dann kam Maximilian, den kleinen Philipp an der Hand. Den noch nicht Vierjährigen hatte man in das Ornat eines Ritters des Ordens vom Goldenen Vlies gekleidet, in den der Knabe an seinem dritten Geburtstag aufgenommen worden war. Es war vor allem der Anblick des kleinen Kindes in der feierlichen Tracht, der die Menschen am meisten zu Tränen rührte.

Hinter Maximilian und Philipp in langem Zuge die Vertreter des Hochadels aus ganz Europa, die Priesterschaft, die Damen und Herren des Hofstaates, alle in gespenstische, lange schwarze Gewänder und spitz zulaufende »Trauerkappen« gehüllt, dann Mönche und Nonnen. Schließlich eine unübersehbare Menge des »gemeinen Volkes«, das am Ende der Zeremonien voll und ganz auf seine Rechnung kam. Speisen und Getränke wurden unter freiem Himmel reichlich verabreicht. Jeder, der sich bereit erklärte, für das Seelenheil der Herzogin zu beten, erhielt eine Münze. Alle, alle waren sie bereit ...

Alle. Das Volk, ach das Volk, diese unberechenbare Masse. Gestern haben sie das Betgeld genommen, vorgestern um Maria, den armen Witwer, die armen Kinder geweint. Und es ist noch nicht einmal fünf Jahre her, da schrien sie: »Vive Maximilien!« Und beteuerten auf Spruchbändern: »Du bist unser Prinz, befiehl und wird werden dir folgen«. Vergessen, verweht, verhallt ...

Angestachelt und bestochen von den Agenten Ludwigs XI. schließen die Generalstände und die Bürger an Maximilian vorbei einen »ewigen Frieden« mit Frankreich und dieser unheilige Pakt wird auch gleich mit einem Menschenopfer besiegelt: Maximilians dreijährige Tochter Margarete wird nach Frankreich ausgeliefert, um den Dauphin Karl zu heiraten – denselben Karl, den der französische König vor gar nicht so langer Zeit Margaretes Mutter zugedacht hatte. Als Mitgift erhält der Franzose den ganzen südlichen Teil Burgunds, den er ohnehin schon längst in Besitz genommen hat.

Nicht genug damit: Die Repräsentanten der Generalstände verweigern Maximilian die Gefolgschaft und nehmen auch noch Philipp in ihre »Obhut« – so wie sie es einstmals mit dessen Mutter getan haben. Da nicht alle Bürger mit den Maßnahmen der Wortführer einverstan-

Maximilian im Krönungsornat

den sind, kommt es im ganzen Land zu schweren Auseinandersetzungen, zu bürgerkriegsähnlichen Zuständen. Erst als Frankreich durch den plötzlichen Tod Ludwigs XI. mehr oder weniger handlungsunfähig ist, als England und die Bretagne Maximilian Waffenhilfe zusagen, lenken seine Untertanen ein. Er bekommt seinen Sohn zurück und wird, widerwillig, als Regent anerkannt.

1486 wird Maximilian auf Betreiben seines Vaters, Kaiser Friedrich III., in Aachen zum römischen König gewählt, somit potentieller Nachfolger des Kaisers.

Mehr Ansehen mag der Königstitel bringen, Kraft verleiht er seinem Träger nicht. Das erweist sich knapp zwei Jahre später, als es zu einem neuen, diesmal lebensgefährlichen Konflikt mit den eigenen Bürgern kommt. Frankreich, wieder hochaktiv, verspricht Flandern die Errichtung einer eigenen Republik und es gibt prompt gegen Maximilian gerichtete Kundgebungen in Gent.

Maximilian hält sich zu dieser Zeit in Brügge auf. Als er mit einer ihm treu ergebenen kleinen Truppe ausrücken will, um die Genter zur Räson zu bringen, schlägt man ihm das Stadttor vor der Nase zu und nimmt ihn gefangen. Er wird zunächst im Hause eines Gewürzkrämers festgehalten, dann auf das Schloss Kranenburg gebracht und hinter vergitterten Fenstern vom 5. Februar bis zum 16. Mai 1488 schwerst bewacht.

In den Gassen der Stadt kommt es zu wilden Ausschreitungen, der Pöbel plündert, Anhänger Maximilians werden gelyncht, einige seiner engsten Berater festgenommen. Während einer Folter auf dem Marktplatz »gestehen« sie, was man von ihnen hören will, und werden an Ort und Stelle hingerichtet. Maximilian wird gezwungen, der Tortur zuzusehen und anschließend auf seinen Sohn und auf die Regentschaft zu verzichten.

Es gelingt ihm, einen Brief an den Vater aus seinem Gefängnis zu schmuggeln: Er fürchte ständig, umgebracht zu werden. Mehrfach habe er von seinem Fenster aus auf ihn zielende Armbrustschützen gesehen, möglicherweise seien Speisen vergiftet gewesen, nach deren Genuss ihm sterbensübel geworden war.

Anna von Bretagne

Europa reagiert auf den Hilferuf mit allerlei Säbelgerassel – wie ernst es gemeint ist, weiß niemand. Der Papst droht den Aufständischen mit Kirchenbann, Spanien lässt die Flotte ausrücken, England verspricht eine Intervention, ein deutsches Heer soll ausrücken. In Wirklichkeit geschieht so gut wie nichts.

Maximilian resigniert. Er ist bereit, alle Forderungen der General-stände und der Bürger anzunehmen. Sie werden seinen Sohn behalten und erziehen, sie werden die Regentschaft führen. Der König wird mit einem Schmerzensgeld von 50 000 Talern abgefunden. Wenige Mona-te später verlässt er das Land.

Sein Lebenszentrum wird nun Innsbruck, »das Herz des Reiches«, wie er es einmal genannt hat. Sein Onkel Sigmund (der Mann mit dem Papagei), leichtlebig, verschwenderisch, hoch verschuldet, hat ihn adoptiert und damit die Last des Regierens und Wirtschaftens auf die Schultern des Jüngeren geladen.

Das Kapitel Burgund scheint für Maximilian im Augenblick abge-schlossen. Das Land ist durch seinen Sohn Philipp, den die Untertanen als »ihren Prinzen« voll und ganz anerkennen, ohnehin für Habs-burg gesichert.

Der junge König wendet sich anderen hochfliegenden Plänen zu. Er will den ungarischen König Matthias Corvinus beerben, der augen-blicklich in Wien residiert sowie weite Teile Niederösterreichs besetzt hält und auf den Tod krank darniederliegt. Die Aussichten stehen nicht einmal so schlecht, denn es gibt Verträge, wonach Habsburg Un-garn erhält, sobald Matthias stirbt.

Das Augenmerk Maximilians zielt auch in die Gegenrichtung. Er möchte Anna von Bretagne heiraten, ganz offensichtlich in der Ab-sicht, Frankreich von Westen her in die Zange zu nehmen.

Die Bretagne, einstmals von Kelten besiedelt, die vor dem An-sturm der Angeln und Sachsen von der britischen Insel geflohen wa-ren – daher der Name Bretagne –, war ursprünglich ein eigenes König-reich gewesen, stets auf seine Selbstständigkeit gegenüber Frankreich bedacht. Frankreich hingegen hatte verständliches Interesse, sich das Land einzuverleiben, war es doch durch Jahrhunderte Aufmarschge-biet der Engländer gegen Frankreich.

Immer wieder kam es zwischen den beiden Ländern zu kriegeri-schen Auseinandersetzungen. Am 27. Juli 1488 verlor Herzog Franz II. von Bretagne eine entscheidende Schlacht gegen Frankreich – der-selbe Franz, der Taufpate von Maximilians früh verstorbenem Sohn

Franz gewesen war. Herzog Franz starb am 9. September 1488. Seine einzige Tochter Anna, erst zwölf Jahre alt, war die Alleinerbin und damit eine erstrebenswerte Partie sowohl für Maximilian als auch für den jungen französischen König Karl VII. Der erste war Witwer und einer Heirat mit Anna stand nichts im Wege. Karl hingegen war bereits mit Maximilians Tochter Margarete verlobt, das Mädchen wurde am französischen Hof zur künftigen Königin erzogen.

Also trat Frankreich an Anna mit dem Vorschlag heran, einen Cousin des Königs zu ehelichen. Aber die Kleine sagte laut und vernehmlich nein – obwohl ihre Berater, längst vom französischen Hof gekauft, ihr aufs Heftigste zuredeten.

Anna war trotz ihres kindlichen Alters eine bemerkenswerte Persönlichkeit, war extrem kleinwüchsig, hatte, nach einer Verletzung bei der Geburt, einen leicht schleifenden Gang, doch ihr Gesicht war süß, die Haarpracht aufsehenerregend und, vor allem, ihr Verstand brillant. Weit über ihr Alter gereift, verblüffte sie durch scharfes logisches Denken und eherne Zielstrebigkeit.

Den Franzosen gibt sie einen Korb, den Antrag Maximilians nimmt sie sofort an. Dieser König, vermutlich kommender Kaiser des Heiligen Römischen Reiches, scheint ihr der beste Garant für das Fortbestehen der bretonischen Eigenstaatlichkeit. Welch ein tragischer Irrtum!

Im Juli 1490 treffen Maximilians Unterhändler in der Bretagne ein, bereits am 19. Dezember wird die nun 14-jährige Anna mit dem 31-jährigen König Maximilian in der Kathedrale zu Rennes getraut und sofort zur »Römischen Königin« gekrönt. Der Bräutigam ist allerdings bedauerlicherweise nicht zur Stelle. Er muss sich, nach dem Tod des Matthias Corvinus, mit den Ungarn herumschlagen, die nicht gewillt sind Maximilian zu ihrem König zu machen, und statt dessen den Bruder des polnischen Königs auf den Thron heben.

Während in Rennes die Hochzeitsglocken läuten, führte Maximilian in Ungarn Krieg, kam bis fast vor Budapest – und dann liefen ihm die Söldner einfach davon. Er konnte sie nicht bezahlen.

Mit der Ehe hatte es trotzdem seine Richtigkeit. Maximilian ließ sich – wie schon einmal bei der Hochzeit mit Maria – von seinem Freund Polheim vertreten; der bestieg mit Anna das Brautbett, zeigte ihr das nackte Knie und die Ehe galt als vollzogen. Sämtliche Höfe Europas wurden von dem Ereignis durch Eilboten verständigt.

Frankreichs Rache war fürchterlich. Mit geballter Heeresmacht fielen die Nachbarn über die Bretagne her, Annas Hilferufe an den Gemahl verhallten nahezu ungehört. Ihm fehlten die Mittel für eine schlagkräftige Armee, das Reich war nicht bereit, ihn zu unterstützen. Alles, was er schickte, war ein müdes Häuflein von Söldnern, die, da ohne Sold, geschlossen zu den Franzosen überliefen.

Im Oktober 1491 standen die Franzosen vor Rennes. Von ihren Beratern, die geschlossen wie ein Mann in feindlichen Diensten standen, wütend bedrängt ergab sich Anna schließlich der Übermacht. Ihre Soldaten, nebst deutschen und englischen Söldnern, wurden sofort in französische Dienste genommen und fürstlich gelohnt.

Das Friedensangebot war in seiner Perfidität leicht durchschaubar. Anna sollte die Bretagne ohne Wenn und Aber an Frankreich ausliefern. Sie selbst bekäme dafür freies Geleit zu ihrem Gemahl sowie eine ansehnliche Abfindung für ihr verlorenes Land. Die Höhe der Summe wäre noch auszuverhandeln. Sollte sie jedoch Herrin der Bretagne bleiben wollen, müsste sie einen nahen Verwandten des französischen Königs heiraten. Die Ehe mit Maximilian sei ohnehin nicht vollgültig, da noch nicht vom Papst bestätigt. Anna lehnte entrüstet ab. Sie sei mit einem *König* verheiratet und nicht gewillt, sich mit einem Grafen oder Herzog abspeisen zu lassen.

Anna wandte sich nochmals an Maximilian und ließ ihm bestellen, dass sie von ihren eigenen Leuten verkauft und verraten worden und daher gezwungen gewesen sei, sich dem Feind zu ergeben. Eine Antwort bekam sie nicht.

Wundert sich jemand, dass sie den französischen König Karl VIII. – der noch immer mit Maximilians Tochter Margarete verlobt war! – zu einer Aussprache empfing? Drei Tage später war sie mit dem 21-Jährigen verlobt. Im Dezember wurde geheiratet und am 27. Februar 1492 die junge Frau zur Königin von Frankreich gekrönt. Die päpstliche Dispens für diese skandalöse Verbindung kam erst ein halbes Jahr später, aber sie kam.

Was nun folgte, war eine der ersten umfassenden Propagandaschlachten der Geschichte. Die beiden Streitparteien boten alles auf, um den jeweils anderen als Schurken dastehen zu lassen. Millionen von Flugblättern flatterten über halb Europa. Frankreich verkündete, die Heirat sei der einzige Weg gewesen, einen weltweiten Kriegsbrand zu verhindern, Maximilian, zutiefst beleidigt, ließ verbreiten, seine Frau sei gewaltsam entführt und mit Brachialgewalt zur Ehe gezwungen worden. So wurde der »Brautraub von der Bretagne« geschichtsnotorisch, obwohl in Wirklichkeit von einem Raub nicht die Rede sein konnte.

Die Wogen der Empörung schlugen allerorten hoch, der »Raub des Fräuleins von Britannien« erregte die Gemüter von Hoch und Niedrig, Maximilian selbst verstieg sich zu der Klage, dass »nur unser Herr Jesus mehr Schmach erleiden musste« als er selbst. Zu einer Intervention kam es dennoch nicht.

Erst als sich die Franzosen weigerten, Margarete, die verstoßene Braut des Königs, und, vor allem, die Mitgift herauszugeben, kam es zum offenen Kampf. Maximilian bekam seine Tochter, er bekam die Mitgift zurück. Von der »geraubten« Braut Anna von Bretagne war nicht mehr die Rede. Maximilian strebte bereits ein neues Ziel an. Ein neues Land, eine neue Braut und sehr viel Geld. Bianca Maria Sforza, Nichte des regierenden Herzogs von Mailand, war die Auserwählte.

Kaiser Friedrich III. wäre vermutlich lieber gestorben als seinem Sohn die Heirat mit der Nachfahrin von Bauerngesindel und Räuberhauptleuten zu gestatten. Maximilian hingegen sah die Dinge pragmatisch. Bianca Maria war, nach seiner verblichenen Gemahlin Maria von Burgund, die reichste Braut Europas und er brauchte, wie immer und mehr denn je, Geld, soviel er kriegen konnte. Zum Glück (?) starb Friedrich zeitgerecht (1493), sodass der Heimholung des Mailänder Goldschatzes nichts mehr im Wege stand.

Die bekannte Ahnenreihe der Sforza war zu jener Zeit erst lächerliche hundert Jahre alt und ging auf einen gewissen Muzio Attendolo zurück, der Ende des 14. Jahrhunderts, kaum zwölf Jahre alt, von daheim durchbrannte. Sein Vater war ein armer, mit 21 Kindern geschlagener Bauer aus der Gegend von Ravenna und Muzio hoffte auf ein besseres Leben, wenn er sich einem durchs Land vazierenden Haufen von Söldnern anschloss. Die verkauften dem Meistbietenden ihre Kampfkraft, und wenn sich keiner fand, der sie bezahlen konnte oder wollte, bestritten sie ihren Lebensunterhalt durch Raub, Mord und Totschlag.

Muzio war ein anstelliges Bürschchen, aber stolz und widerborstig. Er sagte auch hohen Vorgesetzten seine Meinung lauthals ins Gesicht, was ihm den Spitznamen »Sforza«* eintrug, womit, was der Junge damals noch nicht ahnen konnte, ein furchterregender Geschlechtername kreiert worden war.

Muzio machte, indem er sich zusammen mit einigen seiner Brüder einem richtigen Condottiere und seiner wohl organisierten Armee anschloss, sehr rasch Karriere. Sein Spitzname »Sforza« wurde zum Markenzeichen für einen exzellenten Kriegsmann. Der Geburtsname Attendolo geriet bald in Vergessenheit.

Sforza wurde Condottiere einer eigenen Truppe, diente mit steigendem Erfolg einmal den Mailändern, dann wieder Florenz, Neapel oder dem Papst – was damals durchaus üblich war –, heftete Ruhm und sogar ein Adelswappen an seine Fahnen, verdiente mehr als so mancher Fürst und konnte es sich leisten, seine Kinder, die er von diversen angetrauten und nichtangetrauten Gefährtinnen bekam, wie Prinzen und Prinzessinnen erziehen und ausbilden zu lassen. Er selbst hat niemals schreiben und lesen gelernt.

Sein genaues Geburtsdatum ist nicht bekannt, sein Sterbedatum sehr wohl: Er ertrank am 4. Januar 1424, als er versuchte seinen Pagen aus den reißenden Fluten eines Hochwasser führenden Flusses zu retten.

Sforzas ältester Sohn Francesco war gerade 23 Jahre alt, als er die Nachfolge des Vaters antrat. Im Laufe der Zeit wurde er zum schlag-

---

* von »sforzare« = erzwingen, ertrotzen

kräftigsten, berühmtesten und gesuchtesten Condottiere ganz Italiens, wo zu dieser Zeit buchstäblich jeder gegen jeden mit ständig wechselnden Koalitionen Krieg führte. Francesco Sforza konnte für seine Dienste verlangen, was er wollte (Geld, Grund- und Landbesitz, ganze Städte und Landstriche) – er bekam es anstandslos. Je mehr er davon hatte, desto weniger bedeutete es ihm.

So verwundert es nicht, dass Filippo Maria Visconti, Herzog von Mailand, ihm schon etwas Besseres bieten musste, als er Sforza in seine Dienste nehmen wollte. Der Condottiere stand im Solde von Mailands Erzrivalen, der Republik Venedig, die ihn mit Gold und Ehrungen geradezu überschüttete. Visconti hatte etwas zu bieten, das die Venezianer nicht hatten. Er offerierte Sforza seine – damals gerade siebenjährige – Tochter Bianca Maria zur Ehefrau und die Aussicht auf das Erbe Mailands. Sforza war zu diesem Zeitpunkt zwar noch verheiratet, aber praktischerweise starb seine Frau zeitgerecht, wodurch der Handel reibungslos zustande kommen konnte, sobald Bianca Maria ehetauglich war.

Es würde zu weit führen, all die Zwischenfälle und Hindernisse aufzuzählen, die sich Sforza in den Weg stellten, ehe er Herzog wurde (zum Beispiel hatte sich Mailand nach Viscontis Tod zur Republik erklärt). 1450 war es jedenfalls so weit und der Sohn eines armen Bauernburschen konnte sich mit Purpur und Krone schmücken.

Sforza stellte nun glanzvoll unter Beweis, dass in ihm mehr steckte als ein Haudegen und Schlagetot. Er erwies sich auch als brillanter Diplomat, bescherte ganz Italien einen viele Jahre dauernden Frieden und leitete in seinem Herzogtum – das sich vom heutigen Tessin über die Lombardei bis weit südlich von Parma erstreckte – eine wirtschaftliche und kulturelle Hochblüte ein.

Um das Maß seines Erfolges voll zu machen, zeigte sich Bianca Maria als eine kluge, liebevolle Ehefrau, eine wertvolle Beraterin. »Ich habe Gott für vieles zu danken«, sagte er einmal, »aber der größte Segen war eine unvergleichliche Frau.« Was ihn nicht hinderte, sich zahlreiche Mätressen zu halten: Neben acht ehelichen hat er an die zwanzig uneheliche Kinder gezeugt – jedes einzelne voll anerkannt und zusammen mit den legitimen Sprösslingen am Mailänder Hof erziehen lassen. Er starb am 8. März 1466 im Alter von 65 Jahren.

Galeazzo Maria, Francescos erstgeborener Sohn, war 22 Jahre alt, als er das reiche Erbe seines Vaters antrat. Ein gut aussehender, hochgebildeter junger Mann. In der kurzen Zeit seines Lebens wurde sein Hof zu einem glänzenden Zentrum der Renaissancekultur, durchaus ebenbürtig dem der Medici in Florenz. Nicht zu übersehen war jedoch jener Teil seines Charakters, der auf das Erbgut der durch und durch verderbten Visconti zurückzuführen war: grausam, verschlagen mit einem deutlichen Hang zum Sadismus, sexuell unersättlich.

Eine seiner ersten Untaten richtete sich gegen die eigene Mutter, die es gewagt hatte, ihm einige Male zu widersprechen. Er verbannte sie aus der Stadt, wenige Monate später starb sie.

Noch heute erzählt man sich in Mailand mit wohligem Schauder, wie Galeazzo Maria einen Priester einsperren und verhungern ließ, weil der ihm den Tod noch vor seinem elften Regierungsjahr vorausgesagt hatte. Nachdem er sich über Gebühr lang mit einer Geliebten des Herzogs unterhalten hatte, wurden einem jungen Aristokraten beide Hände abgehackt. Ein Pietro Doga wurde bei lebendigem Leibe begraben, einem Giovanni da Verona schnitt man die Hoden ab – was Letztere verbrochen haben sollen, ist nicht überliefert.

1467 heiratet Galeazzo Maria die Prinzessin Bona von Savoyen, die weder schön noch reich, aber mit dem französischen König Ludwig XI. eng verwandt war – eine Beziehung, auf die der Mailänder Wert legte. Bona gebar ihm vier Kinder: 1469 Gian Galeazzo, 1470 Ermes, am 5. April 1472 Bianca Maria, Maximilians spätere Ehefrau, und schließlich, ein Jahr später, die zweite Tochter, Anna.

Über die Kindheit Bianca Marias wissen wir – abgesehen von einer Ausnahme, von der bald die Rede sein wird – so gut wie nichts. Das verwundert nicht weiter, denn im Mailänder Castello wuchs eine schier unübersehbare Schar von Herzogskindern auf und alle wurden mehr oder minder gleich behandelt, das heißt von gewissenhaften Lehrern sehr sorgfältig erzogen und geschult, ohne dass auf das einzelne besonders individuelles Augenmerk geworfen worden wäre.

Da gab es noch Kinder des alten Herzogs Francesco aus seinen zahlreichen außerehelichen Beziehungen, da kamen die vier ehelichen und mindestens fünf illegitimen Sprösslinge Galeazzo Marias hinzu. Die Kinder waren nicht um ihrer selbst willen, sondern nur als politische (Tausch-)Objekte interessant. Bianca Maria hat es als Erste erfahren, wenn auch bestimmt nicht bewusst wahrgenommen.

Sie wird am 2. Januar 1474 in Mailand mit dem neunjährigen Philibert von Savoyen ferngetraut, der bereits Throninhaber ist. Im Castello zu Mailand findet aus diesem Anlass eine feierliche Zeremonie statt, an welcher der gesamte Hof, das diplomatische Corps und zahlreiche illustre Gäste teilnehmen. Es ist nicht bekannt, ob man die 22 Monate alte Braut auch dorthin geschleppt hat. Sicher bleibt ihr der Tag in Erinnerung. Man wird ihr oft genug erzählt haben, wie just während der feierlichen Festrede des Bischofs von Turin eine Bogenstütze des Saales einstürzte und die ganze Gesellschaft schreiend auseinander stob.

Galeazzo Maria war ein sehr abergläubischer Mensch – man denke an die Ermordung des Priesters, der ihm ein kurzes Leben prophezeit hatte. Nachweislich aber sind auch – ein makabrer Zufall – viele der ihn betreffenden Voraussagen eingetroffen.

Was mag er sich gedacht haben, als die Hochzeitszeremonie für Bianca Maria so abrupt endete? Hat er geahnt, dass diese Ehe nie zustande kommen würde? Philibert von Savoyen starb jedenfalls im Alter von nur 17 Jahren und Bianca Maria war für eine neue Verbindung frei. Aber da war Galeazzo Maria selbst schon längst unter der Erde.

Anfang Dezember 1476 hält sich der Herzog samt Familie in seinem Jagdschloss in Abbiategrasso auf, als sich am Himmel ein feuriger Komet zeigt – ein ganz, ganz schlimmes Vorzeichen. Dazu trifft, fast gleichzeitig, die Nachricht ein, dass in Mailand das Schlafzimmer Galeazzo Marias aus unbekannter Ursache vollkommen ausgebrannt sei – ein noch übleres Omen. Spontan befiehlt der Herzog über Weihnachten in Abbiatograsso zu bleiben, entscheidet sich aber anders, nachdem er eine Nacht darüber geschlafen hat.

Auf der Heimreise kreisen, wie aus dem Nichts erschienen, drei riesige Raben über dem Haupt des Herzogs. Einen Moment macht er Anstalten, das Pferd zu wenden, lässt es dann aber sein.

Die Weihnachtstage verlaufen im Castello ungestört. Für den Stefanitag ist, wie seit langem Tradition, ein Besuch des gesamten Hofes, angeführt vom Herzog, in der Kirche San Stefano angesagt. Galeazzo Maria bekommt es auf einmal mit der Angst zu tun. Er bittet Monsignore Branda-Castiglioni, der in San Stefano das Hochamt abhalten soll, dieses im Castello zu tun. Der Geistliche lässt sich entschuldigen. Er fühle sich nicht wohl, er könne nicht kommen.

Nun passiert etwas Erstaunliches: Wohl um zu beweisen, dass er ganz und gar nicht abergläubisch und feig sei, legt der Herzog zum Gang in die Kirche nicht wie üblich seinen Silberharnisch, sondern einen weichen, purpurfarbenen Samtwams an.

Die Kavalkade des Herzogs, der Herzogin und ihres Gefolges begibt sich gemessenen Schrittes nach San Stefano, betritt, dicht gedrängt, die Kirche, als gleichzeitig drei junge Männer aus dem Dunkel auftauchen, sich blitzartig über den Herzog stürzen und ihn in Sekundenschnelle niedermetzeln – ehe die Leibgarde überhaupt noch begriffen hat, was eigentlich geschieht.

Im Tumult der schreiend flüchtenden Menschen gelingt es den dreien zunächst zu entkommen. Der Erste wird im Vorraum der Kirche bereits eingeholt, der Zweite verfängt sich in den weiten Röcken dreier verschreckter, nahe beieinander stehender Frauen, stürzt, wird, noch den blutigen Dolch in der Hand, überwältigt und auf der Stelle tot geschlagen. Man fesselt den Leichnam und schleift ihn, an ein Pferd gebunden, durch die Straßen der Stadt, bis nichts mehr als ein blutiger Fleischklumpen von ihm übrig ist.

Der Hauptschuldige und Initiator des Attentats, Girolamo Olgiati, wird erkannt, wie er sich als Handwerker verkleidet und mit einer Matratze auf den Schultern aus der Stadt schleichen will. Er legt ein volles Geständnis ab, in dem er bekennt: »... das heilige Werk, für das ich sterbe, beruhigt mein Gewissen ... Nein, ich bereue nicht ...« Oligiati wird gefoltert, ohne Gerichtsverhandlung hingerichtet. Sein Kopf ist, auf einer Lanze aufgesteckt, noch wochenlang am Stadttor zu besichtigen.

Die Motive der drei jungen Attentäter, eine explosive Mischung aus Rachsucht, gekränktem Stolz und Idealismus, werden erst nach und nach bekannt. Einer von ihnen gehörte zu der von den Sforzas ins Abseits gedrängten Adelsklasse, des anderen Schwester hatte der Herzog mehrfach vergewaltigt und alle drei hingen der Utopie einer Republik nach, in der alle Menschen Brüder werden und ewige Gerechtigkeit herrschen sollte. Sie waren überzeugt, dass nach Galeazzo Marias Tod das Volk wie ein Mann aufstehen und das Joch des Emporkömmlings abwerfen würde. Das Gegenteil war der Fall: Weinend zogen die Menschen am Sarg ihres Herzogs vorbei, schluchzten und wimmerten: »Duca, duca.«

Bianca Maria, des Herzogs Tochter, war, noch nicht vierjährig, zur Halbwaise geworden. Nur weitere vier Jahre später wird ihr auch die Mutter abhanden kommen und das Mädchen nur noch als Spekulationsobjekt im europäischen Kräftemessen wahrnehmbar sein.

Nach dem Tod ihres Mannes führte Herzoginwitwe Bona die Regentschaft für ihren siebenjährigen Sohn Gian Galeazzo. Aber sie war leider, wie Zeitzeugen berichten, eine »Frau von geringem Verstand«. Sie scheiterte am Ehrgeiz ihres Schwagers Lodovico und an ihrer eigenen Kopflosigkeit.

Nachdem er seine älteren Brüder ausgetrickst hatte, riss Lodovico die Regentschaft an sich: Bona hatte sich in einen ihrer Dienstboten, Antonio Tassino, von Beruf Fleischvorleger, verliebt. Sie war dem viel jüngeren Mann vollkommen hörig, machte eine Dummheit nach der anderen und alle waren heilfroh, als Lodovico die Zügel in die Hand nahm. Tassino wurde mit einer hübschen Summe abgefunden und zum Schweigen gebracht, Bona 1480 auf den Landsitz Abbiategrasso verbannt.

Lodovico Sforza, 29 Jahre alt, ist nun der neue Herr in Mailand. »Lodovico – qui?« (Lodovico – wer?) wird man dort wohl bei dieser Namensnennung gefragt. »Il Moro« muss man dann hinzufügen und jedermann weiß sofort, wer gemeint ist: »Il Moro« – als solcher ist er auch in die offizielle Geschichtsschreibung eingegangen, obwohl niemand genau sagen kann, woher dieser Spitzname eigentlich kommt.

Die einen meinen, von einem auffälligen Muttermal in Form einer Maulbeere (Morus), die anderen verweisen auf Lodovicos dunklen Teint.

Wie dem auch sei, il Moro war ein bedeutender Staatsmann, ein kluger Wirtschaftslenker, ein Kunstliebhaber von hohen Graden, dem es gelang, Leonardo da Vinci für viele Jahre an seinen Hof zu binden: als Festungsbauer, als Waffen- und Brückenkonstrukteur, als Arrangeur und Ausstatter grandioser Feste und, natürlich, als Maler, Stichwort: »Das letzte Abendmahl.«

Mailand stand zu il Moros Zeiten in einer Hochblüte, die es nach ihm nie mehr erreichte, was wohl auch damit zusammenhing, dass er den größten Staatsschatz Europas besessen hat. Wenn die im Nachhinein angestellten Berechnungen stimmen, war sein Jahreseinkommen ebenso hoch wie das des englischen und nur halb so hoch wie das des französischen Königs, der aber ein um vielfach größeres Reich regierte. Mehr als eine Million Dukaten sollen später allein in die Taschen Maximilians geflossen sein, eine Summe, die damals das Vorstellungsvermögen des einfachen Untertans um ein Vielfaches überstieg.

Viel Geld, viel Ehr'. Obwohl il Moros Nichte Bianca Maria, den damaligen Standesregeln entsprechend durchaus nicht »ebenbürtig« war, bewarben sich zahlreiche Fürsten mit tadellosem Stammbaum um die begehrenswerteste Partie seit Maria von Burgund. Von Philibert von Savoyen haben wir schon gehört. Er starb lange vor seiner Zeit.

Der nächste Kandidat war Albert von Bayern. Das Geschäft kam nicht zustande. Der Bayer hat übrigens später unter zweifelhaften, um nicht zu sagen betrügerischen Umständen Maximilians Schwester Kunigunde geehelicht.*

Die Heiratsverhandlungen mit Johann Corvinus, dem Sohn des Ungarnkönigs Matthias Corvinus, gelangten knapp ins Endstadium. Gaben und Gegengaben waren bis zur letzten Einzelheit ausziseliert:

---

* Siehe: Thea Leitner »Habsburgs verkaufte Töchter«.

Als Mitgift für den Bräutigam 100000 Dukaten sowie eine Aussteuer im Wert von 50000 Dukaten; für die Braut – das Herzogtum Österreich als Morgengabe! Matthias Corvinus regierte damals ja, sehr zum Missvergnügen Habsburgs, in Wien und konnte leicht das Herzogtum Österreich vergeben. Doch wieder kam es anders: Matthias Corvinus starb, die Nachfolge seines Sohnes Johann war gänzlich ungesichert. Il Moro trat im Namen seiner elfjährigen Nichte Bianca Maria von dem Vertrag zurück. Im Gespräch waren ferner König Wladislaw II. von Polen, Johann, der Bruder des Kurfürsten von Sachsen, sowie der Herzog von Geldern.

Eines war all diesen Brautwerbern gemeinsam: Sie taten von sich aus den ersten Schritt, um an die Mailänder Geldtöpfe heranzukommen. Bei Maximilian war es umgekehrt. Es war il Moro, der die Verhandlungen anbahnte, und nicht einmal die Idee dazu stammte von ihm selbst. Einer seiner Minister schlug dem Herzog vor, Maximilian diskret auf das Mailänder Goldtäubchen hinzuweisen. Il Moro war entzückt: Die Verbindung mit dem Hause Habsburg würde die Sforza vom Stallgeruch der Bauern-Abkömmlinge befreien und er verdoppelte das Angebot der Mitgift auf 200000 Dukaten. Unter der Hand hielt er seinen Mittelsmann an, auf Eile zu drängen: Bianca Maria war mittlerweile 18 Jahre alt geworden, war also, den damaligen Vorstellungen entsprechend, fast schon eine alte Jungfer.

In der Tat schien Maximilian die Vorstellung, abermals eine reiche Braut heimzuführen, gar nicht ungelegen gekommen zu sein. In größter Heimlichkeit wurden die ersten Verhandlungsfäden gesponnen – Kaiser Friedrich III. durfte natürlich kein Sterbenswörtchen über das Werben seines Sohnes um diese »unmögliche« Braut erfahren. Aber schon bald schickte Maximilian den Kurfürsten von Sachsen *inkognito* nach Mailand. Er sollte die Zukünftige kritisch in Augenschein nehmen. Der Kurfürst mischte sich einige Male unter die Gläubigen, wenn Bianca Maria zur Kirche ging. Es gelang ihm sogar, ein in Kohle gezeichnetes Porträt des Mädchens aufzutreiben.

Maximilian scheint einigermaßen zufrieden über den Bericht seines heimlichen Kundschafters gewesen zu sein und das Feilschen ging nun richtig los. Der König versprach, il Moro als Herzog von Mailand offiziell zu bestätigen, unter großzügiger Umgehung des eigentlichen Thronerben, Bianca Marias Bruder Gian Galeazzo.

Auch hatte Maximilian keinerlei Skrupel, die Mitgift-Forderung auf 400000 Dukaten hinaufzulizitieren: 25000 bei Vertragsabschluss, 75000 zwei Monate nach Ratifizierung, 100000 nach der Eheschließung, 100000 innerhalb eines Jahres nach Vollzug der Ehe, 100000 nach Belehnung mit dem Herzogtum Mailand. Die Gesamtsumme entsprach ziemlich genau allen Jahreseinkünften Maximilians aus dem Reich und aus seinen österreichischen Besitzungen zusammengenommen.

Was die übrige Ausstattung, nämlich Hausrat, Bekleidung, Schmuck betraf, erwies sich Maximilian als großzügig. Er verlangte nichts Konkretes, er überließ es »dem Ehrgefühl des Herzogs«, diese Werte selbst zu bestimmen.

Ebenso vage umschrieb Maximilian die von ihm zu erbringenden Leistungen. Er würde Bianca Maria lebenslang einen ihrem Stande gemäßen Unterhalt gewähren sowie die Einkünfte aus den Herrschaften Klosterneuburg, Leoben, Judenburg und Bardenone. Dieses windige Vertragswerk hat der ehr- und machtbesessene Herzog bedenkenlos unterzeichnet. Ausbaden musste es dann ohnehin seine Nichte.

Wie dringend Maximilian nach dem Mailänder Geld lechzte, ist schon daraus ersichtlich, dass er sich noch zwei Tage vor Unterzeichnung des Vertrages von den Fuggern 6000 Dukaten leihen musste.

Am 19. August 1493 starb Kaiser Friedrich III.; das einzige ernst zu nehmende Hindernis für diese Mesalliance war dahin. Bereits am 30. November – also noch mitten während des Trauerjahres – wurde geheiratet, in Mailand, und so, wie es Maximilian bei allen Eheschließungen gehalten hat, ohne Bräutigam. Eine Hochzeit per procurationem also.

Maximilians Abgesandte erschienen als Einzige in Trauerkleidung – ansonsten aber war diese Hochzeit eines der aufwändigsten Feste, das Mailand jemals erlebte.

Alle italienischen Staaten schickten Abordnungen, selbstverständlich auch die meisten europäischen, mit Unmengen kostbarer Geschenke. Am meisten bewundert wurden die Gaben der russischen Delegation, die seltsamerweise eher kriegerische Angebinde mitbrachte: Pfeile, Bogen, kostbar gezierte Köcher, einen skythischen Dolch, seltene Edelsteine, 200 Wieselfelle und – »den Zahn eines [unidentifizierten] Ungeheuers, länger als ein Männerarm«.

Zur Feier des Tages war die Stadt so geschmückt, dass sie wie verkleidet wirkte: künstliche Säulen, mit Efeu umwunden, die Häuser von Tapisserien verdeckte und überall frische Blumen. Dicht an dicht drängten Tausende am Straßenrand, neugierig, aufgeregt, jederzeit zum Jubeln bereit.

Der Festzug machte sich um neun Uhr vom Castello auf den Weg. Voran marschierten die Höflinge, die mailändischen Fürstlichkeiten, dann, in einer vergoldeten, von vier Schimmeln gezogenen Kutsche, die Braut in leuchtendem Karmesinrot, ihrer Lieblingsfarbe. Die Toilette hatte eine lange Schleppe und extravagante, flügelförmige Ärmel. Auf dem Kopf trug Bianca Maria ein Diadem mit Perlen und Brillanten. Dem Brautgefährt folgten die verschiedenen Regierungsdelegationen, den Schluss bildeten zwölf Wagen mit Damen.

Auch den Dom hatte man im Inneren fast gänzlich verkleidet, Samt und Seide, Blumen und Teppiche verfremdeten das herrliche Gebäude auf seltsame Weise. Das Kirchenschiff war dermaßen überfüllt, dass beängstigendes, dampfendes Gedränge entstand.

Nach der Messe nahm der Erzbischof von Turin die feierliche Trauungszeremonie vor, wobei Christoph von Baden den Bräutigam vertrat. Sollte der Erzbischof dazu etwas gesagt haben – verstehen konnte man es auf keinen Fall, denn in dem Augenblick, da er Bianca Maria eine Krone aufsetzte, begannen die Glocken zu läuten, Trompeten zu schmettern und Kanonen vor dem Dom Salut zu schießen.

Im Wagen war sie gekommen, zu Pferde, überdacht von einem hermelinverbrämten Baldachin, begab sich die Neuvermählte, frisch Gekrönte zurück zum Castello, wo bis in die Nacht getafelt, getanzt und gefeiert wurde.

Nebstbei drängten Scharen neugieriger Gäste zu jenem Saal, in dem auf langen Tafeln die Brautaussteuer zur Schau gestellt war. Sie repräsentierte einen Wert von 400 000 Dukaten – Maximilian hatte richtig kalkuliert, als er an das »Ehrgefühl des Herzogs« appelliert hatte.

Da gab es einen ganzen langen Tisch voller Geschmeide. Zum Glück ist die vollständige Liste der einzelnen Gegenstände erhalten, jeder minutiös beschrieben wie für eine Versteigerung. Zum Beispiel: »Ein Halsband mit viereckigem wunderschönem Smaragd, einem ebensolchen Rubin und einer herrlichen Perle, die herabhängt und in zwei Füllhörner mit einer Krone gefasst ist. Füllhorn und Krone sind aus 46 Diamanten gefertigt. Auf dem Halsband sind 30 längliche Perlen aufgereiht, der Wert beträgt 6300 Dukaten.« So geht es fort, Seite um Seite, Zeile für Zeile.

Silbergeräte für den Speisetisch, Silber- und Goldgerät für den Altar, Kleidung für geistliche Herren. Die Garderobe der Braut: jeder Einzelposten beschrieben, aus Samt und Seide und Brokat, jedes Kleid mit Perlen und Edelsteinen bestickt, Pelze und Gürtel mit Goldschnallen, Hauben und Haarnetze, 72 Paar Schuhe aus Seide, Samt und Leder, Bettwäsche, dazu fünf Überdecken aus Goldbrokat, Vorhänge, gold- und silberbestickte Frisiermäntel, Kämme aus Elfenbein.

Hunderte Tischtücher, Tausende Handtücher, Servietten, Ballen von Leinen, 24 Schweißtücher, 6 silberne Fingerhüte, 9000 Nähnadeln. Bianca Marias liebster Zeitvertreib war das Sticken, worin sie eine staunenswerte Meisterschaft und großen Ideenreichtum bewies, und offenbar nahm man an, dass im barbarischen Norden die filigranen Nadeln, mit denen sie zu arbeiten pflegte, nicht verfügbar sein würden.

Üppigste Ausstattung für den Reitsport (nicht weniger als 24 reich dekorierte Sättel), Teppiche, Tapisserien und, nicht zu vergessen, drei schwere silberne Nachttöpfe.

Wo all die Pracht und Herrlichkeit hingekommen ist? Zerrissen, zerschlissen, zerstört, verkauft, in alle Winde zerstreut. Am betrüblichsten ist das im Hinblick auf das wertvollste Stück dieser einmaligen Aussteuer: ein Gemälde von Leonardo da Vinci, darstellend die Madonna mit dem Kinde. Davon erhalten sind nur noch ein paar flüchtige Kohle-

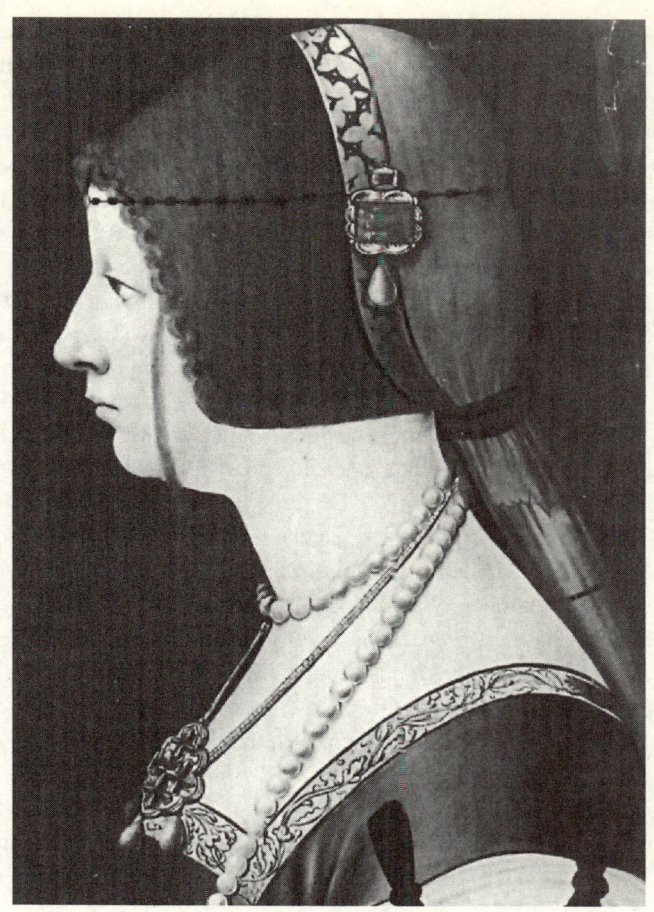

Bianca Maria Sforza

skizzen aus der Hand des Meisters. Das Bild selbst gelangte nach Maximilians Tod in den Besitz seines Enkels, Kaiser Karl V. Um 1633 wird es zum letzten Mal in Spanien erwähnt. Seither ist es verschollen.

Schon fünf Tage nach der Hochzeit zieht Bianca Maria nach Norden, mit großem Gefolge auf insgesamt 600 Pferden. 70 Maultiere schleppen den Brautschatz über die bereits tief verschneiten Alpen. Es ist eine mühselige, gefährliche Expedition, die allen Teilnehmern das Letzte abfordert. Während einige ihrer Hofdamen mehrfach schlapp machen – eine muss sogar nach Mailand zurückgeschickt werden, weil sie den Strapazen nicht gewachsen ist –, hält sich Bianca Maria tapfer und sogar frohgemut. Volle zehn Tage ist die Kolonne unterwegs, über Como, das Veltlin, Stilfser- und Wormserjoch bis nach Mals (heute in Südtirol gelegen).

Es muss ein gewaltiges Unterfangen gewesen sein, dieser strapaziöse Ritt über handtuchbreite Saumpfande, auf schwankenden, strauchelnden Pferden, und wenn es gar nicht mehr anders möglich war, zu Fuß, stundenlang in Schneesturm und Eiseskälte. Bianca Maria hätte sich auch tragen lassen können, doch immer wieder lesen wir: Sie marschierte auf ihren eigenen zwei Beinen. Mit welchem Schuhwerk? Der Körper war gewiss in dicke Pelze verpackt – aber die Füße? Und die Hände? Sie in einen Muff zu stecken, das ging gewiss nicht, denn Bianca Maria brauchte die Arme, um auf schmalen, vereisten Wegen balancieren zu können. Welch eine Leistung!

Sie muss halb erfroren, halb tot gewesen sein, als sie endlich eines der Zelte erreichte, das Voraustrupps unterwegs aufgebaut hatten und in dessen dünnem Schutz ein Schüsselchen glühender Holzkohle die Illusion von Wärme erzeugte, ein Schluck heißen Weines die verkrampften Glieder löste ...

In den größeren Orten der Täler (Como, Sondrio, Münster) wird die junge Königin mit Pomp und Ehren empfangen. Man bietet ihr an Bequemlichkeit, was nur aufzutreiben ist, und ab Mals gibt es sogar eine weich gepolsterte Kutsche.

Der Bischof von Chur und zahlreiche Edelleute erwarten sie bereits. Eitelfritz von Zollern hält eine wohlgesetzte Rede und erklärt, »mit welchem Verlangen« der König seine Braut erwarte, die er »zum Liebsten in der Welt« auserkoren hätte. Zollern hebt ausdrücklich hervor, dass Bianca Maria »durch Klugheit, Bescheidenheit und Freundlichkeit, vor allem aber durch ihre Nachkommenschaft« dem Reich und dem Hause Habsburg »zum Nutzen gereichen« werde. Wir erinnern uns: Maximilian hat von seiner zukünftigen Braut nicht nur einen gehörigen Batzen Geldes, sondern auch wenigstens noch einen Sohn erwünscht. Das erste Begehr hat sie glänzend erfüllt, am zweiten wird sie elendiglich scheitern ...

In Mals nimmt Bianca tränenreich von ihrem Bruder Ermes Abschied, der sie bis hierher begleitet hat. Doch schon am Abend lacht sie wieder, tanzt vergnügt: Ein Mädchen auf der Reise in das größte Abenteuer seines Lebens. Einer von Maximilians Hofleuten, der sie zum ersten Mal sieht, bezeichnet sie als »hübsch gewachsen, anmutig, vornehm«. Der König werde »sicher Gefallen an ihr finden«.

Diese Beschreibung widerspricht ganz und gar den kurzen Erwähnungen, die Bianca Maria in den meisten Maximilian-Biografien findet, wo sie als dick, plump und teiggesichtig geschildert wird. Träge, oberflächlich, gefräßig, unintelligent, desinteressiert, politisch ungeschickt. Je abschätziger man sie darstellt, desto leichter wird dem Leser suggeriert, die Haltung des weitestgehend glorifizierten »Letzten Ritters« gegenüber dieser »minderklassigen« Frau zu verstehen und zu verzeihen.

Niemals jedoch wird erwähnt, wie sie war, bevor sie in diese unglückselige Ehe hineinverhandelt wurde. Eine außerordentliche Schönheit, das war sie gewiss nicht. Ihre Nase war zu groß, das Kinn ein wenig zu kurz, doch immer wird ihr zarter, taufrischer Teint gerühmt. Ihre sehr dunklen Augen sollen strahlend, wenn auch nicht von großer Tiefe gewesen sein, ihr honigfarbenes Haar, das ihr in Kaskaden über den Rücken fiel, war Aufsehen erregend. Ein schmaler Körper, grazile Bewegungen.

Sie war keine Intellektuelle wie Maria von Burgund, die Maximilian immer als die einzige große Liebe seines Lebens bezeichnet hat, sie war ein schlichtes, ein wenig naives Gemüt, das einen sonnigen vertrauensseligen Eindruck machte, als sie in Mals eintraf – wo ihr auch gleich der erste Dämpfer versetzt wurde.

Es war fix geplant, dass Bianca Maria von Mals über Bregenz nach Freiburg im Breisgau weiterreisen und dort ihrem Mann begegnen sollte. Tatsächlich wurden bereits in allen Dörfern und Städten, durch welche die Braut fahren würde, kostspielige Vorbereitungen getroffen – bis Maximilian neue Order gab. Nicht Freiburg, sondern Augsburg sollte die Stätte des ersten Treffens sein. Aber auch daraus wurde nichts. Bianca Maria landete, gänzlich im Ungewissen, wann sie nun endlich ihren Mann sehen würde, in Innsbruck, am Hofe des Erzherzogs Sigismund und seiner Frau Katharina. Es begann die erste von vielen, vielen Wartezeiten.

Bis heute ist absolut rätselhaft, was Maximilian *wirklich* davon abgehalten haben mag, Bianca Maria endlich mit seiner leiblichen Anwesenheit zu beglücken. Die Gründe, welche die verschiedenen Kommentatoren abgeben, sind allesamt fadenscheinig: Er habe noch mit den Trauerfeierlichkeiten für den verstorbenen Kaiser zu tun – dessen Tod immerhin fast fünf Monate zurücklag. Er mache sich Sorgen wegen der Gefahr eines Türkeneinfalls. Er müsse in Wien bleiben, weil es Gerüchte gäbe, dass die Franzosen in Italien einmarschieren wollten – und was dergleichen mehr ist. Auf drängende Anfragen des Mailänder Gesandten schob er »wichtige Arbeiten« vor – welcher Art diese waren, ließ er im Dunkeln. Das Volk bildete sich seine eigene Meinung: Der König hätte es sich anders überlegt und grüble über Möglichkeiten nach, wie er die Mitgift behalten und die Braut wieder heimschicken könnte.

Noch ist Bianca Maria arglos und nimmt mit kindlicher Freude an all den Festen und Unterhaltungen teil, die ihr Sigismund und Katharina bieten. Sie ist eine leidenschaftliche und ausgezeichnete Tänzerin, staunend vermerkt ein Gast, dass diese »welschen Mädchen auf Eiern tanzen könnten, ohne sie zu zerbrechen«.

Es gibt allerlei Spaß und Mummerei und Riesengelächter, wenn die »welschen« Damen die deutsche Tracht anlegen und die deutschen Fräulein die italienische.

Dazu muss man wissen, dass in der Mode nördlich und südlich der Alpen ein erheblicher Unterschied bestand. Die Italienerinnen bevorzugten fließende Schnitte, weiche Stoffe in leuchtenden Farben, die Deutschen kleideten sich in Wolle, Leinen und Filz, grau und braun getönt, die Röcke in schwere Falten gelegt. Nicht sehr elegant, dafür aber warm – man bedenke, dass die Raumtemperatur im Winter bestenfalls 10 bis 15 Grad erreichte. Die Italienerinnen trugen auf dem Kopf feingesponnene Netze, oft mit Edelsteinen bestickt, die Deutschen schwere, auf feste Ringe gearbeitete Hauben.

Bianca Maria und Katharina freunden sich rasch an. Sie seien »gut gespillen«, schreibt der von Zollern – wenn es auch beträchtliche Verständigungsschwierigkeiten gibt. Die eine kann nicht Italienisch, die andere nicht Deutsch. Alle Sorgfalt der Welt hat man aufgewandt, um die Braut rundherum prächtig auszustatten – sie wenigstens die Grundbegriffe ihrer neuen Landessprache zu lehren ist niemandem eingefallen. Trotz allem: Die beiden Frauen verständigen sich gestikulierend und kichernd, wiederholt wird ausdrücklich Bianca Marias froher Sinn bei Tanz, Kartenspiel und Schlittenfahrten erwähnt.

Nur einmal sieht man sie mit verweinten Augen aus ihren Gemächern kommen. Angeblich sei ihr hinterbracht worden, dass Maximilian eine Geliebte und mit dieser eine Tochter habe. Das war vielleicht nur Hofklatsch und vielleicht hat sie geweint, weil ihr die Wartezeit schon zu lang war.

Am 13. Januar 1494 reist der Mailänder Gesandte Erasmo Brascha nach Wien und überreicht Maximilian einen kurzen Brief seiner Frau, in dem sie »Seine Majestät« in »demütiger Liebe« bittet, sich »gnädig anzuhören«, was Brascha mündlich zu bestellen habe. Zu sagen hat dieser lediglich, dass die Königin den König bittet, möglichst bald zu ihr zu kommen.

Es ist übrigens ein typisches Charakteristikum im Verhalten Bianca Marias ihrem Mann gegenüber, dass sie es von Anfang an niemals wagt, ihm brieflich ihre persönlichen Anliegen mitzuteilen. In den Schreiben, die uns bekannt sind, geht es immer um alltägliche Dinge. Was sie für sich allein wünscht und was sie bewegt, versucht sie Maximilian stets über Mittelsmänner beizubringen.

Jaja, antwortet Maximilian dem Gesandten, in vier bis fünf Tagen werde er abreisen, und in einem Brief an Bianca Marias Onkel, il Moro, beteuert er, dass er seine Frau »von Herzen liebe«. Was ihn nicht hindert, weitere sechs Wochen verstreichen zu lassen, ehe er endlich aufbricht. Bianca Maria und ihr Hofstaat werden nach Hall befohlen, wo am 9. März 1494 das erste Treffen und anschließend sogleich das Beilager stattfinden werden.

Wir sind natürlich ahnungslos, wie sich eine italienische Fürstentochter der Renaissancezeit ihre Hochzeitsnacht vorgestellt haben mag, würden aber mit ziemlicher Sicherheit behaupten: So, wie sie Maximilian abgewickelt hat, ganz bestimmt nicht.

Sie treffen fast gleichzeitig in Hall ein. Maximilian um sieben Uhr abends, Bianca Maria in Begleitung von Sigismund und Katharina eine Stunde später. Die Stadt ist in heller Aufregung. Niemand weiß genau, warum das große Ereignis ausgerechnet in Hall stattfinden soll, wo man auf so viele hohe Gäste kaum vorbereitet ist. (Zahlreiche Bürgerinnen müssen mit Bettwäsche aushelfen.) Warum eigentlich nicht in der Residenz in Innsbruck? Es ist einer von Maximilians bizarren Einfällen, die meist überraschend kommen und selten durchschaubar sind.

Das erste Rendezvous des Paares findet im Schloss statt. Aus den dürren Augenzeugenberichten wissen wir nur, dass die junge Frau vor ihrem Gemahl in die Knie sank und er sie »mit eigener Hand« empor hob und freundlich begrüßte. Er nimmt sie am Arm, begleitet sie in ihr Zimmer. Er begibt sich in seine »Herberge« (?) und schickt seiner Frau eine schriftliche Einladung zum Festmahl, das, so wird erzählt, in »heiterer Stimmung« verläuft.

Und jetzt kommt es:

Bianca Maria zieht sich zurück. Maximilian bleibt seelenruhig sitzen. Und sitzt und sitzt und sitzt. Unterhält sich mit Christoph von Baden, mit dem Bischof von Brixen, mit dem Gesandten Brascha und einigen anderen Herren. Es wird »verhandelt« (worüber?), die Freundschaft zwischen Österreich und Mailand besprochen. Und gleich im *Nebenzimmer* sitzt?, liegt? die Braut. Wartend.

Gegen *fünf Uhr früh* bequemt sich Maximilian ins Brautgemach. Am Morgen habe er sich, so schreibt Brascha, »ein wenig später« als üblich erhoben. Wenn man bedenkt, dass Maximilian seinen Tag um sechs Uhr früh zu beginnen pflegte, kann man die recht kurze Zeitspanne ermessen, in der das Paar die Schlafstatt geteilt hat. Maximilian begibt sich in seine *Herberge* und lässt Bianca Maria durch ihren Sekretär bestellen, sie möge die Messe in ihrem Zimmer feiern. Rund 14 Tage später erhält Maximilian die ihm für den Vollzug der Ehe zugesagte Summe bar auf die Hand …

Zwei Tage bleiben die jungen Eheleute samt Anhang in Hall, ehe sie sich nach Innsbruck begeben. Dort wird der Ehebund nochmals eingesegnet und ausgiebig gefeiert. Die meisten deutschen Fürsten bleiben den Festlichkeiten fern: Die Braut ist nicht fein genug.

Die ersten Berichte nach Mailand klingen ermutigend: Brascha schreibt dem Herzog, Maximilian verhalte sich seiner Gemahlin gegenüber »liebevoll«, er habe ihr auch schon ein Schmuckstück und Brokat für ein neues Kleid geschenkt. Bianca Maria schwärmt, dass Maximilians »Tugenden größer [seien] als ihr Ruf«. Da es undenkbar scheint, dass Bianca Maria auch nur über einen Hauch von Ironie verfügt haben könnte, muss man wohl annehmen, dass sie sich wohlgesetzter Floskeln bediente, wie sie damals zum selbstverständlichen Repertoire der halbwegs Gebildeten gehörten.

Wie stark ihr der Unterschied zwischen den Höfen in Innsbruck und Mailand von Anfang an bewusst war, ist schwer abzuschätzen. Früher oder später muss sie ihn mit einiger Verwunderung registriert haben.

Das Castello in Mailand war eine Stadt in der Stadt, teils frühmittelalterliche Burg, teils prachtvoll möbliertes Renaissancepalais inmitten leuchtender Gärten. Die Innsbrucker Burg war eng und düster, mit dunkel getäfelten kleinen Räumen, von erbärmlich rußenden, hausgemachten Unschlittkerzen mühsam beleuchtet. Wachskerzen, wie sie in Mailand gang und gäbe waren, wurden in Tirol nur an hohen Feiertagen verwendet.

Das Essen war derb und eintönig, bestand meist aus Fleisch und da vorwiegend vom Wild. Maximilian selbst erlegte Unmengen davon und alle Untertanen waren angehalten, das von ihnen geschossene bei Hof abzuliefern, denn allein der Herrscher besaß das Jagdrecht. Da die oft lang gelagerten Tierleichen einen penetranten Hautgôut verströmten, wurde an scharfen Gewürzen nicht gespart.

In Mailand schlief man in aus Seide oder feinstem französischem Leinen gefertigter Bettwäsche, in Innsbruck waren über Strohsäcken Hirschhäute gespannt, das Bettzeug bestand aus Barchent. Man kann sich vorstellen, wie hämisch der Hofklatsch reagierte, als ruchbar wurde, dass Bianca Maria sich nächtens in ein dünnes Leinengewand hüllte, das, Gipfel der Frivolität, mit schwarzen Musselinrüschen besetzt war. Eine anständige Frau schlief selbstverständlich in voller Unterwäsche-Montur!

Man ist kaum ein paar Tage in Innsbruck, schon verschwindet Maximilian von der Bildfläche. Weder seiner Frau noch sonst jemandem bei Hofe hat er Bescheid gegeben und Bianca Maria wird sich daran gewöhnen müssen, dass das eben seine Art ist. »Wir ahnen nicht, wohin die Majestät sich wenden wird, und wir erfahren es zumeist erst dann, wenn er bereits auf dem Pferde sitzt«, wissen wir aus der Feder eines Mercurin de Gattinara.

Das Geheimnis ist bald gelüftet: Maximilian ist seiner Leidenschaft, dem Jagen, nachgegangen, das bei ihm mit der Zeit die Form einer Manie angenommen hat. Er hält nicht weniger als 1500 Jagdhunde, und als Bianca Maria sich darüber einmal lustig macht, kommt es zu einer Auseinandersetzung. In den ersten Monaten ihrer Ehe soll Bianca Maria ihrem Mann gelegentlich widersprochen haben, doch das hat sich bald gelegt. Sie betrug sich, wie wir einem Zeitzeugenbericht entnehmen, ihrem Mann gegenüber »ernst und bescheiden«. Was ihr aber auch nichts genützt hat ...

Der Haarriss in dieser erst jüngst vollzogenen Ehe ist so fein, dass er unbemerkt bleibt. Er wird vollends zugedeckt durch die Ende des Monats März begonnene (Hochzeits-)Reise in die Niederlande – eine Ortsbezeichnung, die zunehmend an die Stelle von »Burgund« tritt, nachdem die südlichen Kernlande dieses Reiches den Franzosen in die Hände gefallen sind.

Bianca Maria macht am Hof von Mecheln gute Figur, sie fällt auf durch »fröhlich Rede und Ergötzung« (so ein Anonymus), ihre Toiletten, ihr Schmuck machen großen Eindruck. Mit ihren Stiefkindern und der berühmten Margarete von York scheint sie vorzüglich zu harmonieren. Maximilians Sohn Philipp ist jetzt 16 Jahre alt und offiziell zum Regenten der Niederlande bestellt, seine Schwester Margarete 14. Schon in zwei Jahren werden beide in den heiligen Stand der Ehe treten – ein folgenreiches Ereignis, das im nächsten Kapitel ausführlich zu besprechen sein wird.

Am Anfang ihres Aufenthaltes in den Niederlanden scheint sich alles um die neue Königin zu drehen. Sie wird von einem Fest zum anderen gereicht, gerät aber allmählich aus dem Mittelpunkt des turbulenten Geschehens an die Peripherie, wofür es mancherlei Gründe gibt: Es hieß, sie sei schwanger, aber das Gerücht verstummte bald und man sah sie tagelang mit rot geweinten Augen herumgehen. Maximilian verhieß ihr mehrmals, sie offiziell krönen zu lassen, von Aachen als Ort der Zeremonie war bereits die Rede, aber bald wurde nicht mehr darüber gesprochen. Dies vor allem, weil es keinen Ansprechpartner mehr gab. Maximilian reiste ab, versprach, seine Frau bald nach Worms nachkommen zu lassen – und ließ nichts mehr von sich hören.

Der große König verhält sich genau so, wie es kleine Schuldner seit eh und je gehalten haben: Er stellt sich tot, denn er kann den Unterhalt für seine Frau und ihr Gefolge nicht bezahlen. Sie sitzen in ihren Herbergen in Mecheln fest und Philipp scheint nicht gesonnen, seiner Stiefmutter unter die Arme zu greifen. Einige Hofleute verkaufen ihren Schmuck, um sich wenigstens Essen leisten zu können. Endlich, im April 1495 – dreizehn Monate nach der Abreise aus Innsbruck – verlangt Maximilian eine Aufstellung der Schulden, versichert, dass er bald bar bezahlen werde, aber es geschieht nichts.

Aus Sorge, dass auch seine Frau ihre kostbaren Pretiosen veräußern müsste, arbeitet er einen abenteuerlichen Plan aus: Er will sie samt Geschmeide nächtens »entführen« lassen, doch auch dieses Vorhaben scheitert – am Geldmangel.

»Zu unser lieben gemahel hofes notdurfft« gelingt es ihm schließlich, den Fuggern einen größeren Geldbetrag zu entlocken und wenigstens seine Frau freizukaufen. Der größte Teil ihres Gefolges muss in den Niederlanden zurückbleiben, wobei die wütenden Gläubiger mehrmals drohen, die ganze Gesellschaft festzunehmen und in den Schuldturm zu werfen. Es dauert bis zum Sommer 1495, bis alle freigekauft sind.

In Worms findet ein Reichstag statt, politische Geschäfte aller Art werden abgewickelt, auch fürs Vergnügen bleibt Zeit genug. Wir sehen Bianca Maria auf der Ehrentribüne, wenn sich Maximilian dem so geschätzten Hauen und Stechen hingibt und, wie üblich, aus den ritterlichen Raufereien als glanzvoller Sieger hervorgeht.

Statt aber in freudigem Stolz zu strahlen, macht die Königin einen niedergeschlagenen Eindruck und wieder einmal sind ihre Augen verdächtig rot. Ob das mit jenem festlichen Mahl zusammenhängt, bei dem sie, wie es sich gehört, zur Rechten Maximilians thront, während zu seiner Linken eine auffallend hübsche Person sitzt, mit der er sich lebhaft unterhält. Wer sie ist? Ach – eine Bekannte aus fernen Jugendtagen in Wiener Neustadt. Kraig heißt sie angeblich. Rosina von Kraig.

»Es haben sich die Edelleute mit Saufen und Fressen ziemlich säuisch gehalten«, vermerkt der Stadtschreiber von Worms in grämlichem Ton. Und mit dem Bezahlen wird es wohl auch nicht so weit her gewesen sein. Maximilian jedenfalls ist nicht imstande, die Kosten für seinen und den Hofstaat seiner Frau zu bestreiten. Er verfährt nach bewährtem Rezept, reist ab und lässt seine Frau sozusagen als Pfand zurück. Wochenlang. Monatelang.

Gegen Weihnachten erkrankt sie so schwer, dass Maximilian sich veranlasst sieht, seinen Leibarzt Dr. Luppin zu ihr zu befehlen, aber der weiß sich auch keinen Rat. Maximilian selbst kommt nicht nach Worms.

Anfang 1496 ist Bianca Maria wieder genesen, mit oder ohne Arzt, und sie hofft ihrem Mann nach Frankfurt am Main folgen zu dürfen, wo neuerlich ein Reichstag abgehalten wird. Sie hofft vergeblich. Ende Mai wird die Lage so prekär, dass die Bediensteten keine Verpflegung mehr erhalten, verzweifelt schreibt Bianca Maria Bettelbriefe nach allen Seiten – sie bleiben fruchtlos. Die Misere ist erst dann – fürs Erste – beseitigt, als Maximilian selbst nach Worms kommt und dem Bangen um die nächste Mahlzeit ein Ende macht.

Sobald das erledigt ist, entschwindet er wieder – diesmal in Richtung Italien, und Bianca Maria wünscht nichts sehnlicher als ihn begleiten zu dürfen um endlich die Heimat wieder zu sehen. Doch er befiehlt ihr zu bleiben, wo sie ist.

Angeblich soll sie einmal versucht haben aus Worms zu fliehen, um zu ihrem Mann zu reiten. Doch dieses Gerücht, das sich lange Zeit hartnäckig gehalten hat, findet in seriösen Quellen keine Bestätigung. Bemerkenswert ist allerdings, dass diese Fama überhaupt entstehen konnte. Die Umstände, unter denen Bianca Maria in Worms zu vegetieren gezwungen war, ließen es durchaus logisch erscheinen, dass sie eines Tages wagen würde, ihr Schicksal selbst in die Hand zu nehmen.

Das aber lag nicht in Bianca Marias Charakter. Sie versuchte vielmehr, wer weiß zum wievielten Mal, über einen Zwischenträger das Herz ihres Mannes zu erweichen und schrieb einem Vertrauten Maximilians, dem Freiherrn Veit von Wolkenstein, einen langen Brief:

»Bianca Maria, von Gottes Gnaden Königin, zu allen Zeiten Mehrerin des Reiches etc. Edler, lieber Getreuer, wir wissen, dass du bei unserem gnädigen Herrn Gemahl alles tust, damit seine königliche Majestät wieder zu uns kommt oder seine königliche Majestät uns wieder zu sich befiehlt, was wir mit großer Dankbarkeit zur Kenntnis nehmen. Wir bitten dich von ganzem Herzen, du mögest dich noch einmal aufs Äußerste bemühen, damit seine königliche Majestät baldigst wieder zu uns kommen oder uns zu ihm befehlen wird. Wir vertrauen dir, dass du in deinen Bemühungen nicht nachlassen wirst. Damit erlangst du unser Wohlwollen und wir werden dir das nie vergessen.«

Ein Antwortschreiben des Veit von Wolkenstein ist nicht bekannt, sehr wohl aber, dass seine Interventionen, wenn er die überhaupt nochmals getätigt hat, fruchtlos blieben. Bianca Maria muss weiterhin in Worms ausharren, unglücklich, verbittert und nicht nur von der ständigen Geldknappheit belastet.

Zank und Hader, Intrigen, Bosheiten und Sticheleien gibt es unter den Hofleuten; die deutschen und die italienischen waren einander von Anfang an spinnefeind. Die zunehmende Existenzangst hat die

Situation noch verschärft. Wer monatelang seinen Lohn nicht erhält, wer oftmals nicht weiß, ob er am nächsten Tag überhaupt satt zu essen hat, wird übellaunig und aufsässig.

Bianca Maria schließt sich immer enger an ihre alte Kammerfrau Violanta Caima an, die sie seit Mailänder Kindertagen kennt und der sie blindlings vertraut. Violanta scheint jedoch in der Tat eine verschlagene Person gewesen zu sein. Sie stand offenbar als Spitzel in neapolitanischen Diensten und versuchte über Bianca Maria in der Politik mitzumischen – ein sinnloses Unterfangen, denn die Königin besaß nicht den geringsten Einfluss.

Eines Tages muss Violanta Hals über Kopf den Hof verlassen und bald darauf wird das gesamte »welsche Pack« – so Bianca Marias Hofmeister Nikolaus von Firmian in einem Brief an Maximilian – nach Mailand zurückgeschickt. Vor allem hatte Firmian erregt, dass die Italiener höchst detailfreudig über die verschiedenen betrüblichen Vorkommnisse bei Hofe nach Mailand berichteten. Dort wisse man schon besser Bescheid über die Interna als in Deutschland, klagte Firmian.

Bianca Maria hat keinen Menschen mehr, mit dem sie sich in ihrer Muttersprache unterhalten kann. Über ihre flehentlichen Bitten wird schließlich ein Fräulein Waltenhof in Dienst genommen, die ein paar Brocken Italienisch beherrscht.

In der darauffolgenden Zeit ist wenig über Bianca Maria zu erfahren. Sie hält sich meist in Innsbruck auf, manchmal sogar in Gesellschaft des Gemahls, mit dem sie dann regelmäßig den Tisch, aber immer seltener das Bett teilt. Es ist offensichtlich, dass er die Hoffnung auf weitere Kinder aufgegeben hat. Als »Unfruchtbare« stigmatisiert, spielt sie in Maximilians Leben so gut wie keine Rolle mehr.

Bis sich ab dem Jahre 1498 die Ereignisse zu überstürzen beginnen: Zum ersten und zum letzten Mal wird Bianca Maria, wenn auch peripher, in die kriegerischen Aktivitäten ihres Mannes eingebunden; es gibt fundierte Gerüchte über eine mögliche Scheidung des Paares; bald darauf setzt der unaufhaltsame Abstieg des Hauses Sforza ein. Bianca Maria wird ihrer letzten Rückendeckung beraubt.

Sie befindet sich im Sommer 1498 in Freiburg, als sie von Maximilian die Order erhält, ihn in Köln zu treffen. Nachdem schon alle Reisevorbereitungen getroffen sind, kommt der Gegenbefehl, denn es sähe gar nicht gut aus, wenn die Königin »flichtiglich darfon« zöge.

Was ist geschehen? Die Schweiz, seit geraumer Zeit um vollkommene Eigenständigkeit bemüht, ist im Begriff, die letzten losen Fäden zu lösen, die sie noch an das Reich binden (es geht um gewisse Rechts- und Steuerbelange). Das Imperium schlägt zurück, es kommt zum so genannten »Schwäbischen Krieg«, den, um eine lange Geschichte kurz zu machen, Maximilian und das Reich verloren haben. Die Schweiz geht von da an ihren eigenen Weg.

Welche Rolle ist nun Bianca Maria zugedacht, abgesehen davon, dass sie um der guten Nachrede willen nicht »flichtiglich darfon« ziehen darf? Sie soll den Gemahl in den vom Krieg gefährdeten Gebiet vertreten und, vor allem, dazusehen, dass Geld in die wie immer leere Kriegskasse fließt.

Tatsächlich stürzt sie sich mit einem Elan, den ihr niemand zugetraut hätte, in die neue, ungewohnte Aufgabe. Sie schreibt Bettelbriefe an die reichen Städte des Gebietes, erlässt feurige Aufrufe, denn die Schweizer hätten des Königs Lande »ohne Recht und Billigkeit« überfallen. Die Sturmglocken sollen geläutet und »alles Kriegsvolk« nach Freiburg entsandt werden.

Die großen Städte (Kolmar, Straßburg, Basel) antworten ausweichend. Sie wollen lieber versuchen Frieden zu stiften als Geld und Soldaten aufbringen. Die ganze Mission, so begeistert und tatkräftig Bianca Maria sie in die Wege geleitet hatte, bleibt ohne wesentlichen Erfolg. Dies wird umgehend ihrer mangelnden politischen Erfahrung zugeschrieben. Dass Maximilian mehr als einmal in seinem Leben auf dieselbe Weise gescheitert ist, bleibt unerwähnt.

Ein weiterer Grund, Bianca Maria zu tadeln: In diesen schwierigen Zeiten der Krise hat sie auch noch »persönliche« Angelegenheiten wahrgenommen, statt sich voll und ganz in den Dienst der Sache Maximilians zu stellen. Was wurde ihr angekreidet? Schriftlich hat sie den Onkel il Moro gebeten, einer ihrer nach Mailand vertriebenen Hofdamen beizustehen, denn, so schreibt sie, »wir schulden denen

Hilfe, die uns treue Diener waren«. Eine noble, für sie selbst sehr demütigende Geste, denn sie muss zugeben, dass sie nicht einmal imstande ist, ihre treue Dienerin selbst zu entlohnen.

An ihrer fatalen Lage ändert sich nichts. Wieder einmal bleibt sie während der folgenden Monate samt Gefolge schuldenhalber in Freiburg hängen, während jenseits der Mauern dieser kleinen Stadt ihre ganze Welt in Scherben zu gehen beginnt.

Am 7. April 1498 ist Frankreichs Karl VIII. gestorben – genau jener Karl, der zunächst mit Maximilians Tochter Margarete verlobt gewesen war und ihm dann die bereits angetraute Anna von Bretagne »geraubt« hat. Anna ist nun also Witwe – wer wird der nächste Gemahl? Kardinal Peraudi, päpstlicher Legat am Hofe Maximilians, hat eine Idee: Man könnte doch die bereits einmal geschlossene Ehe reaktivieren, Maximilian sollte Anna heiraten und damit endlich einen Fuß in das ewige Feindesland, in die Bretagne nämlich, setzen. Bedenken, dass Maximilian ja noch immer mit der ungeliebten Bianca Maria verheiratet ist, gibt es kirchlicherseits nicht. Der Bischof von Gurk hat emsig in den Archiven geforscht und schon einen Präzedenzfall gefunden, wonach der Papst eine königliche Ehe wegen Unfruchtbarkeit der Frau für ungültig erklärt hat.

Es gibt keine Unterlagen über die Einstellung Maximilians in dieser Angelegenheit. Dass man diesen hinterhältigen Plan überhaupt an ihn herangetragen hat, lässt allerdings wenig Zweifel aufkommen: Niemand fädelt eine solche Intrige ein, wenn schon von vornherein deren Fehlschlag sicher ist.

Das gegen Bianca Maria gerichtete Komplott war ohnedies zum Scheitern verurteilt, denn in Frankreich hatte Karls Vetter als Ludwig XII. den Thron bestiegen und der beherrschte das Spiel der feinen Kabale wesentlich besser als Maximilian. Ludwig selbst wollte die Witwe samt dazugehörender Bretagne ehelichen, aber auch er war durch kirchlichen Segen an eine nun überflüssig gewordene Frau gebunden. Ein leicht zu beseitigendes Hindernis!

Papst Alexander VI. aus dem berüchtigten Haus der Borgia annullierte diese Ehe und erntete reichen Dank. Des Papstes leiblicher

Sohn, der Blutsäufer Cesare Borgia, bekam eine Cousine des französischen Königs zur Frau, wurde zum Herzog von Valence erhoben und erhielt auf Lebenszeit eine stattliche Rente. Eigentlich trug Borgia zu jener Zeit noch den Purpur eines Kardinals, aber freundlicherweise entließ ihn der päpstliche Vater aus dem Schoß der Mutter Kirche. Unmoralisch? Aber nicht doch! Es war ja das Zeitalter jenes unseligen Papsttums, dessen augenfälligste Merkmale Machtgier, Hurerei und Vetternwirtschaft waren.

Mit der Bretagne jedoch ist Ludwigs Landhunger noch lange nicht befriedigt. Nach weiten Gebieten Italiens steht ihm der Sinn – nicht mehr und nicht weniger als Mailand und Neapel begehrt er zu besitzen. Seine Großmutter war eine geborene Visconti und auch nach Neapel hat er enge verwandtschaftliche Bindungen. Schon bei der Thronbesteigung eignet er sich die Titel eines Herzogs von Mailand und den eines Königs von Neapel an.

Ludwig XII. setzt seine Pläne, sich der ihm »zustehenden« Länder zu bemächtigen, schleunigst in die Tat um. Mit einer starken, wohlgerüsteten Armee beginnt er seinen Italienfeldzug. Das erste Opfer ist Mailand. Dort hat man so lange in Frieden gelebt, dass es mit der Verteidigung im Argen liegt. Il Moro ist kein begnadeter Kriegsheld wie Vater und Großvater. Er flieht am 2. September 1499 mit 2000 Mann und seinem beträchtlichen Staatsschatz nach Innsbruck, hoffend, dass er mit Maximilians Hilfe siegreich zurückkehren werde.

Am 5. Oktober trifft der Mailänder mit seinen beiden Söhnen Massimiliano und Francesco in Tirol ein. Doch wenn er sich einen herzlichen Empfang erhofft hatte, wird er bitter enttäuscht. Maximilian denkt nicht daran, den Onkel seiner Frau und großherzigen Spender von deren Mitgift in irgendeiner Weise zu unterstützen. Er fordert, im Gegenteil, ständig Geld von ihm. Erstens weil die Unterbringung der zahlreichen Gäste ihn teuer zu stehen kommt (was stimmt, denn die Abrechnungen des überforderten Schatzmeisters sind noch vorhanden), zweitens beruft er sich auf angeblich verbindliche Zusagen des Herzogs, ihm Geld zu leihen. (Stimmt wahrscheinlich nicht. Es gibt keinerlei Beweise.)

Bianca Maria wird währenddessen noch immer in Freiburg von einer wütenden Gläubigerschar festgehalten. Sie bittet die Majestät, den König und Gemahl, nach Innsbruck kommen zu dürfen, um endlich ihre Verwandten wieder zu sehen, und außerdem möchte sie »nirgendwo lieber als bei ihm [Maximilian] sein«. Maximilian lässt ihr mitteilen, dass er noch immer nicht in der Lage sei, sie auszulösen, aber sie möge sich keine Sorgen machen, ihre Familie sei in Innsbruck gut aufgehoben.

Als am 20. März 1500 endlich das Geld eintrifft, um sie aus ihrer unfreiwilligen Gefangenschaft zu erlösen, ist es zu spät. Ihr Onkel befindet sich längst wieder in Italien und auf dem Weg in seinen Untergang. Sie wird ihn nie mehr sehen.

Und das kam so: Am 16. Oktober 1499 zog Ludwig XII. mit großem Gepränge in Mailand ein, verjagte die Witwe von Bianca Marias früh verstorbenem Bruder Gian Galeazzo und sperrte dessen achtjährigen Sohn Francesco, den eigentlichen Erben des Herzogtums, in ein französisches Kloster. Dort starb er, 21 Jahre alt, unter ungeklärten Umständen.

Angst und Schrecken verbreitend stürmten die Franzosen bis Neapel, das sie ebenfalls okkupierten, und sie führten sich überall auf wie die Berserker. Verzweifelte, erschütternde Briefe und Hilferufe erreichen il Moro in Innsbruck. Mit eigenen Mitteln und ohne Hilfe Maximilians gelang es ihm, eine beachtliche Truppe aus Schweizer und deutschen Söldnern zusammenzustellen. Ende Januar 1500 brach er auf, sein Herzogtum zurückzuerobern.

Am 10. April 1500 fiel er in französische Hände – durch Verrat eines bestochenen Schweizer Söldners. Er starb nach achtjähriger Gefangenschaft in dem kleinen Schlösschen von Loches in der Tourraine, 57 Jahre alt. Kurz vor seinem Tod hat er in die Kerkermauer einen Spruch geritzt: »Nicht weise ist, wer dem Glück traut.«

Gimpflicher erging es seinem Neffen Ermes, der ebenfalls in französische Gefangenschaft geraten war. Mit großem diplomatischem Geschick – das ihr immer abgesprochen wurde – glückte es Bianca Maria, dem Bruder die Freiheit zurückzugeben. Ihr diesbezüglicher

Maximilian mit seinen beiden Frauen Bianca Maria Sforza (Mitte)
und Maria von Burgund

Briefwechsel mit Ludwig XII. liegt leider nicht vor. Ihr letzter Triumph wurde durch hämische Kommentare der Zeitgenossen geschmälert: Es sei kein Kunststück, Ermes freizuweinen, denn der junge Mann sei politisch bedeutungslos gewesen und durch die Ankunft des Ermes und seines Gefolges in Innsbruck wäre die schmale Kasse des Hofes zusätzlich stark belastet worden. Dieses Problem löste sich, erfreulich für die Kasse, binnen dreier Jahre von selbst. Ermes starb, 33 Jahre alt, von niemandem betrauert als von seiner Schwester.

In den nächsten Jahren bis zu ihrem Tod und, symbolisch gesprochen, auch darüber hinaus, fügte Maximilian seiner Frau – gezielt oder aus purer Gleichgültigkeit – eine nicht abreißende Folge von

Kränkungen und Verletzungen zu, sodass man sie immer öfter »mit wainetten Augen« umhergehen sah.

Sie wurde immer stiller, fand keine Freude mehr an der geliebten Stickerei, gab sich stumpfsinnigem Kartenspiel hin, hockte teilnahmslos in den dunkelsten Zimmerecken herum, aß übermäßig, wurde schwammig und bleich. Wiederholt hat man sie dabei ertappt, wie sie, in ihr Zimmer verkrochen, einen vollgefüllten Teller auf den Knien, mit bloßen Händen irgendwelche Speisen wahllos und gierig in sich hineinschaufelte.

Schließlich flüchtete sie sich in die Religion, ließ einen seit Kindertagen verehrten Pater aus Mailand kommen, mit dem sie stundenlang betete. Sie entwickelte einen bizarren Kult um echte und falsche Reliquien, der sogar dem Papst bekannt wurde und dessen heftige Missbilligung hervorrief.

Was mag sie gefühlt haben, als 1500 das heute weltberühmte »Goldene Dachl« in Innsbruck fertiggestellt war? Es ist kein Dach an sich, sondern schützende Wölbung über einem kleinen Balkon, von dem aus die hohen Herrschaften Turniere, Mummenspiele und sonstige Festlichkeiten auf dem davor liegenden Platz beobachten konnten. Das auf der Stirnseite des Erkers angebrachte Relief zeigt Maximilian, die Krone auf dem Haupt, und mit einer zarten, intimen Geste berührt er die Fingerspitze seiner neben ihm stehenden Frau Bianca Maria. Gleich an ihrer Seite aber keine andere als die unvergleichliche, in der Erinnerung Maximilians zur Vollkommenheit verklärte Maria von Burgund. Wir dürfen als gesichert annehmen, dass der Künstler nicht ohne ausdrückliche Weisung des Königs beide Frauen, die verehrte tote und die verachtete lebende, nebeneinander gestellt hat.

Nicht allein die längst verblichene Burgunderin gibt Anlass zu ständig bohrender Eifersucht. Maximilians zahlreiche »Bettweiber« und »Büberinnen« müssen Bianca wesentlich größere Pein bereitet haben.

Eindeutig geht aus allen Berichten über Maximilians Leben hervor, dass er seine Liaisons taktvoll und verschwiegen betrieb. Doch so diskret kann kein Mann der Öffentlichkeit sein, dass nicht doch das eine oder andere durchsickert, um vom heimlichen Klatsch ans Ohr der betrogenen Ehefrau gebracht zu werden. Noch dazu bediente sich Maximilian, ein Mann von striktem Standesbewusstsein, niemals der Frauen und Mädchen unterer Schichten. Er fand seine willigen Gefährtinnen in den eigenen Kreisen. Und: »Es ist nie gehört worden, dass er eine Jungfrau ihrer Ehre beraubte«, berichtet ein vor Hochachtung bebender Zeitgenosse.

Acht uneheliche Kinder sind bis heute aktenkundig, darunter zwei Söhne, Georg und Cornelius, die als erste in der Geschichte der Habsburger vom Vater anerkannt und den Adelstitel »de Austria« erhielten. Georg, 1505 als Sohn einer flandrischen Aristokratin in Gent geboren, machte Karriere als Diplomat und Geistlicher, Cornelius, 1507 als Sohn einer Salzburgerin zur Welt gekommen, wurde Jurist und stand ebenfalls im diplomatischen Dienst Habsburgs.

Von diesen beiden Söhnen erfährt Bianca Maria vielleicht nichts, sie sind fern und zur Zeit ihres Todes (1511) noch ganz klein. Ein ständiger Dorn im Auge wird ihr aber Margarete sein, die nur wenige Kilometer außerhalb Innsbrucks auf Schloss Thaur residiert, wo Maximilian häufig zu Gast ist und, so ein Biograf, »unbeschwerte Stunden erlebt« – ganz gewiss nicht in Gesellschaft seiner Frau Gemahlin.

Margarete, nicht zu verwechseln mit seiner ehelichen Tochter gleichen Namens, ist mit dem Schlossverwalter Johann von Hilla verheiratet, der den absonderlichen Spitznamen »Knyepiss« führt. Sie hat einige Kinder und für alle zusammen sorgt Maximilian aufs Rührendste.

Bianca Maria hingegen mangelt es ständig am Nötigsten. Das lässt sich einwandfrei durch ihre und auch durch Briefe des Haushofmeisters Firmian belegen. Woran sich auch nichts ändert, nachdem Maximilian 1508 in Trient feierlich zum Kaiser proklamiert worden ist. Bianca Maria ist, schon wie selbstverständlich, nicht dabei, denn sie wird (zum wievielten Male?) als Pfand in Konstanz zurückgehalten. Maximilians Versprechen, sie werde ihn im darauffolgenden Jahr zur Krönung nach Italien begleiten dürfen, bleiben schon aus dem Grunde leer, als es gar nicht dazu kommt.

Überhaupt werden die Begegnungen des Paares immer rarer, was

Firmian sehr bedauert: Wenn Bianca Maria ihren Mann sieht, legt sie, wie er in einem Brief berichtet, ihre ständige Misslaune ab und wird schlagartig freundlich. Doch das geschieht kaum mehr. Bianca Maria reist zwar rastlos durch die Lande in der Hoffnung, ihren Mann zu treffen – aber immer ist er gerade abgereist oder noch nicht angekommen. Seine Anweisungen sind entweder unklar, er trifft vielleicht spontan eine ganz andere Entscheidung oder Bianca Maria kann nicht zu ihm fahren, weil man ihr das Bettzeug und die halbe Garderobe weggepfändet hat. Kniefällig bittet sie einmal ihren Mann, ihr wenigstens ein paar Ballen Leinen für Bettwäsche zukommen zu lassen. Ein anderes Mal fleht sie die Majestät an, ihr Nadelgeld nicht schon wieder für die Bedeckung seiner eigenen Schulden einzubehalten.

Die Höhe ihrer monatlichen Zuwendungen schwankte stark, zwischen 200 und 500 Gulden, sehr oft wurden sie überhaupt nicht ausgezahlt – aber da erging es ihr nicht besser als den Hofbediensteten, die oft monatelang auf ihr Gehalt warten mussten. Und wenn sie es endlich erhielten, waren sie nicht sicher, ob sie nicht von den oberen Chargen angepumpt wurden oder das Geld für die Bedürfnisse des Hofes einbringen mussten. Mehr als einmal hat der Küchenmeister die Hofgesellschaft vor Hunger bewahrt, indem er aus eigener Tasche Essenszutaten kaufte.

Nicht nur am Essen mangelt es oft. Um die Bekleidung steht es auch nicht gut. Firmian beschwert sich bei seinem Herrn, dass die Damen des Hofes seit mehr als drei Jahren keine neue Garderobe erhalten haben. Sie besitzen nicht einmal mehr warme Wintersachen.

Auf dem Weg nach Innsbruck muss Bianca Maria einmal auf Befehl ihres Mannes innehalten, weil er dort eine hochrangige französische Delegation empfängt. Seine Frau darf den Gästen nicht unter die Augen kommen, weil ihre Garderobe gar nicht »gut gestuffirt« sei.

Im Frühjahr 1505 wird Bianca Maria erneut von einer schweren Krankheit heimgesucht, sodass sie, laut Firmian, mehrmals »in Blödigkeit« (Fieberfantasien) verfällt. Das komme daher, dass sie den Anordnungen der Ärzte nicht Folge leiste. Welcher Art deren Therapievorschläge waren, ist ebenso wenig bekannt wie die Art der Krankheit selbst. Doch wenn man bedenkt, dass damals Aderlässe, Abführ- und Brechmittel die meistverordneten Arzneien waren, lässt sich die Widerspenstigkeit der Patienten verstehen.

Dass sich ihr Befinden nicht und nicht bessert, dass es nach wenigen Wochen zu einer noch schwereren Attacke des geheimnisvollen Leidens kommt, mag auch daran gelegen sein, dass es an ordentlicher Verpflegung fehlt. Firmian schreibt Maximilian wiederholt, dass »unnser allrgd: fraw in ir krankheit solhn manl der lifrung und ander notdurfft« leiden müsse. Diese Hinweise mögen Erfolg gezeitigt haben, denn Bianca Maria wird schließlich doch wieder halbwegs gesund. Ohne Ergebnis bleibt Firmians Anregung, seine Majestät möge doch der Frau Gemahlin einmal »ein klains briffl« schreiben.

Das langsame Sterben der Bianca Maria beginnt etwa Ende November 1510. Der genaue Zeitpunkt lässt sich nur undeutlich anhand zweier Briefe bestimmen. Maximilian schreibt, seine Frau sei »eine gute [lange] Zeit« darniedergelegen, und ein Hans Kaspar von Lauenburg berichtet am 3. Dezember 1510, die Kaiserin werde zusehends schwächer und habe auch »vil verkehrung im Wesen rechter Vernunft« – sie scheint also wieder von Fieberfantasien heimgesucht worden zu sein.

Tatsächlich ist Bianca Maria schon Monate vor ihrem Tod erschreckend abgemagert, ihr prächtiges Haar grau und stumpf geworden. Als sie dann fieberte, stellten die Ärzte fest, sie hätte die »däuung« (Verdauung) verloren und das sei vom »zuvielen essen der schnecken« gekommen – Bianca Marias Lieblingsgericht. Der Todeskampf dauerte fünf Tage, bis die arme Seele in der Silvesternacht endlich erlöst war. Die Todesstunde scheint nicht exakt bekannt zu sein, denn das Sterbedatum wird in manchen Quellen mit 31. Dezember 1510, in anderen mit 1. Januar 1511 angegeben.

Nicht nur der genaue Zeitpunkt ihres Ablebens ist unklar. Die ganze Krankheitsgeschichte gibt Rätsel auf. Einerseits war Bianca Maria schon lange vor Ausbruch des Leidens zaundürr geworden, andererseits scheinen die Ärzte eine akute Lebensmittelvergiftung angenommen zu haben: »zuviel essen der schnecken«. Eine solche Vergiftung zieht sich aber normalerweise nicht über Wochen hin, das hohe Fieber lässt mehrfach andere Deutungen zu – eventuell Typhus oder Ruhr. Vielleicht trifft die Diagnose eines Laien am ehesten den wahren Kern. Abt Gubertus, ein Kenner des Hof- und Bianca Marias Ehelebens, meinte, sie sei an Mangel von Liebe zugrunde gegangen.

Der Kaiser wird umgehend vom Tod seiner Frau verständigt, gleichzeitig werden aber bereits in aller Eile die Bestattungszeremonien in Angriff genommen. Niemand scheint angenommen zu haben, dass sich Maximilian die Mühe nehmen werde, von Freiburg im Breisgau nach Innsbruck zu reisen, um an den Feierlichkeiten teilzunehmen. So ist es auch. Er gibt Anweisung, in allen Sachen zu handeln, »die nach irs gemahels abgang notdurfftig sein«.

Man soll in der Kirche zu Stams, wo Bianca Maria bestattet wird, einen Gedenkstein errichten, eine weitere figürliche Ausstattung gibt es nicht, abgesehen von einem schlichten Kreuz. Maximilian nimmt auch nicht an den zur damaligen Zeit üblichen Trauergottesdiensten am 30. Tag nach dem Hinscheiden teil.

Erst Jahrzehnte nach ihrem Tod wird Bianca Maria den Nachkommen ihres hoffnungslos geliebten Ehemanns von erheblichem Nutzen sein. Auf die Heirat der Sforza-Tochter mit Maximilian gründeten sich die Ansprüche Habsburgs auf Mailand und die reiche Lombardei. Das Land ging 1535 an die spanische Linie und 1714 an Österreich. Nach 1859 wurde es Bestandteil des endlich vereinigten italienischen Staates.

Weltreich zufällig erheiratet

Johanna von Kastilien 1479–1555 ⚭ Philipp I. 1478–1506

Gedankenlos werden manche Klischees von Generation zu Generation weitergegeben. Niemand findet es der Mühe wert nachzufragen, was denn nur wirklich dahinter stecken mag. Nehmen wir zum Beispiel die beiden Hauptpersonen dieses Kapitels: Philipp, zu dem jedem, auch dem seriösesten Historiker, automatisch »der Schöne« einfällt, auch Johanna, die in alle Ewigkeit mit dem Beinamen »die Wahnsinnige« behaftet ist.

Betrachten wir die zahlreichen Porträts des Mannes, dann können wir keine Spur von außergewöhnlicher Schönheit entdecken. Aber vielleicht waren die ästhetischen Vorstellungen vor einem halben Jahrtausend ganz andere. Wenn nicht, dann ist es durchaus möglich, dass Philipp, vor allem mit Charme gesegnet, eine innere Schönheit ausstrahlte, die seine Zeitgenossen so faszinierte, dass sie ihm den schmückenden Beinamen gaben.

Wesentlich komplizierter liegen die Dinge bei der Frau, die im Zeiten-Gedächtnis als eine total Verrückte hängen geblieben ist. Gewiss, sie war heißblütig, exzentrisch, unberechenbar und aufbrausend. Aber wirklich wahnsinnig von Anfang an und nicht (vielleicht) erst am Ende ihres turbulenten Lebens – im Spannungsfeld zwischen Liebe und skrupelloser Machtpolitik der sie umgebenden und beherr-

95

schenden Männer? Diese Frage ist einer näheren Untersuchung wert; wobei jedoch, über jeden Zweifel erhaben, feststeht, dass Johannas Lebens- und Leidensgeschichte einen einzigartigen Fall von sexueller Hörigkeit darstellt.

Sie wurde in eine große Zeitenwende der Geschichte hineingeboren, an der gewaltigen Bruchlinie zwischen Mittelalter und Neuzeit. Sie war hautnah dabei, als Granada, die letzte Festung der Mauren in Spanien, fiel. Sie war dabei, als in grausamen Schauprozessen Hunderte zu Folter und Flammentod verurteilt wurden. Sie war dabei, als Kolumbus ihren Eltern nach seiner Rückkehr aus »Indien« (Amerika) Papageien und rothäutige Menschen mit buntem Federschmuck vorführte.

Das alles ließ sie seltsam unberührt. Wie eine Traumwandlerin taumelte sie dem alles verzehrenden Brennpunkt ihres Lebens entgegen. Wenige Wochen des Glücks. Endlose Jahre der Seelenqual. Mehr als die Hälfte ihres langen Lebens in Gefangenschaft ...

Nirgendwo in Europa war der Umbruch so deutlich fühlbar wie in Spanien, das durch viele Jahrhunderte am Rande des Kontinents so gut wie unbeachtet war.

Ursprünglich von Iberern bewohnt, daher der Name »Iberische Halbinsel«, wurde diese ständig von fremden Völkerschaften bedroht und beherrscht. Die Kelten waren da, die Phönizier, die Griechen, die Karthager und die Römer. Diese kolonisierten und romanisierten das gesamte Gebiet, ehe sie Anfang des 5. Jahrhunderts von germanischen Stämmen besiegt und vertrieben wurden. Rund zwei Jahrhunderte hielt sich das Reich der Westgoten, bis dann einer ihrer Stammesführer, hoffnungslos zerstritten mit den anderen, die Mauren (arabischstämmige Moslems) aus Marokko für eine Entscheidungsschlacht zu Hilfe rief.

Das war keine sehr gute Idee. 711 setzten die ersten Mauren in Gibraltar ihren Fuß auf spanischen Boden, breiteten sich wie ein Flächenbrand aus – und blieben für sieben Jahrhunderte.

Nur im Norden des Landes hatten sich ein paar kleine Fürstentümer gehalten, die im 13. Jahrhundert wie David gegen Goliath ihre zähe, allen Rückschlägen trotzende »Reconquista« (Wiedereroberung) begannen. Obwohl auch die Spanier nicht vor Querelen inner-

Philipp »der Schöne«

halb der eigenen Reihen gefeit waren, drangen sie Schritt für Schritt vor. Der endgültige Sieg gelang ihnen, nachdem die beiden größten Territorien, Aragón und Kastilien, sich durch eheliche Bande zusammengeschweißt und gemeinsam mit den anderen einen mächtigen, unbesiegbaren Block geschaffen hatten.

Ferdinand von Aragón und Isabella von Kastilien hießen die beiden rettenden Erzengel. Aber um ein Haar wäre es gar nicht zum schicksalsentscheidenden Zusammenschluss ihrer beiden Königreiche gekommen, weil es provinziell eigensüchtige Kleingeister gab, die diesen zu verhindern suchten.

So ereignete sich 1469 das groteske Zerrbild einer königlichen Hochzeit in einer halbverfallenen Scheune, vollzogen von einem verdatterten, aus dem Schlaf gerissenen Mönchlein. Der Bräutigam hatte sich, als Schäfer getarnt, durchs Gebüsch herbeigeschlichen, die Braut war als Bauernmädchen verkleidet.

Dann aber zogen die beiden mit der geballten Kraft zweier starker Persönlichkeiten gemeinsam los. Machtwillig, wagemutig, schlau, gerissen, politisch weit vorausblickend, skrupellos, nationalstolz. Das Ziel: ein mächtiges, geeintes Spanien, eine starke, gleichberechtigte Stimme im Chor der europäischen Völker.

Sie einten unter der gemeinsamen Krone die verschiedenen kleinen Duodezfürstentümer, schufen eine ordentliche Verwaltung, errichteten ein modernes Bildungssystem.

Im Januar 1492 fiel Granada, staunend dürfen wir Königin Isabella bewundern: eine spanische Amazone, hoch auf ihrem gelb-rot drapierten Ross, mitten im Getümmel, auf den Lippen den Schlachtruf: »Vamos por Dios, nuestro señor Jesus Christus y Santa Maria!« (Auf im Namen Gottes, unseres Herrn Jesus Christus und der heiligen Maria.)

Schon sechs Monate später schicken sie und ihr Gemahl den Fantasten Kolumbus auf die gewagte und kostspielige Suche nach dem Seeweg zu den Reichtümern Indiens. Denn, wir dürfen nicht vergessen: Spanien war ein ausgepowertes Land, die breite Masse der Bevölkerung lebte in verzweifelter Armut. Daran sollte sich, im Grunde genommen, nie etwas ändern, trotz aller Reichtümer, die später aus »Indien» (Amerika) zufließen würden.

Was nach Beendigung der Reconquista folgte, war eines der grausamsten Kapitel der spanischen Geschichte. Nicht nur die Mauren wurden vertrieben, wenn sie nicht den katholischen Glauben annah-

FERDINANDVS CATHOLICVS ET ISABELLA

Post Henrici mortem FERDINANDVS et ISABELLA Proceribus Ioanne fauentibus et Alphonso V. Portugalliæ Rege eiusdem nuptias spante bello uitiis, in Castella pacificce regnarunt, defunctoque d. 19. Ian. an. 1479. pare Ioan. II. FERDINANDVS Aragoniæ Regno augetur, Leonora sorore Nauarram obtinente Mauros, Granata ui capta, tota Hispania eliminauit, an. 1492. Neapolitanumque Regnum Ferdinandi Cordubensis opera suæ adiuncit imperio initio an. 1504. quo anno ISABELLA omnium uirtutum genere conspicua d 26. Nou. æt. an. 54. decessit R. in. a. m. n. d. 14. LEONORA Nauarriæ Regina ob. d 12. Febr. 1479. succedit nepos FRANCISCVS PHŒBVS, eog. cœlibe defuncto d 30. Ianu. 1483. soror CATERINA cum IOANNE LABRETANO coniu. ge Alphonsus V. R. Portugalliæ ob d 28. Aug. 1481. Filius IOANNES II. MAGNVS sine. fil. decedens 18. Oct. 1495. MANVELEM Eduardi R. nepotem Regni. hæredem dixit.

Ferdinand und Isabella, vom Papst mit dem Titel
»Katholische Könige« ausgezeichnet

men. Auch den Juden ging es an den Kragen. Sie stellten eine sehr starke Minderheit dar, die eine führende Rolle im Handel, im Finanzwesen, in der Beamtenschaft spielte. Unter den Mauren hatten sie unbehelligt ihre Talente entfalten können. So, wie die Mauren auch den katholischen Spaniern größte Toleranz angedeihen ließen. Die »Ungläubigen« (Nicht-Moslems) mussten nur mehr Steuern zahlen als die Moslems. Das war alles an Repression.

Unter Ferdinand und Isabella, die von Papst Alexander VI. dafür auch umgehend den Titel »Katholische Könige« verliehen bekamen, mussten alle Landeskinder dem einen, einzigen Glauben angehören – unter dem Motto »Das christliche Spanien den christlichen Spaniern«. Wenn sie sich weigerten, wurden sie aus dem Land vertrieben und durften nur mit sich nehmen, was sie auf dem Leib trugen.

Die meisten Moslems konvertierten, 100 000 Juden jedoch verließen das Land. Aber die, welche sich für den Glaubenswechsel entschieden hatten, waren noch schlimmer dran. Unter der Beschuldigung, ihrer Religion im Geheimen anzuhängen, wurden Tausende von der Inquisition gefoltert und in absurden Prozessen zum Tod auf dem Scheiterhaufen verurteilt.

Was heute nur noch den wenigsten bekannt ist: Die schreckliche Inquisition war zwar ein kirchliches, aber kein eigenständig agierendes Instrument. Sie stand unter Kontrolle und Befehl des Königspaares, das sich von Rom emanzipiert und im Katholizismus eine *politisch* verfügbare Staatsreligion geschaffen hatte. So ist es nur logisch, dass das Vermögen der vertriebenen und ermordeten Juden und Mauren nicht in die Kassen der Kirche floss, sondern in die der königlichen Finanzprokuratur.

Zurück aus den weithin publiken historischen Ereignissen in die Privatheit der königlichen Familie. Die zuvorderst gestellte Frage, ob Ferdinand und Isabella in ihrer Ehe glücklich waren, muss selbstverständlich verneint werden. Fürstenehen waren Zweckbündnisse, niemals auf persönliches Wohlbefinden ausgerichtet – sieht man von wenigen Ausnahmen ab, die an den Fingern einer Hand abzuzählen sind.

Ein häufig beobachtetes Phänomen, dass sich die Frau dann doch in den aus politischen Gründen geheirateten Mann verliebt, stellte sich auch bei Isabella ein. Eine Zeit lang soll sie, so wird übereinstimmend berichtet, zwischen lautstarken Wutausbrüchen und tränenreicher Niedergeschlagenheit schwankend, auf die Treu- und Lieblosigkeit ihres Mannes reagiert haben. Bald aber bündelte sie ihre ganze

Energie auf das politische Geschäft, für das sie hochbegabt war, und nahm die Eskapaden ihres Mannes nicht mehr zur Kenntnis.

Immer wieder haben Zeitgenossen, später Historiker, Isabellas Tochter Johanna angekreidet, dass sie nicht dem Beispiel ihrer Mutter gefolgt war und, wie es einer gehorsamen Ehefrau ziemt, großzügig über die Erotomanie ihres Mannes hinweggesehen hatte. Eines wird dabei nicht bedacht: Johanna besaß nur sehr wenig positive, dafür sehr viel negative Energie – und Politik war ihr zeitlebens gleichgültig.

Isabella und Ferdinand haben sich jedenfalls arrangiert und gemeinsam regiert unter ihrer Devise: »Tanto monta, monta tanto Isabel con Fernando« (Isabella und Ferdinand steigen zu gleicher Größe empor) – meines Wissens das erste Gleichberechtigungs-Signal der Weltgeschichte.

Im Zeitraum zwischen 1470 und 1485 wurden dem Paar fünf Kinder geboren, leider im nach damaliger Weltsicht völlig falschen Verhältnis eins zu vier. Ein Knabe, Juan, und vier Mädchen: Isabella, Johanna, Maria und Katharina. Johanna kam am 14. November 1479 zur Welt. Wie üblich in der Berichterstattung jener Tage, wissen wir, da sie »nur« ein Mädchen war, herzlich wenig über die Zeit vor ihrer Vermählung mit Philipp dem Schönen, dem Sohn von Kaiser Maximilian I.

Sie soll das hübscheste und zugleich das schwierigste der Königskinder gewesen sein. Sehr klein sehr zart, mit bleicher Haut und großen dunklen Augen. Immer verschlossen und abweisend. Mundfaul, in sich gekehrt. Lag es bereits in ihrem Charakter? Lag es in früh prägenden, einschneidenden Erlebnissen, die einem sensiblen Kind mehr zusetzen als einem robuster veranlagten? Man weiß es nicht.

Wie hat sich jene verheerende Feuersbrunst auf sie ausgewirkt, als sie, noch nicht 13, in einem Zelt untergebracht, mit der ganzen Familie an der Belagerung von Granada teilnahm und plötzlich von Flammen eingeschlossen war – gerettet in letzter Minute? Was haben die von hasserfüllten Parolen widerhallenden Ketzerprozesse, stundenlang in der glühenden Hitze öffentlicher Marktplätze abgehalten, in der kindlichen Seele angerichtet? Was empfand sie wirklich, als Kolumbus vor versammelter Hofgesellschaft seinen ersten überwältigenden Bericht erstattete und alle, alle schluchzend in die Knie sanken? Auch sie warf sich zu Boden. Aber sie blieb stumm.

Die Infantinnen und der Infant genossen eine vorzügliche Erziehung durch hervorragende Lehrer – alle fünf sprachen fließend Latein – und vor allem durch Geistliche. Die Ausübung der religiösen Pflichten spielte eine zentrale Rolle im Leben der Kinder. Musik wurde auch unterrichtet, es war Johannas Lieblingsfach. Sie spielte ausgezeichnet Gitarre – schon als Mädchen.

Die monarchische Familie lebte im krassen Gegensatz zu anderen europäischen Fürsten in spartanischer Bescheidenheit. Es gab, wie damals allgemein üblich, keinen festen Wohnsitz. Man zog im Rhythmus von Wochen oder Monaten kreuz und quer durchs Land von Burg zu Burg und übernachtete auf den langen, beschwerlichen Wegstrecken mehr als einmal in elenden Herbergen.

Bar jeden höfischen Gepränges waren die Mahlzeiten bescheiden, die Kleider aus Wolle oder Leinen genäht. Seide und Samt sowie Schmuck zierten nur rare Festtage.

Kaum anzunehmen, dass Johanna jemals elterliche Liebe erfahren hat. Isabella und Ferdinand waren dabei, ein Weltreich aufzubauen. Für die Kinder waren ausschließlich Erzieher und Bediente zuständig. Wir können nur vermuten, dass die beiden maurischen Sklavinnen, die Johanna zugeteilt waren, ihr wenigstens einen Hauch von menschlicher Wärme vermittelt haben: Herzzerreißend waren Johannas Schmerz und Entsetzen, als ihr Mann, Jahre später, die beiden treuen Dienerinnen davonjagte.

In einer Zeit, da auf die Persönlichkeit von Kindern nicht geachtet wurde, war es selbstverständlich, dass auch das Wohlbehagen von Erwachsenen nicht die geringste Rolle spielte, sobald es um politische, materielle und sonstige Vorteile für Familie und Staat ging.

Johanna und ihre Geschwister wurden bereits als Kinder »vergeben«. Isabella, die Älteste, heiratete dann, einer langen Tradition folgend, den portugiesischen Thronfolger. Die Blutsbande zwischen Spanien und Portugal waren mittlerweile so eng geworden, dass diese einem Inzest bedenklich nahe kamen.

Johanna »die Wahnsinnige«

Isabella wurde nach nur acht Monaten Witwe, verfiel exzessiver Frömmigkeit und heiratete den Cousin ihres verstorbenen Mannes, König Manuel den Großen, erst dann, als er ihr versprochen hatte, auch in seinem Lande den Juden den Garaus zu machen.

Johanna und ihr ein Jahr älterer Bruder, der Thronfolger Juan, wurden den Kindern des späteren Kaisers Maximilian I. versprochen: Philipp und Margarete. Um die Liste zu vervollständigen: Johannas Schwester Maria wird nach dem Tod von Isabella den Portugiesen-König Manuel ehelichen, die jüngste, Katharina, nach England vermählt. Zunächst heiratet sie den Prinzen von Wales, Arthur, der bald stirbt, dann wird Bruder Heinrich sie ehelichen. Heinrich VIII., der notorische Blaubart. Mehr über sie im folgenden Kapitel.

Johanna ist 13, als sie zum ersten Mal erfährt, wer ihr zum Gemahl bestimmt ist. Anzunehmen, dass man ihr auch ein Bildnis des 14-Jährigen gezeigt hat. Ein hübscher blonder Junge, hoch gewachsen, muskulös, mit auffallend langen, schmalen Fingern.

Vermutlich waren seine Zähne damals noch halbwegs in Ordnung – sie wurden später schaurig schlecht – und vom leichten Fettansatz um die Leibesmitte, hervorgerufen durch unmäßiges Essen und Trinken, war gewiss noch nichts zu sehen.

Die Verhandlungen zwischen den Katholischen Königen und Maximilian waren im November 1495 abgeschlossen. Gleich darauf erhielt Johanna ein artiges Brieflein ihres Verlobten, worin er ihr in ziseliertem Latein mitteilte, dass er »vor Verlangen brennt«, mit ihr vereint zu sein, und »großen Schmerz empfindet«, weil er noch immer von ihr getrennt ist. »Euer heiß liebender Philipp« vergaß auch nicht ausdrücklich zu erwähnen, dass er sich »eine zahlreiche Nachkommenschaft« wünsche.

Der italienische Humanist Petrus Martyr, der an spanischen Universitäten lehrte und uns tiefe Einblicke in die spanisch-österreichischen Beziehungen gewährt, schildert Philipp als einen Mann, der schlichtweg die Erfüllung aller weiblichen Träume darstellte.

Wesentlich differenzierter sieht ihn der spanische Historiograf Jeronimo Zurita: Philipp sei fröhlich und freundlich, ein geschickter Jäger und Tänzer, doch lässig und wenig interessiert an ernsthafter Arbeit. Ein italienischer Zeitgenosse nennt Philipp »unstetig und launenhaft«. Gomez de Fuensalida, spanischer Diplomat in den Niederlanden, bemerkt: »Er ist gut, aber gänzlich willensschwach, ganz und gar seinen Günstlingen verfallen ... die ihn von Bankett zu Bankett, von einem Weib zum anderen schleppen ... denn in gewissen Trieben des Leibes ist er unersättlich.«

Philipp war durch und durch französisch erzogen, liebte Frankreich und betrieb, unter dem Einfluss seiner Ratgeber Frans von Busleyden und Willem van Croy, sehr zum Missfallen seines Vaters, eine überaus frankreichfreundliche Politik. Von Anfang an musste er zornig und verbittert gewesen sein, dass ihn der Vater zur Ehe mit einem Mädchen zwang, dessen Eltern – aus Gründen, die mit unserer eigentlichen Geschichte nichts zu tun haben – eine verbissen antifranzösische Haltung einnahmen und nur selten das Kriegsbeil gegen den Nachbarn begruben ...

Im Frühsommer 1496 sammelte sich der Hof in der Burg von Almazan um, begleitet von der Blüte des spanischen Adels und der höchsten Geistlichkeit, den Weg nach Norden anzutreten. Über den Ebro und das kantabrische Gebirge ging es nach Laredo.

Dort wartete eine imposante Flotte von 110 Schiffen und mehreren Tausend Soldaten. Die Brautfahrt Johannas sollte vor allem eine Machtdemonstration gegenüber Frankreich werden. Zufällig sind die Ladelisten erhalten und geben Auskunft über das gewaltige Ausmaß der Expedition: 20 000 Maß Wein, 2000 Zentner (umgerechnet) getrocknetes Rindfleisch, 400 Zentner gepökeltes Schweinefleisch, 12 000 Stück getrockneter Kabeljau, 100 000 gesalzene Heringe, 300 Zentner Stockfisch.

Johannas Mutter und sämtliche Geschwister sind mit von der Partie auf dem wie üblich beschwerlichen Weg nach Laredo. Man reist zu Pferd und auf dem Maultier, geht zu Fuß und schwankt in Sänften, hält Rast in Burgen, Herbergen oder, wenn es nicht anders geht, in Bauernhäusern, die niedrigen Chargen auf freiem Feld.

Am 22. August 1496 werden die Segel gesetzt. Königin Isabella ist buchstäblich bis zum letzten Augenblick in der Kabine Johannas geblieben und verlässt sie unter Tränen. Es ist das erste Mal, dass man die Königin weinen sieht.

Was die Mutter der Tochter noch zu sagen hatte, das wissen wir nicht. Doch wir wissen, wie Mütter sind: Es wird Anweisungen, Gebote, Warnungen sonder Zahl für dieses merkwürdig verschlossene, unreife Kind gegeben haben. Vor allem den Ratschlag, wenn nicht gar Befehl, sich in allen Belangen an zwei von Isabella sorgfältig ausgewählte Männer zu wenden: an den Beichtvater Don Diego de Villaescusa und an den Schatzmeister Martin de Moxica. Johanna weint nicht nach dem Fortgang der Mutter. Sie verkriecht sich in ihrer Kabine und hüllt sich in Schweigen.

Wie die meisten Seereisen zur damaligen Zeit war auch die Brautfahrt Johannas ein Albtraum, der das junge Mädchen mit schwerer Seekrankheit heimsuchte und einige Schiffe auf den Grund des Meeres schickte, darunter auch jenes, das Johannas kostbarste Ausstattungsstücke und ihren Schmuck beförderte. Sie nahm es kaum zur Kenntnis. Die Seekrankheit war abgelöst worden durch eine hochfiebrige Erkältung und das arme Kind hustete sich fast die Seele aus dem Leib.

Einen rauschenden Empfang gab es nicht für die spanische Braut im Hafen von Arnemuiden auf der Insel Walcheren. Keine Spur vom Bräutigam. Die Gesellschaft wird über Middelburg und Bergen op Zoom nach Antwerpen geleitet. Auch dort kein Lebenszeichen von Philipp. Johanna muss weiter das Bett hüten. Den ersten Lichtblick in diesem entsetzlich kalten, dunklen, verregneten Land bildet das Auftauchen von Johannas zukünftiger Schwägerin Margarete, die ab nun nicht mehr von ihrer Seite weicht.

Noch immer hustend reist Johanna weiter nach Mecheln und dort endlich trifft sie am 18. Oktober 1496 den Verlobten. Wo er so lange verblieben ist? Die Chroniken geben keine Auskunft. Jedenfalls kommt er aus Innsbruck angeritten und es mag schon sein, dass ihn unterwegs die eine oder andere Versuchung davon abgehalten hat, schnurstracks in die Arme seiner Braut zu eilen, nach der er angeblich »vor Verlangen brannte«.

Er kann, das ist mehrfach belegt, seit seinem 14. Lebensjahr keiner Verlockung widerstehen, der arme Junge. Mit seinen nun 18 Lenzen ist er ein abgebrühter Roué, der schon starker Reize bedarf, um richtig in Wallung zu geraten: Der Anblick des blassen, schüchternen und sehr kindhaften Mädchens aus fremden Landen löst augenblicklich ein solches Begehren aus, dass er alle Regeln des primitivsten Anstands und burgundischen Hofzeremoniells beiseite schiebt. Sofort muss ein Priester her, sofort muss der Ehebund abgesegnet werden. Ehe die Hofgesellschaft sich noch von Verblüffung und Entsetzen erholt hat, ist das Paar im Schlafgemach verschwunden.

Durch alle Berichte über diese skandalöse Hochzeit zieht sich die augenzwinkernd schlüpfrige Legende, dass *beide*, Johanna und Philipp, auf der Stelle von heftigster Leidenschaft füreinander entbrannt seien, dass *beide* den kirchlichen Segen befohlen hätten, um sich sofort lustvoll aufeinander zu stürzen.

Mag sein, dass Johanna sogleich Gefallen an Philipp gefunden hat. Gewiss aber war das in strengster katholischer Zucht und Leibfeindlichkeit aufgewachsene und – damaliger Sitte entsprechend – nicht einmal aufgeklärte Mädchen keineswegs erpicht darauf, das Bett mit einem Wildfremden nach nur wenigen Minuten Bekanntschaft zu teilen. Es muss ein furchtbarer Schock für sie gewesen sein.

Was sich auch immer in dieser Nacht ereignet haben mag – dort geschah höchst wahrscheinlich die Initialzündung zu jener sexuellen Hörigkeit, die verhinderte, dass Johanna sich jemals zu einer reifen, eigenständigen Persönlichkeit entwickeln konnte. Sie wurde zum willigen Werkzeug für Philipps Wünsche und wagte nur selten, gegen ihn aufzubegehren. Wenn sie es tat, hatte das schlimme Folgen.

Große Hochzeit wurde dann in Antwerpen gefeiert, mit burgundischem Gepränge und flämischer Lebensfreude. Zugleich hat man Margarete Johannas Bruder Juan per procurationem angetraut. In Gesellschaft der spanischen Granden, die Johanna nach Flandern eskortiert hatten, brach sie in ihre neue Heimat auf. Wenige Monate später war sie schon Witwe. Ihr Mann, Infant Juan, der erste Anwärter auf den spanischen Thron, war, erst 19 Jahre alt, plötzlich und unerwartet verschieden. Es heißt, er hätte sich an seiner stattlichen blonden Frau »zu Tode geliebt« ...

Johanna und Philipp residierten vorwiegend in Mecheln. Das heißt, meist sitzt Johanna allein daheim, beschäftigt sich mit ihren Volieren, spielt Gitarre und wartet. Philipp hat viel zu tun, muss in allerlei Geschäften ständig unterwegs sein, wobei allerdings weder die Jagd noch das Ballspiel und mancherlei andere Vergnügungen zu kurz kommen. Es ist ein offenes Geheimnis, dass er nicht nur eine neue, ständige Geliebte hat, sondern auch jedes Blümlein mitnimmt, das lockend seinen Wegrand ziert.

Was weiß Johanna? Vermutlich nichts, ganz einfach, weil sie nichts wissen will. Heftiges Murren allerdings unter ihrem spanischen Gefolge. Sie verstehen die Sprache nicht, sie vertragen die schwere Kost nicht, sie leiden unter dem für ihre Verhältnisse arktischen Klima. An ein einfaches, strikten und frommen Regeln folgendes Hofleben gewöhnt, können sie nicht fassen, wie man hier die Zeit mit lockerem Luxus und lauten Festen vertrödelt.

Und, was das Schlimmste ist, sie bekommen kein Geld zwischen die Finger. Der von Königin Isabella so hochgerühmte Schatzmeister Martin de Moxica hat sich, sehr zu seinem Vorteil, auf Philipps Seite geschlagen. Nicht nur, dass er Johannas Hofleute nicht entlohnt, lässt er auch jeden Escudo, der aus Spanien für ihre Privatschatulle einlangt, in die seines neuen Herrn fließen. Bei dieser Konstellation versteht es sich fast von selbst, dass Johanna nichts vom dem Nadelgeld sieht, das ihr laut Ehevertrag zusteht.

Irgendwann muss Johanna doch Einwände erhoben haben: Mit einem Schlag wird praktisch ihr gesamter spanischer Hofstaat entlassen und nach Hause geschickt, abgesehen von zwei oder drei unwichtigen Fräulein und den beiden maurischen Sklavinnen. Haushofmeisterin wird Gräfin d'Haleweyn, eine nun würdige Matrone, der wir bereits im vorangegangenen Kapitel begegnet sind. Sie war es, die Maria von Burgund erzogen und dann auch den mutterlosen Philipp betreut hat. Grenzen- und bedingungslos ist die Anhänglichkeit an »ihren« Prinzen.

Auch auf Señor de Moxica scheint absoluter Verlass zu sein. Er bleibt Schatzmeister. Der neue flämische Hofstaat Johannas wird anstandslos korrekt bezahlt.

Eine weitere Schikane hält Philipp bereit: Alle Post aus Spanien geht zuerst über seinen Schreibtisch. Es war nie festzustellen und wird es nie mehr sein, ob und welche Briefe Johanna vorenthalten wurden.

Eines ist gewiss. Sie schreibt keine Zeile an ihre Eltern. Wie denn auch? Was soll sie berichten? Dass der Mann, den sie liebt, sie betrügt, bespitzelt und von ihrer vertrauten Umgebung isoliert? Soll sie einbekennen, dass sie ihn brennend begehrt und sofort dahinschmilzt, wenn er auch nur ein freundliches Wort an sie richtet?

Aus dieser Perspektive ist auch zu verstehen, dass sie sich ihrem von der Mutter mitgegebenen geistlichen Beistand verweigert und zwei französische Mönche, deren Ruf nicht der beste ist, zu Beichtvätern erkürt. Sie werden das Wirrwarr ihrer Liebes- und sonstigen Gefühle wahrscheinlich besser verstanden und milder beurteilt haben als der im Geist der Inquisition streng urteilende spanische Pater.

Nur zu verständlich, dass die Sorge der Katholischen Könige in dem Maße steigt, in dem es keinerlei Echo auf ihre drängenden Briefe an Johanna gibt. (Zwischenfrage: Hat sie die überhaupt erhalten?) Es ist nicht das Bangen um Johanna allein, das Königin Isabella veranlasst, einen zuverlässigen Beobachter nach Mecheln zu schicken um herausfinden zu lassen, was dort eigentlich vorgeht. Nachdem ihr einziger Sohn, Juan, gestorben ist, war die älteste Tochter Isabella, Ehefrau des portugiesischen Königs Manuel, die nächste Anwärterin auf den Thron. Aber auch Isabella musste bei der Geburt ihres ersten Kindes, ein Sohn namens Miguel, ihr Leben lassen.

Ein Säugling von zartester Gesundheit hat nun Anspruch auf den spanischen Thron. Und was, wenn auch er dahingeht? Dann ist Johanna an der Reihe. Johanna ist nun nicht nur die *Tochter*, die zur Beunruhigung Anlass gibt, es ist die *politische Person*, an deren Wohl und Wehe vielleicht die Zukunft eines im Entstehen begriffenen Weltreiches hängt.

Prior Tomas de Matienzo wird in Mecheln reserviert empfangen. Bei seiner ersten Begegnung mit Johanna müssen auf Philipps Befehl drei ihrer flämischen Hofdamen zugegen sein. Aber was immer Johanna mit dem Geistlichen besprochen haben mag, die Damen haben es ohnehin nicht verstanden.

Auch beim nächsten Treffen unter vier Augen hält Johanna Distanz. Sie hat vermutlich begriffen, dass der Prior ausgeschickt wurde, ihr Leben und ihre Beziehung zu Philipp auszuspionieren. Die junge Frau spielt dem Prior etwas vor. Im ersten Bericht an Königin Isabella vermeldet Matienzo denn auch nur, dass die Erzherzogin »reizend aussieht«, sie sei »guten Mutes« und »so hochschwanger, dass es Ihren königlichen Hoheiten wohl gefiele, falls Sie sie besuchen kämen ...«

Durch die Geburt ihres ersten Kindes bedingt kommen Johannas Gespräche mit dem Prior ins Stocken. Sie wird am 15. November 1498 Mutter einer kleinen Tochter namens Eleonore, Grund genug, glücklich zu sein. Ein Knabe hätte es selbstverständlich werden sollen. Johanna bekommt den Ärger ihres Mannes drastisch zu spüren. Er besucht sie nicht einmal am Wochenbett.

Matienzo hat indessen Zeit und Ruhe, sich ein bisschen umzuhören. Er leidet wie alle Spanier. Scheußliches Wetter, scheußliches Essen, schrecklich laute, dicke Leute, die nicht einmal Spanisch können.

Nach angemessener Zeit nimmt er seine Unterredungen mit Johanna wieder auf. Sechs Monate nach seiner Ankunft in Mecheln verfasst er einen langen, ausführlichen Bericht an seine Königin, den wir mit Schaudern und Entsetzen zur Kenntnis nehmen. Unter anderem heißt es darin:

»Die Erzherzogin ist längst nicht mehr Herrin ihres Hauses. Die Verwaltung haben der Fürst von Chinay und die Gräfin d'Haleweyn übernommen. Die Infantin würde sehr wohl die Hofhaltung selbst befehligen, aber sie fügt sich darein, um ihrem Gemahl gehorsam zu sein, der sie vollkommen beherrscht. Mehr als einmal hat sie versucht, wieder die Oberhand zu gewinnen, hat Beschwerde geführt, weil die wenigen Spanier, die ihr noch geblieben sind, unter den unwürdigsten Bedingungen leben müssen. Doch alle Gelder, die Eure Majestät geschickt haben, sind in die Kassen der Flamen geflossen, mit eingeschlossen die Summen, die Ihr zur Geburt der Prinzessin Eleonore geschickt habt. [Schatzmeister] Moxica ist ein Verräter, er tut nur, was der Erzherzog ihm befiehlt. Bislang hat er sich gesträubt, mich überhaupt zu empfangen. Die Infantin selbst ist dermaßen in Geldnöten, dass sie nicht einmal ein Almosen verteilen kann. Sie traut sich aber nicht aufzubegehren, weil sie vor ihrem eigenen Schatzmeister Angst hat.«

An anderer Stelle weiter: »Eure Tochter ist von allen Nachrichten aus Spanien abgeschnitten, selbst Euren Botschafter kann sie nicht sehen und sie scheint nicht zu merken, dass man sie isoliert um sie besser bevormunden zu können ... Dona Juana ist vollkommen verblendet ... Ihre Gedanken kreisen einzig und allein um ihren Gemahl, den sie wie einen Abgott liebt. Wenn es nur den Anschein hat, dass eines meiner Worte ihm nicht behagt, weist sie mich sofort aus dem Gemach ... Der Prinz ist ihr durchaus nicht treu. Weiß die Erzherzogin nichts von seinen Ausschweifungen oder will sie nichts wahrnehmen? Jede Gewissheit würde sie zusammenbrechen lassen. Der Gemahl behandelt sie äußerst schlecht. Sie ist meist allein und die Geburt ihrer Tochter Eleonore hat die Gewohnheiten des Prinzen nicht verändert. Er gebietet über Eure Tochter wie über eine Dienerin ...«

Matienzo beklagt sich auch ausführlich darüber, dass Johanna nur noch selten die Messe besuchte und sich die Beichte von zwei französischen Mönchen abnehmen ließe – was von denen zu halten sei, das wisse man ja. Darüber hinaus habe er Johanna Vorhaltungen gemacht, dass sie niemals ihren Eltern schriebe, und ihr Kaltherzigkeit vorgeworfen. Darauf habe sie geantwortet: »Im Gegenteil, Vater. Ich habe ein sehr gefühlvolles Herz. Wenn mir bewusst wird, wie weit ich von Heimat und Eltern entfernt bin, dann muss ich heftig weinen.«

Die Katholischen Könige unternahmen zunächst nichts. Offensichtlich hatten sie sich entschlossen, den weiteren Verlauf der Dinge abzuwarten. Die entwickelten sich allerdings so, dass der Unmut von Ferdinand und Isabella weiter und weiter wachsen musste.

Zunächst kristallisierte sich heraus, dass Philipp seine Annäherung an Frankreich stetig vorantrieb. Und dann, 1498, erreichte seine Hoffart einen neuen Höhepunkt. Das Schlimmste war eingetreten: Der kleine Portugiesenprinz Miguel starb, nur ein Jahr alt. Johanna, die vor ihrer Verheiratung den Titel einer Prinzessin von Kastilien getragen hatte, war mit einem Schlag die Thronerbin Spaniens und seiner unermesslich reichen überseeischen Eroberungen.

Auf der Stelle nahm Philipp den Titel eines Prinzen von Kastilien an und belegte damit seine Ansprüche auf ein Welterbe, von dem er vor seiner Eheschließung mit Johanna nicht einmal zu fantasieren gewagt hätte. Der Thron stand zum Greifen nahe, es sei denn, es sei denn ... Ferdinand und Isabella bekämen noch einen Sohn. Doch diese Gefahr konnte Philipp frohen Mutes vergessen. Ferdinand war 48 Jahre alt, Isabella gar schon 49.

Dafür gab es im eigenen Haus freudig begrüßten Nachwuchs. Am 24. Februar 1500 gebar Johanna einen Sohn unter den bizarrsten nur denkbaren Umständen.

Sie war hochschwanger. Sie hasste lärmendes Getümmel flämischer Art. Dennoch bestand sie starrköpfig darauf, mit ihrem Mann den großen Ball im Genter Prinsenhof zu besuchen, der alljährlich den Höhepunkt des Karnevals darstellte. Sie hatte auch einen triftigen Grund dafür und dieser war ihr namentlich bekannt: Susanne von Limburg. Anscheinend war sie nicht gewillt, die Funktion der Ballkönigin an die augenblickliche Favoritin Philipps abzutreten.

Mit ihrem dicken Bauch eine ebenso groteske wie bemitleidenswerte Figur (Schwangere pflegten damals die Öffentlichkeit zu meiden), zog sie am Arm ihres Mannes in den Festsaal ein, nahm ächzend auf einem für sie vorbereiteten Thronsessel Platz.

Sie sieht angegriffen aus. Hat sie Schmerzen? Sie sagt nichts. Erhebt sich plötzlich schwer, wankt, von einer Hofdame gestützt, aus dem Saal. Erreicht gerade noch einen kleinen Nebenraum. Auf einem Leibstuhl sitzend gebiert sie binnen weniger Minuten das Kind, das als Kaiser Karl V. Weltgeschichte machen wird.

Wenige Wochen nach der Geburt empfängt Johanna Besuch aus der Heimat. Der Bischof berichtet nach seiner Heimkehr, dass die Ankunft des Erzherzogs Karl im ganzen Land überschwänglich gefeiert werde, dass sich aber um dessen Mutter niemand weiter gekümmert habe. Sie lebe, so schrieb er, »in stiller Zurückgezogenheit und in ärmlichen Verhältnissen« – was immer das bedeuten mag.

Kaum hatte sich Johanna erholt, begannen ihre Eltern zu drängen, sie und Philipp mögen nach Spanien kommen, und dies nicht nur aus Sorge um das Wohlergehen der Tochter. Es gab zwingende politische Gründe: Die Cortes, die Standesversammlung aus Granden, Geistlichen und einflussreichen Bürgern, besaßen wesentlich mehr Einfluss und Vorrechte als ähnliche Institutionen in den anderen europäischen Staaten. Erst wenn die Cortes Johanna als Thronfolgerin anerkannte, bestätigte und vereidigte, waren ihre Ansprüche voll gesichert. Eile war geboten.

Doch Philipp, der sich zwar Prinz von Kastilien nannte, schien sich keineswegs als solcher zu fühlen. Unter den durchschaubarsten Vorwänden zögerte er die Abreise immer wieder hinaus, schuf schließlich selbst einen unwiderlegbaren. Johanna wurde erneut schwanger. Es verstand sich von selbst, dass man die Geburt des dritten Kindes abwarten musste, ehe die Reise gewagt werden konnte.

Den allerorts kursierenden Gerüchten, warum die Spanien-Fahrt immer wieder verschoben worden war, trat Johanna selbst aufs Schärfste entgegen. Sie ließ verlauten, dass sie »darauf brennt«, in die Heimat zurückzukehren. Sie werde alle Lügenmäuler, die Böses über sie und ihren Gemahl in Umlauf brächten, »aufs Schärfste bestrafen«. Der spanische Gesandte wich dieser Drohung elegant aus, indem er nun nicht mehr Philipp, sondern dessen Berater und Favoriten diskriminierte: »Da ihr Glück in den Lastern der Gurgel und allen anderen besteht, fürchten sie, in Spanien auf ihre Annehmlichkeiten verzichten zu müssen, und versuchen die Reise mit allen Mitteln zu vereiteln.«

Am 18. Juli 1501 gebar Johanna ihre Tochter Isabella. Erst vier Monate später brachen sie und Philipp nach Spanien auf, und zwar auf dem Landweg über Frankreich. Zufällig herrscht augenblicklich Friede zwischen Frankreich und Spanien, zufällig hat Ludwig XII. eine warmherzige Einladung an Philipp ausgesprochen und zufällig hat Philipp seinen gerade achtzehn Monate alten Sohn Karl dem Franzosen für dessen einzige Tochter Claude versprochen.

Wir können nachvollziehen, dass Johanna diese Reise durch Frankreich mit gemischten Gefühlen angetreten hat: Ihr Vater und

Ludwig sind erbitterte Gegner und Philipp hat sie ganz bestimmt nicht um Rat oder gar ihre Einwilligung gefragt, als er Karl mit Claude verlobte.

Wie üblich gestaltet sich die Fahrt zu einem gewaltigen Umzug mit Dutzenden Gepäckwagen voller Möbel, Teppichen, Bildern, Geschirr und Tafelsilber. 100 Damen und Herren des Hofes, mehr als 200 Bedienstete. Hinzu gesellen sich von der Grenze an 400 Mann wohlbewaffneter französischer Ehreneskorte. Sie geleitet die Gäste zur Residenz Ludwigs XII. in Blois, etwa auf halbem Wege zwischen Mecheln und der spanischen Grenze. Ludwig hat dort ein prächtiges Schloss errichten lassen. Der Hof hält sich die meiste Zeit des Jahres dort auf.

Wenige Meilen vor der Stadt werden Philipp und Johanna von den höchsten Würdenträgern des Landes feierlich begrüßt und anschließend vom französischen Königspaar im Schloss empfangen.

»Welch ein schöner Prinz«, ruft Ludwig beim Anblick Philipps, umarmt ihn heftig und küsst ihn auf beide Wangen. Als er dasselbe bei Johanna tun will, versinkt sie in einen tiefen Hofknicks – Ludwig küsst ins Leere. Sie richtet sich auf. Er versucht erneut, sie zu küssen. Sie macht Anstalten, sich seiner Umarmung zu entwinden, doch er hält sie eisern fest und platziert schließlich doch einen Kuss auf ihrer Wange. Man ist peinlich berührt.

Widerstandslos lässt sich dann Philipp von der Königin Anna von Bretagne, der verflossenen Braut (Gemahlin?) seines Vaters, küssen. Johanna leistet bei dieser Zeremonie keinen Widerstand mehr. Anschließend zeigt man ihr die zukünftige Schwiegertochter, die zweijährige Claude. Ob und wie sie sich dazu geäußert hat, ist unbekannt.

Von französischer Seite sehr kritisch vermerkt wird dafür Johannas Auftritt beim allgemeinen Kirchgang in der Kathedrale zu Blois am nächsten Tag. Als eine Hofdame der Anna von Bretagne ihr diskret ein Beutelchen mit Münzen für den Opferstock zustecken will, verkündet Johanna laut und bis in die hintersten Bänke vernehmbar, sie hätte selbst Geld für den Klingelbeutel. Sie zöge es vor, in ihrem eigenen Namen zu spenden.

Nach dem Hochamt verlassen Ludwig und Philipp, Seite an Seite, als Erste die Kathedrale, auffällig rasch gefolgt von Anna von Bretagne. Sie verabsäumt es demonstrativ, Johanna, die ja schließlich der Ehrengast ist, den Vortritt zu lassen. Worauf Johanna eine Weile, eine sehr lange Weile, wie angewurzelt stehen bleibt und erst dann majestätisch aus dem Gotteshaus schreitet, als die ihrer harrende Hofgesellschaft bereits unruhig zu werden beginnt. Eindeutig ist sie die »Siegerin« in diesem kindischen Streit der Herrscherinnen, der verdächtig an den Zank von Kriemhild und Brünhild vor dem Wormser Dom aus der Nibelungensage erinnert.

Ansonsten gibt es keine Nachricht über Johannas Aufenthalt am französischen Hof, wo sie sich offenbar nicht besonders beliebt gemacht hat. Philipp und Ludwig hingegen weichen keinen Augenblick voneinander, als wären sie die besten Freunde seit urdenklicher Zeit. Ihre Hauptbeschäftigungen sind die Jagd und das Kartenspiel. Über mögliche amouröse Abenteuer der beiden Herren schweigt die Geschichte.

Endlich geht es weiter und am Fuße der Pyrenäen gibt es einen längeren Halt: Die Gepäckwagen werden entladen, Stück für Stück wird auf Maultierrücken über das Gebirge geschleppt. Auch die hohen Herren müssen sich auf die Lasttiere bequemen, die hohen Damen werden, so lange wie möglich, in Sänften transportiert. Manchmal aber müssen sie zu Fuß gehen.

Der erste größere Ort auf spanischem Boden, Fuenterrabia, bereitet Ende Januar 1502 einen tosenden Empfang, wobei die Gäste einen Vorgeschmack auf die merkwürdigen Sitten des Landes erhalten: Johanna und Philipp werden mit Kniefall und Handkuss begrüßt, kein weibliches Wesen befindet sich im Empfangskomitee.

Verblüffung in Burgos. Die Stadttore sind nach alter Sitte verschlossen, die zukünftigen Herrscher müssen die Rechte und Privilegien der Stadt ausdrücklich bestätigen, ehe man sie einlässt. Und dann schleppt man die Gäste noch zu einem Stierkampf. Die Begeisterung hält sich in Grenzen.

Die Stimmung sinkt von Tag zu Tag. Die flämischen Damen und

Herren weisen schon nach kurzer Zeit die ihnen ungenießbar erscheinende spanische Kost zurück. Das grässliche Olivenöl! Der Wein, der nach dem Leder der Schläuche schmeckt! Das Naschwerk, übersüßt und mit rohen Eiern zubereitet! Überdies gibt es jede Menge Zank und Hader zwischen den flämischen und den spanischen Dienern, gelegentlich geraten sie einander sogar buchstäblich in die Haare.

Und dann wird der Herr auf der Weiterreise auch noch krank! Für zwei Wochen bleibt der ganze Konvoi in einem winzigen Dörfchen namens Olias hängen. Philipp, ein erwachsenes Mannsbild von immerhin schon 24 Jahren, liegt mit Masern darnieder. Die in solchen Fällen häufig auftretenden Folgen bleiben glücklicherweise aus. Er ist weiterhin voll zeugungsfähig. Johanna durchlebt glückliche Tage: ein Mann, der ans Bett gefesselt ist, kann nicht auf Abwege geraten. Sie pflegt ihn mit Hingabe und Inbrunst.

Am 9. Mai 1502 dann endlich Toledo! König Ferdinand reitet Tochter und Schwiegersohn bis vor die Tore der Stadt entgegen, Isabella empfängt das Paar auf einem Thron sitzend im Festsaal der Burg. Philipp, nun schon mit den Landessitten vertraut, kniet vor der Schwiegermutter und küsst ihr die Hand. Als Johanna es ihm gleichtun will, erhebt sich Isabella spontan, schließt die Tochter, die sie seit sechs Jahren nicht gesehen hat, unter Tränen in die Arme.

Die Katholischen Könige und das habsburgische Erzherzogspaar bilden einen in die Augen springenden Gegensatz. Die jungen Leute sind nach der neuesten Mode in prächtige Gewänder gehüllt, mit kostbarem Schmuck behängt. Jedoch: »... von den Kleidern des Königs [Ferdinand] und der Königin [Isabella] schweige ich lieber«, notiert Philipps Kammerherr Antoine de Lalaing, »denn sie tragen nur ärmliche Wollstoffe.« Niemals ist der Gegensatz zwischen der Lebensführung an den beiden Höfen krasser zum Ausdruck gekommen als bei diesem ersten Empfang.

Monsieur de Lalaing hätte, was die Ausrichtung der folgenden Feierlichkeiten betraf, vermutlich noch viel mehr Anlass zur Kritik gefunden, hätten sie, wie geplant, stattgefunden. Doch aller Festestrubel versiegte mit einem Schlag, als die Nachricht eintraf, dass Johannas

Schwester Katharina, mit Arthur, dem Prinzen von Wales, verheiratet, Witwe geworden war. Stille Trauer und endlose Gedenkmessen waren angesagt. Philipp entwich, sooft es ihm nur irgend möglich war, nach Aranjuez zur Jagd statt sich das Haupt mit Asche zu bestreuen.

In einer nüchternen Amtshandlung und nicht in einer rauschenden Zeremonie wurden Philipp und Johanna von den Cortes als Thronfolger von Kastilien bestätigt – mit einem winzigen Schönheitsfehler. Die Gesandten von Aragón, Sizilien (das damals zu Spanien gehörte), Valencia, Mallorca und Barcelona beschränkten sich darauf, Johanna den Treueid zu leisten. Philipp wurde nur als Prinzgemahl anerkannt. Sollte Johanna vor ihm sterben, würde er aus ihrem Tod keine Vorteile ziehen können. Ein weiterer Zusatz: Wenn Königin Isabella vor Ferdinand dahingeht, dieser nochmals heiratet und einen Sohn zeugt, wäre dieser allein erbberechtigt.

Ähnlich verlief dann die Vereidigung Johannas und Philipps auf den Thron von Aragón in Saragossa. In Aragón galt das salische Erbrecht, das die weibliche Thronfolge überhaupt ausschloss. Nach langem Hin und Her rang Ferdinand den dortigen Cortes die Zustimmung einer Thronbesteigung durch Johanna ab. Sie müsste aber einem Sohn Ferdinands, sollte er jemals noch einen bekommen, den Vortritt lassen.

Bereits im Mai, unmittelbar nach seiner Abreise aus Toledo, schreibt Philipp einem Vertrauten nach Brüssel, er sei froh, diese grässliche Stadt hinter sich zu haben. Er werde alles daran setzen, sobald wie möglich die Heimreise anzutreten.

Es steht zweifelsfrei fest: Philipp war enttäuscht von der Heimat seiner Frau, deren Sprache er nicht verstand, er fühlte sich eingeengt, überwacht; von den fremden Sitten und Gebräuchen abgestoßen. Hinzu kam, dass kurz hintereinander sein Hofmarschall, sein erster Stallmeister, sein Mundschenk und ein Hofbeamter unter ungeklärten Umständen zu Tode kamen; durch die schreckliche spanische Kost, wie in Philipps Umgebung gemunkelt wurde.

Philipp hatte nur eines im Sinn: fort, so bald wie möglich fort! Dringende Staatsgeschäfte vortäuschend rüstete er zur Abreise und es kam deswegen mit seiner Schwiegermutter zu schweren, weithin hörbaren Auseinandersetzungen. Sie hielt ihm vor, dass Johanna, bereits wieder in anderen Umständen, nicht reisefähig sei, er möge doch die Geburt des Kindes abwarten. Außerdem müsse er sich in dem Land einleben, das er später einmal zusammen mit seiner Frau regieren sollte.

Philipp berief sich schließlich auf einen heiligen Eid, den er seinen Landsleuten geschworen und ihnen versprochen hätte, unmittelbar nach seiner Amtseinführung als Thronfolger (Prinzgemahl) heimzukehren. Ferdinand hielt sich aus dem Diskurs heraus und Isabella willigte schließlich in Philipps Abschied ein. Johanna sollte ihm in angemessener Frist nach der Entbindung folgen.

Mitte Dezember 1502 macht sich Philipp auf den Weg, geht zunächst nach Frankreich und schließt dort, hinter dem Rücken seiner Schwiegereltern, einen »Friedensvertrag« zwischen Spanien und Frankreich ab, verschachert Länder, die ihm gar nicht gehören. Penibel wird festgelegt, welchen Teil Italiens die französische Prinzessin Claude in die Ehe einbringen wird und welchen Philipps Sohn Karl, damit beide Territorien zu einem geschlossenen Königreich vereinigt werden. Hirngespinste, die aber in Spanien helle Empörung auslösen.

Dann eilt Philipp weiter – nein, nicht nach Mecheln, sondern nach Innsbruck zu seinem Vater Kaiser Maximilian I. Dort frönt er der Gamsjagd sowie anderen lange entbehrten Vergnügungen. Es wird bis zum Oktober 1503 währen, ehe er wieder in heimischen Gefilden eintrifft.

Johanna ist im sechsten Monat schwanger, als Philipp sie verlässt. Sie schließt sich in ihren Gemächern ein und weint. Nur hin und wieder empfängt sie Vater oder Mutter, sonst will sie niemanden sehen. Es sei fast unmöglich, sie »aus ihren trüben Gedanken herauszureißen«, schreibt Petrus Martyr.

Am 10. März 1503 kommt Johannas zweiter Sohn zur Welt. Nach dem Großvater heißt er Ferdinand. Erst nach seinem 15. Lebensjahr wird er Spanien verlassen und in die österreichischen Erblande einziehen. Dieser durch und durch »spanische« Habsburger wird einmal, nach seinem Bruder Karl, die Kaiserkrone tragen.

Johanna ist nun nicht mehr zu halten. Stürmisch drängt sie darauf, den vergötterten Gemahl baldmöglichst wieder zu sehen. Ein schwieriges Unterfangen, denn der Landweg ist diesmal verschlossen. Spanien hat, wie zur Demonstration gegen Philipps eigenmächtige Verhandlungen mit Ludwig XII., auf italienischem Boden einen Krieg gegen Frankreich begonnen. Die Franzosen sind, wieder einmal, die Feinde Johannas – aber keineswegs die ihres Mannes. Komplizierter kann eine zugleich private wie politische Konstellation gar nicht sein.

Königin Isabella mischt sich ein. Eine Seefahrt sei um diese Jahreszeit zu gefährlich. Johanna möge warten.

Welche verschiedene tiefere Gründe für oder gegen Johannas jähen Aufbruch ausschlaggebend und wie diese miteinander verquickt sind, liegt im Dunkeln.

Erster Anstoß war gewiss ein Brief Philipps, dessen Inhalt aber niemals bekannt wurde. Es wird vermutet, dass Philipp keineswegs aus überschwänglicher Sehnsucht seine Frau zur raschen Heimkehr aufgefordert hat, sondern aus taktischen Überlegungen, nachdem bekannt geworden war, dass Königin Isabellas Gesundheit sehr angegriffen sei. Philipp musste sich fragen, ob nicht sein Schwiegervater, im Fall von Isabellas Tod, Johanna ausschalten und die ganze Macht an sich reißen würde.

Einiges, was Philipp nicht wissen konnte, spricht für diese Annahme. Aus dem Bericht des spanischen Historiografen Francisco Lopez de Gomora erfahren wir, es sei zu einem schweren Zerwürfnis zwischen Johanna und ihrem Vater gekommen. Es hätte sie aus der Heimat getrieben »nach all dem, was er ihr angetan hat«.

Vermutlich hat es mehrere Auslöser für diese Entzweiung gegeben, aber nur einer ist wirklich klar. Ferdinand schickte zwei seiner Hofärzte zu Johanna, die sie beobachten und über ihren Gesundheits(Geistes-?)-Zustand urteilen sollten.

Sie verfassten eine »Diagnose«, in der es unter anderem heißt: »Sie schläft schlecht, isst wenig, zuweilen überhaupt nichts. Sie ist sehr betrübt und sehr mager. Manchmal will sie nicht [mit uns] sprechen … Freundlichen Bitten ist sie nicht zugänglich … Wenn man es mit Gewalt versucht, dann ist sie derart verstimmt, dass es peinlich ist, es überhaupt zu versuchen.« Vieles spricht dafür, dass dies ein reines Gefälligkeitsgutachten war. So jedenfalls sieht es der amerikanische Historiker R. B. Merriman, Autor des Standardwerkes »The Rise of the Spanish Empire«.

Es war offenbar dieser Befund, der Königin Isabella veranlasste, alles zu unternehmen, um Johanna an der Abreise aus der Festung La Motta in Medina del Campo zu hindern. Sie sandte den Bischof von Cordoba, Don Juan de Fonseca, aus mit dem Befehl, die Reise der Tochter, wenn es denn sein müsste, gewaltsam zu unterbinden.

Johanna lässt sich von den Argumenten des Bischofs nicht beeindrucken. Sie besteht darauf, mit dem Säugling, dessen Amme, fünf Hofdamen und einem Dutzend Diener die nicht ungefährliche Expedition zu wagen.

Zu allem entschlossen, bereits in Reisekleidern, verlässt sie ihr Zimmer. Als der Bischof sie daran hindern will, reißt sie sich los und stürmt zum äußeren Burgtor. Ehe sie dort ankommt, hat es der Bischof verschließen lassen, worauf sie ihm »sehr gemeine Worte« an den Kopf wirft, wie ein Mann namens Padilla berichtet.

Der beleidigte Bischof lässt nun auch das innere Tor verrammeln, sodass Johanna gezwungen ist, die ganze kalte Nacht im Wächterhäuschen auszuharren. Sie entwickelt »den rabiaten Zorn einer punischen Löwin«, schreibt Petrus Martyr, von dem wir allerdings nicht wissen, ob er dies selbst beobachtet oder nur durch Hörensagen erfahren hat. Als ihre Wut verraucht ist, gibt Johanna auf.

Vom so genannten »Skandal von Medino del Campo« nahm das Gerücht seinen Ausgang, dass Johanna nicht ganz richtig im Kopf sein könne. Wenn mit einer Frau das Temperament durchgeht, ist sie verrückt. Damals wie heute. König Ferdinand widersprach diesen Diffamierungen niemals öffentlich. Vielleicht hat er sie auch heimlich und behutsam gefördert, sodass die Cortes einen Zusatz zum Erbfolgegesetz in Erwägung zu ziehen begannen. Demnach sollte im Fall von Johannas »Geistesabwesenheit« ein anderer Regent bestellt werden …

Endlich zum vergötterten Gemahl zurückgekehrt, gelangte Johanna in die zweite und dritte Etappe ihres Leidensweges. Der schweigenden Duldung folgten die lärmende Empörung gegen Philipps schamlos ausgelebte Treulosigkeit und dann der Rückzug in die Isolation. Dadurch wurde sie zum willkommenen Werkzeug im Ränkespiel zwischen Ehemann und Vater.

Was immer sich Johanna erhofft haben mag, nachdem Philipp sie so dringend zur Heimkehr aufgefordert und sie diese durch ihren verzweifelten Ausbruchsversuch aus Medino del Campo zu erzwingen versucht hatte – die Enttäuschung nach ihrer Ankunft hätte nicht böser sein können.

De facto hatte eine üppige Blondine, von der nur der Vorname Beatrice überliefert ist, Johannas Platz an der Seite Philipps eingenommen. Johannas stürmische Reaktion auf diese Demütigung erreichte, in vielerlei Versionen gegossen, sämtliche europäische Höfe und löste, je nach Einstellung zum Hause Habsburg, Spott, Mitgefühl oder Empörung aus.

Aus dem dichten Geflecht von Übertreibungen und genussvollen Ausschmückungen kristallisiert sich folgendes Szenario heraus: Johanna betritt einen Salon (Saal), in dem sich einige (viele) Angehörige des Hofstaates befinden. Beatrice erschrickt beim Anblick Johannas, versucht einen Zettel (Brief) in ihrem Dekolleté zu verstecken. Johanna bemerkt das, stürzt auf Beatrice zu, aber ehe sie der Hofdame das Corpus delicti (ein Schreiben Philipps?) entreißen kann, steckt Beatrice das Papier in den Mund, zerkaut es und schluckt es hinunter. Worauf Johanna die Rivalin ohrfeigt und ihr die dicken Zöpfe abschneidet, ehe jemand eingreifen kann. Woher sie plötzlich die Schere gezaubert hat, das bleibt im Dunkeln.

Philipp muss unter den Anwesenden gewesen sein. Einmal heißt es, er hätte seine Frau angebrüllt und, nachdem sie zurückgeschrien hätte, sie links und rechts ins Gesicht geschlagen. Padilla hingegen behauptet, Philipp hätte seine Frau wortlos zu Boden gedroschen, sodass sie mehrere Tage lang das Bett hüten musste.

Wie dem auch sei. In der öffentlichen Meinung stand eindeutig Philipp als Held des Tages da, wohingegen man sich Johannas Verhalten nur mit einem Ausbruch von Wahnsinn erklären konnte. Umgekehrt hätte die Sache natürlich ganz anders ausgesehen. Wehe, Johanna hätte sich einen Liebhaber zugelegt und Philipp diesen getötet – selbstverständlich wäre auch in diesem Fall das Recht auf seiner Seite gestanden.

Von da an eskaliert der Ehekrieg. *Sie* verfolgt ihn mit ihrer rasenden Eifersucht, einer »rage d'amour«, wie es im Bericht eines Höflings heißt. *Er* treibt sich Nacht für Nacht mit seinen Kumpanen herum, besucht mit ihnen, derselben Quelle folgend, »lieux dissoluz« (verrufene Orte). *Sie* entlässt ihre Hofdamen, sofern sie jung und hübsch sind. *Er* jagt ihre beiden alten, ihr blind ergebenen maurischen Sklavinnen davon, denen er zur Last legt, seine Frau verhext zu haben. Wie sonst könnte sie so verrückt sein, sich täglich die Haare waschen zu lassen?

Es kommt zu fürchterlichen Szenen zwischen dem Ehepaar. Hemmungslos schreien sie einander, auch in Gegenwart Dritter, nieder. Aber Philipp bleibt immer der Stärkere. Wenn es ihm zu bunt wird, sperrt er seine Frau für zwei, drei Tage in ihrem Zimmer ein. Sie donnert zwar mit einem Stock wütend auf den Fußboden –, sein Schlafzimmer liegt direkt unter dem ihrigen – aber das wird nur als Zeichen ihres verwirrten Geistes wahrgenommen.

Das Paar zeigt sich nur noch ganz selten gemeinsam bei offiziellen Anlässen – und dann sieht man Johanna gar nicht mehr. Sie bleibt in ihren Gemächern, spricht kaum, zieht sich immer mehr in sich selbst zurück. Es scheint, als hätte Philipp gesiegt. Er beginnt an der Gestaltung seiner Zukunft zu arbeiten.

Mittlerweile ist nämlich seine Schwiegermutter, Königin Isabella gestorben und sie hat ein für Philipp niederschmetterndes Testament hinterlassen. Mit keiner Silbe wird der Schwiegersohn darin erwähnt. Vielmehr bestimmt Isabella ausschließlich Johanna zur Herrscherin über Kastilien, König Ferdinand zu deren Stellvertreter. Ausdrücklich wird angeordnet: Kein außerhalb des Landes Geborener darf ein hohes Amt im Staat bekleiden, kein Nicht-Spanier Einkünfte von Staat oder Kirche beziehen.

Philipp meint besonders schlau zu sein, als er Martin de Moxica (ausgerechnet den Verräter Moxica!) beauftragt, ein Verzeichnis aller von Johanna begangenen »Wahnsinns«-Taten zusammenzustellen. Er übermittelt die Liste seinem Schwiegervater in der Annahme, Ferdinand werde angesichts dieser »Beweise« seine Tochter kaltstellen und Philipp durch die Cortes zum Regenten bestimmen lassen. Armer Philipp! Ferdinand war der um Klassen gerissenere Intrigant.

Zur Illustration müssen hier zwei erhellende Fakten erwähnt werden. Es war Machiavelli, der Ferdinand als den gelehrigsten seiner Schüler bezeichnete; und auf die Klage Ludwigs XII., Ferdinand hätte ihn schon zwei Mal schmählich hintergangen, äußerte der Beschuldigte lakonisch: »Ludwig irrt. Es war mindestens zehn Mal.«

Was also stellt Ferdinand mit dem ominösen Bericht Philipps über Johannas Wahnsinn an? Er selbst ist es, der sich auf Grund dieser Unterlagen von den Cortes zum Regierungschef in Kastilien bestellen lässt. Und er setzt noch eine weitere Kabale drauf.

Er schickt einen Sonderbotschafter, einen Mann namens Conchillos, zu Johanna. Ausführlich berichtet er von Philipps hinterhältigen Machenschaften und überredet sie, die Regentschaft ihres Vaters für die Dauer ihrer Abwesenheit durch Schrift und Siegel zu bestätigen, was sie auch tut.

Sie wird es schnell bereut haben. Philipp nämlich erfährt durch seine Zuträger von dem Komplott, lässt Conchillos foltern, bei Wasser und Brot in den Kerker werfen und Johanna von jedem Kontakt zur Außenwelt abschließen. Ihr Wutausbruch ist phänomenal. Aber er nützt natürlich nicht das Geringste.

Was nun geschieht, klingt viel zu fantastisch, um auch nur im Entferntesten glaubwürdig zu sein, gäbe es nicht das Dokument, das die nächste Rochade Philipps schwarz auf weiß belegt. Ihm wird offensichtlich bewusst, dass er nur dann den Schwiegervater aus der Regierung Kastiliens verdrängen kann, wenn Johanna als geistig gesund gilt, und zögert keinen Augenblick, die entsprechenden Schritte zu tun.

Nur zu genau weiß er, wie er sie dahin bringt, wo er sie haben will.

Plötzlich wird er der denkbar zärtlichste Ehemann, zum regelmäßigen Besucher ihres Schlafzimmers. Dann schreibt sie einen Brief an Philipps Gesandten in Spanien.

In ausführlichen und bewegten Worten beklagt sie sich, dass man in der Heimat Gerüchte über sie verbreite, wonach sie wahnsinnig sei. In der Tat aber sei sie, so wie ihre Mutter, »der Herr nehme sie in seiner Gnade bei sich auf«, von starker Eifersucht befallen, werde aber, so wie die Mutter, mit der Zeit von diesem Übel geheilt werden.

Es sei ihr zu Ohren gekommen, dass ihr Vater »einige Klagen über mich geäußert hat«, doch sei er durch böswillige Falschmeldungen irregeleitet worden. Er hätte sicher nicht die Absicht, sie von der Regierung auszuschließen. »Ich glaube das nicht, da seine Hoheit so groß und katholisch ist und ich, seine Tochter, so gehorsam bin.«

Sie bittet den Gesandten, jedermann klarzumachen, dass sie gewillt sei, »mit meinem Herrn, dem König, meinem Gemahl«, weiterhin die Herrschaft zu teilen, und fügt hinzu: »Ich hoffe, dass wir bald dort [in Spanien] sein werden, wo meine guten Untertanen mich gewiss gerne sehen werden …«

Dieser Text klingt sehr direkt und sehr vernünftig, aber man weiß nicht, wer ihn verfasst hat. Geschrieben wurde das Dokument von einem Sekretär – was damals üblich war –, unterschrieben ist es eindeutig von Johanna selbst. Freiwillig? Unter Zwang? Wer kann es wissen?

Mit einem Schlag wird nun auch König Ferdinand bewusst, dass nur eine psychisch intakte Johanna ihm wirklich nützlich sein kann, und er postuliert: »Was ist von einem Mann wie Philipp zu erwarten, dessen antispanische Berater ihn dazu gebracht haben, die eigene Gemahlin, Kastiliens legitime Königin, für wahnsinnig zu erklären und wie eine Gefangene zu halten?« Mehr noch: Johanna schwebe in akuter Lebensgefahr, sie könne jeden Augenblick einem Giftanschlag zum Opfer fallen.

Philipps geplante Gegenattacke geht ins Leere. Johanna widersteht seinen hinter geheuchelten Zärtlichkeiten verborgenen Intrigen. Sie weigert sich, einige in ihrem Namen verfasste Aufrufe an die Cortes in Kastilien zu unterzeichnen, die schwere Anschuldigungen gegen den Vater enthalten. Diesmal zieht sie sich freiwillig in ihre Gemächer zurück. Sie will mit niemandem reden. Auch nicht mit Philipp.

Ferdinand zieht einen neuen Trumpf aus dem Ärmel, der ein zweifacher ist. Er heiratet! Der Fünfzigjährige ehelicht eine junge Frau. Sie kann ihm noch einen Sohn schenken, der sowohl Johanna wie auch Philipp auszuschalten vermag. Seine Auserwählte, die 23-jährige Germaine de Foix, Cousine Ludwigs XII., garantiert eine neue »ewige« Freundschaft zwischen Spanien und Frankreich. Philipp ist mit seiner Frankreich-Politik fürs Erste aus dem Spiel.

Philipps Replik ist matt und lahm. In einem Brief an die Cortes beschuldigt er den Schwiegervater, Gerüchte über Johannas Wahnsinn ausgestreut zu haben, um Tochter und Schwiegersohn vom Thron fern zu halten. Er werde samt Gemahlin baldmöglichst nach Spanien kommen, um wieder klare Verhältnisse zu schaffen.

So bald wird er nicht reisen. Ferdinand wird es zu verhindern wissen. Seinen geliebten Cousin, den französischen König, bewegt er dazu, Philipp und den Seinen die Durchreise zu verwehren, und bald sieht es sogar nach Krieg aus. Philipp setzt seine Flotte unter Segel, Ferdinand beginnt auch zu rüsten, aber das Patt endet mit einem Kompromiss.

Im November wird der Vertrag von Saragossa abgeschlossen, worin festgehalten ist, dass alle mit gleichen Rechten über Kastilien herrschen sollen. Johanna als Königin, Philipp als König, Ferdinand als »Statthalter auf Lebenszeit«. Am Ende des Vertrages, in einer Geheimklausel, dokumentieren die beiden Männer fugenlose Übereinstimmung. Im Fall von Johannas »Abwesenheit, Widersetzlichkeit oder Regierungsunfähigkeit« genügt auf jeglichem Dokument die Unterschrift der zwei Herren …

Am 17. September 1505 hat Johanna ihr fünftes Kind zur Welt gebracht, eine Tochter namens Maria. Anfang 1506 bricht das Ehepaar nach Spanien auf. Zu Schiff – um diese Jahreszeit der helle Wahnsinn! Nur eine Person übersteht die übermenschlichen Strapazen, die katastrophalen Zwischenfälle dieses Unternehmens mit beispielhaftem Mut und großer Gelassenheit: die »wahnsinnige« Johanna.

Aufbruch von Vlissingen aus mit dem ganzen Hofstaat und 1500 Mann am 17. Januar 1506. Die Fahrt beginnt, wie könnte es anders sein, mit einem Riesenkrach. Johanna, immer auf der Hut vor möglichen Rivalinnen, sieht etwas, das keineswegs für ihre Augen bestimmt war: Klammheimlich soll ein Trüppchen hübscher junger Weibsbilder an Bord eines Schiffes geschleust werden, »Sängerinnen und Tänzerinnen« zur Unterhaltung der Hofgesellschaft auf der langen Reise, wie eilfertig versichert wird. Johanna kann dem Plan ganz und gar nichts abgewinnen. Die Mädchen müssen schleunigst wieder an Land gebracht werden.

Die stattliche Flotte ist erst einen Tag unterwegs, als sie in einen der um diese Zeit üblichen, diesmal besonders heftigen Kanalstürme gerät und das Flaggschiff mit dem königlichen Paar zu kentern droht. Nur dem beherzten Eingreifen eines jungen Matrosen, der dreimal über Bord springt, um gefährlich behindernde Taue zu durchtrennen, ist es zu verdanken, dass das Schiff heil durch die tosenden Wasserfluten gelangt.

Ein Anonymus schildert eine rührende Szene: »Während der König jammerte, saß die Königin auf dem Boden zwischen seinen Beinen. Sie hoffte, dass sie zusammen mit dem König zu Tode kommen würde, wenn es denn sein sollte, dass er stürbe. Da sie einander umarmt hielten, wollten sie im Tode nicht geschieden sein, wie sie im Leben nicht geschieden waren.« Sie sei zu jeder Zeit »gelassen und mutig« gewesen, schreibt der venezianische Gesandte nach Hause.

In einem anderen Bericht heißt es: »Als man sich in schlimmster Gefahr befand, ließ sich der König in einen Ledersack einnähen und diesen aufblasen ... Auf den Rücken wurde ›Philipp‹ gemalt ... Die Königin setzte sich indessen auf eine Kiste und verspeiste eine Mahlzeit ... Ihr war nicht ängstlich zu Mute und sie sagte, sie wisse von keinem König, der je ertrunken sei. Indessen übergaben sich viele und beschmutzten sich selbst. Einer hat einen anderen vollgepisst und sagte: ›Verzeihen Sie, aber aus lauter Angst pisste ich mir in die Hose.‹«

Nachdem Johanna in aller Ruhe fertig gespeist hat, lässt sie sich ihre Staatsrobe anlegen, in einen Ledersack eine große Summe Geldes einnähen und erklärt, wenn man ihre Leiche finde, solle sie wenigstens ein anständiges Begräbnis bekommen.

Endlich an der englischen Küste angetrieben, werden die Schiffbrüchigen von den Einheimischen, die nicht wissen, wen sie vor sich haben, feindselig behandelt. Man lässt sie erst gar nicht an Land und das bisschen Essen, das man ihnen schließlich bringt, kostet Wucherpreise.

Der böse Spuk findet erst ein Ende, nachdem Heinrich VII., durch Eilboten verständigt, erfährt, welch erlauchte Hoheiten es an seine Küste verschlagen hat. Ein adeliges Komitee wird sofort ausgesandt, die Verwandten zu empfangen. Schließlich ist ja Johanna die Schwester von Heinrichs VII. Schwiegertochter.

Katharina von Aragón ist jetzt 21 Jahre alt, mit 16 hat sie den englischen Thronfolger Prinz Arthur geheiratet und mit 17 war sie bereits Witwe. Sie führt ein Mauerblümchendasein am englischen Hof, keusch und sittsam wartend, bis ihr Schwager Heinrich, neuer Prinz von Wales, der spätere Heinrich VIII., reif für die Heirat ist. Heinrich VII. hat es so bestimmt, aus einem überaus banalen wie triftigen Grund: Er hat keine Lust, Katharinas Mitgift zurückzuzahlen. Sie wird noch eine Weile der zweiten Hochzeit harren müssen. Der junge Heinrich ist eben erst 14 geworden.

Während Philipp, das wiedergewonnene Leben in vollen Zügen genießend, sich am Hof des englischen Königs in einen Strudel von Festen und Feiern stürzt, zieht sich Johanna, eben noch den süßen Liebestod vor Augen, von dem wilden Treiben zurück. Wie viel Zeit sie mit ihrer Schwester verbringt, die sie seit zehn Jahren nicht gesehen hat, ist nicht überliefert.

Sehr wohl bekannt aber wird, wie Philipp sich von seinem gerissenen Gastgeber über den Tisch ziehen ließ. Nicht nur luchste der ihm einen Handelsvertrag ab, der nur England, nicht aber Philipps Heimat erhebliche Vorteile bescherte; er brachte ihn auch dazu, ihm seinen ärgsten ehemaligen Rivalen um den Thron auszuliefern. Der Herzog von Suffolk war seinerzeit vor Heinrich geflohen und hatte von Philipp feierlich das »Asyl auf Lebenszeit« zugesprochen erhalten. In Ketten wurde er nach England zurückbefördert, wo ihn das Schafott erwartete. So viel zu Philipps heiligen Schwüren …

Drei Monate wurden mit Vergnügungen aller Art, hauptsächlich auf Schloss Windsor, vertändelt, ehe Philipp sich aufraffte, die Weiterreise ins ungeliebte Spanien anzutreten.

Die Hafenstadt Loredo war das offizielle Reiseziel. Klammheimlich wurde dann am 26. April 1506 in Coruña an Land gegangen. Denn Philipp war gewarnt worden, er wäre »mit allem volck verraten, verkauft und gefangen gewest oder … gar erslagen«, wie wir aus der Feder des Grafen Fürstenberg, Kommandant der Leibwache, erfahren.

Ob dies nur ein böses Gerücht war oder ob Ferdinand wirklich die Absicht hatte, den Schwiegersohn zu »verraten, verkaufen oder erslagen«, bleibe dahingestellt. Philipp jedenfalls muss mit sehr konkreten Vorstellungen nach Spanien gekommen sein, wie er seinerseits den Schwiegervater verraten und verkaufen könnte.

Ihm oder, wahrscheinlicher, seinen hoch professionellen Beratern war seit langem klar, dass es in Kastilien nach dem Tod der Königin Isabella an allen Ecken und Enden gärte, nachdem das Herrscherpaar die jahrhundertelange Vorherrschaft des Hochadels gebrochen und zahllose Burgen geschleift hatte.

Unmittelbar nach seiner Ankunft nahm Philipp Verhandlungen mit den missgestimmten Aristokraten auf. Nachdem er sie auf seine Seite gezogen hatte, erklärte er alle mit Ferdinand getroffenen Absprachen für null und nichtig.

Ferdinand tat daraufhin – scheinbar – gar nichts. Aber unbemerkt ließ er eine Truppe bestausgebildeter Agents provocateurs in Kastilien einsickern, die systematisch das Misstrauen schürten, das zwischen den Einheimischen und den Fremden herrschte. Die führten sich nämlich auf wie eine Besatzungsmacht, ohne Rücksicht auf landesübliche Sitten und Gebräuche. Merkwürdig sei doch auch, verbreiteten die Spitzel, dass man Königin Johanna kaum zu sehen bekäme.

Dann tat Ferdinand den nächsten Schritt. Was er vorerst nur flüstern ließ, hielt er dann, Buchstaben für Buchstaben, in einer Proklamation fest. Er wurde dabei so deutlich, dass dieses Dokument im Grunde genommen als Aufruf zu Philipps Sturz verstanden werden konnte.

Ferdinand erklärte, Philipp hielte seine Frau gefangen, sie würde »sehr schlecht« behandelt und es sei ihm, Ferdinand, nicht einmal geglückt, seine Tochter zu treffen. Philipp hätte »Unmassen von fremdem Kriegsvolk« mitgebracht, um die Macht an sich zu reißen. Im Schlusssatz forderte Ferdinand die patriotischen Granden auf, sich ihm anzuschließen, um »die Rechte und die Würde der legitimen Königin« zu sichern und die Alleinherrschaft Philipps zu verhindern.

Die Kampfansage zeigte kaum Wirkung. Nur wenige der Edelleute liefern zu Ferdinand über. Das Gros hielt weiter zu Philipp, wohl in der Annahme, dass sie mit dem unerfahrenen Herrscher leichtes Spiel haben und solcherart ihre alten Rechte zurück erobern könnten.

Was nun folgte, ist ein perfektes Lehrstück ausgefuchster Perfidie. Ferdinand verbündete sich *scheinbar* mit Philipp, um sich mit ihm die Macht zu teilen, unter ausdrücklicher Ausschaltung Johannas! In dem diesbezüglichen Pakt heißt es, Johanna habe nicht die Absicht, sich an den Regierungsgeschäften zu beteiligen. Sollte sie es dennoch tun, würde das den Untergang des Landes bedeuten, wegen ihrer »Leiden und Zustände«, die »aus Gründen des Anstands« nicht näher erläutert werden könnten.

So weit das Dokument, das nichts anderes als Johannas totale Entmündigung belegt. Oder doch nicht ganz? Ferdinand, der Vorzugsschüler Machiavellis, hat nämlich, ehe er den Vertrag mit seinem Schwiegersohn abschloss, eidesstattlich festgehalten, dass er zu ebendiesem Abkommen erpresst worden sei. In Wahrheit denke er nicht daran, auf seine und die Rechte seiner Tochter zu verzichten. Dazu wörtlich:

»Mein Schwiegersohn will die gesamte Herrschaft über diese Gebiete [Kastilien] an sich reißen und … [hält aus diesem Grunde] seine Frau, meine Tochter, gefangen.« Er beraube sie somit aller ihrer Rechte als »Eigentümerin jener Gebiete«. Er, Ferdinand, erkläre an diesem 27. Juni 1506 in der Stadt Villafila, dass er den Vertrag mit Philipp zwar unterzeichne, jedoch nicht gewillt sei, ihn auch einzuhalten.

Die Kinder Johannas (von links nach rechts) Ferdinand, Karl,

Eleonore, Isabella (Elisabeth), Maria und Katharina

Wie es um Johanna zu dieser Zeit wirklich bestellt war, ist vom heutigen Standpunkt aus schwer zu beurteilen. Aus damaliger Sicht hat sie sich in der Tat absonderlich aufgeführt, wenn wir dem Zeugnis eines anonymen Berichterstatters glauben wollen, der Philipp und Johanna auf ihrem 600 Kilometer langen Ritt nach Burgos begleitet hat.

Diese »tugendsame, schöne und junge Königin« sei »ziemlich eifersüchtig, wegen der Jugend des Königs, aber auch wegen der … Ratgeber, mit denen er sich umgibt«. Die Königin sei »so eifersüchtig, dass sie diese Passion nicht unterdrücken kann … und sie zur schlechten Angewohnheit geworden ist«. Johanna hat alle weiblichen Wesen aus dem Tross entfernt. »Sie sorgt für sich selbst wie eine arme Dienerin. Sie folgt ihrem Mann durch das ganze Land in der Gesellschaft von bis zu 20000 Männern als einzige Frau. Es ist befremdend, eine so vornehme Frau und Königin über wohlhabende Reiche ohne weibliche Begleitung unterwegs zu sehen.«

Eine andere, weniger blumige Quelle vermerkt hingegen nüchtern, sie sei zwar »aufbrausend und sehr launenhaft«, gleichzeitig aber »zielstrebig und umsichtig«.

Das, was wir heute vielleicht als Marotte bezeichnen würden, ist für Philipp Anlass genug, seine Frau nun tatsächlich und offiziell für verrückt zu erklären. Er beabsichtigt, sie an einem sicheren Ort zu verwahren, ist sich aber seiner Sache doch nicht ganz sicher. Also wendet er sich an eine Reihe führender Granden. Die sollen ihre ausdrückliche Zustimmung zu dieser Maßnahme geben. Einige stimmen (bestochen?) zu, andere nicht. Vor allem der Vornehmste unter ihnen, Don Enrique de Cabera, verlangt nachdrücklich die Königin selbst zu sprechen. Davor denke er nicht daran, einem derart folgenschweren Schritt zuzustimmen.

Insgesamt zehn Stunden lang innerhalb von drei Tagen hat sich der Admiral eindringlich mit Johanna beschäftigt. Er zeigte sich zwar verwundert, dass sie sich, ganz unpassend für eine Königin, erhoben hat, um ihn zu begrüßen, auch ihre auffallend schlichte Garderobe und das halb verdunkelte Zimmer haben ihn irritiert; doch was ihr Verhalten betraf, habe er nicht die geringste Abweichung von der Normalität feststellen können. Sie habe ihm klar, deutlich und immer sinnvoll auf seine Fragen geantwortet.

Hierauf zieht Philipp das Ansinnen, seine Frau einzusperren, zurück. Erneut trifft er sich mit seinem Schwiegervater. Die beiden Männer demonstrieren Freundschaft und Einigkeit. Aber als Ferdinand seine Tochter zu sehen wünscht, wird ihm dies ohne Angabe von Gründen verwehrt.

Mit dem üblichen Gepränge wird das Paar beim Einzug in Valladolid empfangen. Vom routiniert jubelnden Volk unbemerkt hat Johanna im ständigen Guerillakrieg mit ihrem Mann diesmal einen kleinen Triumph errungen. Bislang hat sich Philipp, umgeben von seiner waffenstrotzenden Leibgarde, immer und überall in den Vordergrund gedrängt, alle Huldigungen auf seine Person gezogen, als wäre er der ganz und gar allein Herrschende. Diesmal hat Johanna listig vorgesorgt: Sie lässt die Standarte ihres Mannes einfach einziehen, nur die Ihrige allein wird dem Festzug voran getragen.

Die nächste Blamage erleidet Philipp vor der Cortes. Wochenlang hat er – wie wir wissen, vergeblich – versucht, Johanna für geisteskrank erklären zu lassen. Und nun bietet sie, wenn auch wie immer herausfordernd einfachst angezogen, das Inbild einer souveränen Herrscherin.

Von jedem Einzelnen der Cortes-Mitglieder lässt sie sich Ausweise und Vollmachten vorlegen, stellt kurze, gezielte Fragen, um sich der Loyalität des Mannes zu vergewissern. Erst dann nimmt sie mit großer Würde den Treueid entgegen.

Was Philipp angestellt hat, um ihren Elan zu lähmen, wird man erst Monate später an den langsam schwellenden Rundungen ihres Leibes feststellen können. Für einige Zeit teilt er wieder das Lager mit ihr und selig, benebelt, verzaubert im Glück schwimmend lässt sie ihn dann nach Gutdünken schalten und walten. Sehr zum Nachteil des Landes, dessen Königin sie ist.

Philipp besetzt alle wichtigen Posten mit seinen Landsleuten, gewährt immense Pfründen, entwickelt einen prangenden und protzenden Lebensstil, der seinen spanischen Untertanen von Herzen zuwiderläuft. Nebstbei ist es ihm auch glücklich gelungen, die Kirche gegen sich aufzubringen. Dennoch herrscht Ruhe im Lande. Es ist die Ruhe der Angst vor Philipps moderner, schlagkräftiger Streitmacht.

Einen Monat lang bleiben Philipp und Johanna in Valladolid, dann machen sie sich in Richtung Burgos auf den Weg. Dabei kommt es zu einem dramatischen Zwischenfall, als Johanna sich weigert, die kleine Stadt Cogeces zu betreten, in deren Mittelpunkt sich eine stark befestigte Burg befindet. Sie steigt vom Pferd, nicht bereit, sich auch nur einen Schritt von der Stelle zu bewegen.

Es gibt, wieder vor allen Leuten, lärmenden Streit zwischen den Eheleuten. Erst als Philipp zustimmt, um Cogeces einen Bogen zu machen, besteigt Johanna ihr Pferd und reitet weiter. Um diese vermeintliche Laune zu begreifen, muss man wissen, dass es erneut zu schweren Verstimmungen zwischen dem Paar gekommen ist. Johanna scheint befürchtet zu haben, dass ihr Mann sie in der Burg von Cogeces festsetzen wollte. Unser getreuer Berichterstatter Petrus Martyr schreibt, es sei ungewiss, ob sie von sich aus Verdacht geschöpft oder ob sie von dritter Seite einen Wink erhalten hatte.

Am 7. September 1506 Einzug in Burgos im Angesicht der bei solchem Anlass üblichen Menschenmassen. Nichts liegt außerhalb der Norm. Philipp ist guter Dinge, Johanna verhält sich neutral. Dass König Ferdinand sich wenige Tage zuvor auf eine Inspektionsreise nach Italien begeben hat, wird nicht sonderlich beachtet.

Erst spätere Kommentatoren, welche die tragischen Ereignisse rund um den 22. September 1506 zu durchleuchten versuchen, finden die zeitliche Übereinstimmung von Ferdinands plötzlicher Abreise und Philipps plötzlichem Tod zumindest erwähnenswert. Hat Ferdinand seine Hand im Spiel gehabt und für ein sicheres Alibi gesorgt? Oder war alles nur Zufall?

Über die Krankheit des bis dahin kerngesunden 28-Jährigen gibt es einen ausführlichen, sehr einleuchtend klingenden Bericht des Dr. de la Parra. Er war unmittelbarer Zeuge des Geschehens. Seine Ausführungen lassen auf ein ganz natürliches Ende des jungen Mannes schließen, vermutlich hervorgerufen durch irgendeine Infektion.

Die Tatsache allerdings, dass de la Parra der Leibarzt König Ferdinands war und diesem bis zur Selbstaufgabe ergeben, lässt die Ereignisse in einem anderen Licht erscheinen. Vor allem dann, wenn man sich ein Schreiben zu Gemüte führt, das Philipp bereits drei Monate vor seinem Tod von seinem Gesandten beim Heiligen Stuhl erhalten hatte.

Der Diplomat warnt ihn nachdrücklich vor einem Giftanschlag auf Befehl König Ferdinands. Auf einem Kapitel der Franziskaner, »die überall hinkommen«, hätte er, zwar »nur in Deckworten, doch deutlich genug«, erfahren, dass »es keinen Fürsten auf der Welt gibt, der mehr gefährdet ist als Ihr«. Philipp möge doch strikt dafür sorgen, dass nur Leute seines Vertrauens Zugang zur Küche bekämen, dass nur ein einziger Mann ihn bei der Tafel bediene. Unter keinen Umständen möge die Hoheit außer Haus speisen, »weil die Gerichte von König Ferdinand Euch gar nicht gut bekommen würden …«

Hier muss kurz innegehalten werden, um klarzustellen, dass Giftmorde damals in den höchsten Kreisen, und nicht nur dort, an der Tagesordnung, hervorragende Persönlichkeiten immer und überall gefährdet waren. Andererseits kamen in jenen Tagen auch viele junge gesunde Menschen durch heute harmlose Krankheiten mangels medizinischer Möglichkeiten wesentlich häufiger zu Tode. Allein die Kindersterblichkeit betrug damals grob geschätzt 50 Prozent. Fazit: Nicht jeder unerwartete Todesfall wurde durch Gift verursacht, aber auch hinter jedem »natürlichen« Tod konnte ein Anschlag stehen.

In diesem Licht müssen wir sowohl den Brief von Philipps Gesandten aus Rom als auch den Befund des Dr. de la Parra betrachten. Letzterer schreibt: »Zwei oder drei Tage, ehe er krank wurde, hat der König mit Hingabe Pelota [Kugelspiel, ähnlich wie Boule] an einem kühlen Ort gespielt … Donnerstag war der König nicht ganz wohl. Man glaubt nun, er hätte damals schon Fieber gehabt … [aber] er sprach nicht darüber mit seinen Ärzten … er ging wie sonst zur Jagd … Freitag sagte er auch nichts, obwohl er wieder fieberte. Er aß … und hatte aber kaum Appetit. Der Samstag verlief gleichermaßen bis zum Mittag. Dann erlitt er einen Schüttelfrost, dass er es nicht mehr verheimlichen konnte. Er ließ seine Ärzte rufen und erzählte ihnen ... was er bisher für sich behalten hatte ... Diesen Samstag fieberte er auch noch sehr hoch. Sonntag fieberte er noch immer und bekam an der Seite starke Schmerzen. Auch erbrach er blutig.«

Nachdem man ihn zur Ader gelassen hatte, sank das Fieber. Am Sonntag stieg es wieder beträchtlich an. Montag ebenfalls Fieber, starke Schwellung des Gaumenzäpfchens, sodass er, laut de la Parra, »kaum seinen Speichel schlucken sowie nur mit Mühe sprechen konnte ... Er sagte, das sei das Einzige, woran er leide, das Einzige, wovon man ihn befreien müsste.«

Am nächsten Tag schwitzte Philipp übermäßig und »infolge dieses Schweißausbruches haben sich am ganzen Körper kleine Pusteln von roter und schwarzer Farbe gebildet ... Er war bewusstlos in einer Art von Dämmerschlaf. Man konnte ihn niemals ganz erwecken oder zu sich bringen.«

Am achten Tag seiner Erkrankung verabreichte man dem König die Letzte Ölung. De la Parra war anwesend: »Fünf Stunden bin ich an seiner Seite geblieben und dann weggegangen in der Überzeugung, dass er höchstens bis zu dem Augenblick aushalten könnte, da der übliche Schüttelfrost kommen würde. Man sagte mir, er hätte um zwei Uhr zu Mittag an diesem Freitag sein Leben ausgehaucht ...«

Ein langer, höchst bemerkenswerter Absatz in diesem Bericht befasst sich mit dem Verhalten Johannas während der Krankheit ihres Mannes. Sie habe sich buchstäblich Tag und Nacht an seiner Seite befunden, alle Anordnungen für seine Pflege getroffen, sei ruhig und gleichermaßen freundlich zu jedermann gewesen. Er sei noch niemals zuvor einer Frau begegnet, die in einer solch schwierigen Lage dermaßen überlegen und beherrscht gehandelt hätte, schreibt der Arzt mit spürbarem Respekt.

Ein anderer, anonymer Zeuge wird noch ausführlicher und schildert minutiös, wie Johanna, die während der ganzen Zeit kaum ein Auge zugetan hätte, nicht von Philipps Seite wich. Noch als er in den letzten Zügen lag, versuchte sie ihn mit sanften Worten zu ermutigen und seine Medizin zu nehmen. Als er dies verweigerte, kostete sie selbst davon, um ihm wie einem kleinen Kind einzureden, dass das Tränklein angenehm schmeckte.

Philipp stirbt am 22. September 1506. Wenige Wochen später kursiert in Deutschland ein Flugblatt, in dem es heißt, dass man an Philipps Hals »ein gswer« (Geschwür) gefunden hätte und »Doctors sagen uns ganz fürwar das es war ein vergifft leber«.

So widersprüchlich die Berichte wirklicher oder angeblicher Zeugen über Johanna nach Philipps Tod sein mögen, eines steht fest: Niemand hat sie weinen sehen. Sie befahl, dem Toten ein hermelinbesetztes Staatsgewand anzulegen, eine Haube aus rotem Brokat auf die blonden Locken zu setzen, ein goldenes Kruzifix um seinen Hals zu hängen und ihn auf einem Paradebett aufzubahren.

Wer dann veranlasst hat, den Toten von dort zu entfernen, ihn, ein schrecklicher Anblick, auf einen Thron zu setzen, von schwarz gewandeten Mönchen umringt, die mit hohlen Stimmen pausenlos Klagelieder sangen, das weiß man nicht. Ebenso wenig bekannt ist, wer dann die Überführung in das Karthäuserkloster Miraflores, etwa fünf Meilen außerhalb von Burgos, veranlasste. Immerhin war doch allgemein bekannt, dass Philipp den Wunsch geäußert hatte, in der Kathedrale von Granada beigesetzt zu werden. Statt dessen begrub man ihn unter größter Geheimhaltung in Miraflores.

Man scheint Johanna überhaupt nicht davon unterrichtet zu haben, denn in einer Zeugenniederschrift heißt es: »... sobald sie in Erfahrung bringen konnte, dass ihr Mann ins Kloster Miraflores gebracht wurde, wollte sie auch dahin gehen.«

In diesen Tagen hatte sie nur noch Sinn für den Toten. Sie kümmerte sich vor allem um die Ausstattung und Gestaltung ihrer Trauerkleidung, die Granden aber, die Entscheidungen in dringenden Staatsgeschäften von ihr erwarteten, ließ sie erst gar nicht vor. »Als schwangere Witwe zurückgeblieben, sitzt sie, das Kinn auf die Hand gestützt, schweigend, am liebsten im Dunklen«, schreibt Petrus Martyr.

Fünf Wochen lang lässt sie niemanden an sich heran. Dann erwacht sie zu befremdlichem Tun. Sie begibt sich nach Miraflores, nimmt, scheinbar gelassen, an einer Messe teil, steigt dann hinab zur

Gruft ihres Mannes. Sie befiehlt den Sarg zu öffnen, den Leichnam aus den ihn umhüllenden Tüchern zu wickeln, kniet nieder und beginnt dessen Füße zu küssen. Küsst und küsst und küsst. Macht keine Anstalten, sich jemals wieder aus dem Grabgewölbe fortzubewegen. Leise Mahnungen, gutes Zureden, nichts nützt. Bis zwei starke Männer sie gewaltsam hochreißen. Sie leistet keinen Widerstand.

So erschreckend Johannas Verhalten am Grab ihres Mannes war, so wenig deutet ihr unmittelbar darauf folgendes auf einen plötzlichen Wahnsinnsausbruch. Mit Gelassenheit und Würde nimmt sie die Ergebenheitsadressen der vielen Menschen entgegen, die sich vor dem Kloster versammelt haben, nachdem ruchbar geworden ist, dass sich die Königin zum ersten Mal wieder öffentlich zeigt.

In den folgenden Tagen trifft sie eine Reihe von politischen Entscheidungen: Sie entlässt Cisneros, den Erzbischof von Toledo, der während ihrer Zurückgezogenheit ein Entmündigungsverfahren gegen sie eingeleitet hat, und informiert sich über die triste Lage der Staatsfinanzen und die Entwicklung in den überseeischen Kolonien.

Sie hört, und das wird ihr zum Verhängnis, häufig auf die Anregungen von Philipps ehemaligen Beratern. Sofort heißt es, sie sei gar nicht fähig, selbstständig zu urteilen, sie stünde unter dem aus der Ferne gelenkten Einfluss ihres Schwiegervaters, Kaiser Maximilian I.; sie beabsichtige, sich mit dem Deutschen Reich gegen den Vater zu verbünden. Der Verdacht, dass Ferdinand die Stimmung gegen seine Tochter durch Agenten angeheizt hat, ist niemals ausgeräumt worden. Allerdings scheinen ihre nun folgenden Entschlüsse jenen Recht zu geben, die sie schon lange für verrückt gehalten haben.

Die Ursachen für Johannas bizarres Verhalten im Kloster von Miraflores waren noch einigermaßen einleuchtend erklärt worden: Sie hätte, nicht ganz zu Unrecht, befürchtet, dass Philipps Leichnam von dessen Landsleuten entführt worden wäre, und sich vergewissern wollen, ob dies stimmte. Beim Anblick des geliebten Toten sei sie, von maßloser Trauer überwältigt, dem irrationalen Zwang gefolgt, Philipps Füße zu küssen.

Das Gebaren, das die Witwe aber nun an den Tag legte, ließ auch bei den Wohlwollendsten Zweifel aufkommen. Dass sie Burgos ziemlich überhastet verließ, war noch einzusehen. Einige Fälle von Pest waren bekannt geworden. Johanna musste um ihr und um das Leben ihres ungeborenen Kindes bangen. Nachvollziehbar auch ihr Wunsch, nach Torquemada zu übersiedeln, etwa 50 Meilen von Burgos entfernt, ein Städtchen mit angenehmen Unterkünften und gesundem Klima.

Sie reist mit ansehnlichem Gefolge. Gut. Sie nimmt genügend Dienerschaft mit. Gut. Es fehlt nicht an Verpflegung und Bekleidung. Auch gut. Aber: Sie nimmt auch den Leichnam ihres Mannes mit, um, wie sie erklärt, ihn höchstpersönlich nach Granada zu überführen.

Zuvor hat es noch eine sehr, sehr hässliche Szene im Kloster von Miraflores gegeben. Die Mönche weigerten sich das Grab zu öffnen. Johanna machte einen derartigen Skandal, dass man eilends den Bischof von Burgos herbeiholte. Der versuchte seiner Königin klarzumachen, dass es von Gesetzes wegen nicht gestattet sei, einen Toten früher als sechs Monate nach seinem Hinscheiden zu enterdigen. Johanna schrie den Bischof an wie einen dahergelaufenen Vagabunden und geriet dermaßen außer sich, dass eine Fehlgeburt zu befürchten war. Der Bischof gab nach. Das Grab wurde geöffnet, der Sarg herausgenommen und auf einen Leichenwagen gehoben.

»Eine Stunde, nachdem die Sonne gesunken war, zog die Königin mit der Leiche ihres Mannes ab, die gar nicht nach Parfum duftete«, schreibt einer der Hofleute über die gespenstischen Ereignisse. Die Königin befiehlt, nur nachts zu reisen, tagsüber hält man sich in Klöstern auf. Der Sarg wird jeweils in der Nähe des Altars abgestellt.

Manchmal lässt ihn Johanna öffnen, um mit sanfter Hand über die verwesenden Gebeine zu streichen in der aberwitzigen Hoffnung, ihren Mann dadurch wieder zum Leben zu erwecken. Ein Mönch in Miraflores hat ihr prophezeit, dass Philipp bei regelmäßiger Berührung wieder von den Toten auferstehen werde. Es hätte schon ähnliche Wunder gegeben. Johanna hat ihm geglaubt, fest auf ihn vertraut. Aber unser Zeuge schreibt: »Infolge dieses törichten Verhaltens, das die Königin zeigte, waren sich alle einig, das sie gänzlich den Verstand verloren hätte.«

Es wäre zu hinterfragen, ob wirklich *alle* diese Meinung teilten. Denn an sich war der Glaube an Prophezeiungen, Hexerei, geheimnisvolle Vorzeichen und Phänomene sowie ähnlichen Hokuspokus damals so verbreitet, dass es eigentlich ein Wunder gewesen wäre, wenn sich Johannas Zeitgenossen über ihren Wunderglauben gewundert hätten.

Nach einer schweren Entbindung – eine Tochter namens Katharina wird am 14. Januar 1507 geboren – liegt Johanna, überaus geschwächt, länger als üblich im Wochenbett. Als einige Fälle von Pest in Torquemada auftreten, weicht sie samt Kind und Gefolge und Sarg in den Flecken Hormillos aus. Sie sondert sich weiterhin ab, spricht kaum, interessiert sich für nichts, ausgenommen ihr Baby. Nur manchmal glimmt ein Funken von Anteilnahme auf, wenn abends musiziert wird. Sie liebt Musik, so wie Philipp, so wie dessen Eltern Maximilian und Maria von Burgund Musik geliebt haben.

Während Johanna von ihrer anhaltenden Trauer wie gelähmt ist, gerät das führerlose Königreich in schwere Bedrängnis. Philipps Landsleute verlassen in Panik scharenweise das Land, nicht ohne vorher an sich zu raffen, was ihnen in die Hände gerät. Auf diese Weise lösen sich Philipps Silberschatz und sein gesamtes Geschmeide in Luft auf.

Die Pest wächst sich zur Epidemie aus, Tausende sterben. Raub und Plünderung gehören zum Alltag. Private Milizen bilden sich, um das Schlimmste zu verhindern, gehen dann, zu allem Übel, auch noch gegeneinander los. Chaos und Anarchie beginnen sich breit zu machen.

Und was tut Ferdinand, um seiner Tochter beizustehen? Ferdinand tut zunächst gar nichts. Er lässt die Zeit für sich arbeiten. Je bedrohlicher und unübersichtlicher die Lage wird, je größer das Unbehagen über Johannas Teilnahmslosigkeit, desto günstiger seine Aussichten, als Retter aus der Not in Kastilien aufzutreten.

Er kommt im Juli 1507 angeritten und er kommt nicht allein, sondern in Begleitung einer ansehnlichen Heeresmacht. Nicht gerade triumphal, aber doch mit Erleichterung wird er von den Granden und der Bevölkerung empfangen. Als man Johanna die Nachricht von der bevorstehenden Ankunft des Vaters überbringt, lässt sie eine Dankesmesse lesen.

Die Begegnung zwischen Vater und Tochter verläuft nicht stürmisch, aber durchaus herzlich. Sie kniet, wie es sich gehört, nieder, um ihm die Hand zu küssen; er hebt sie, wie es der Brauch will, liebevoll auf und schließt sie in die Arme. Er lässt sich nicht anmerken, was er über ihr Äußeres denkt. Sie leidet ganz offensichtlich an Magersucht und legt keinerlei Wert auf ihre Garderobe.

Aber ebenso offensichtlich ist sie ganz bei Sinnen. Während der Mahlzeiten unterhält sie sich angeregt mit der ganzen Tischgesellschaft. Später zieht sie sich mit ihrem Vater und seinem engsten Kreis zurück. Die Konferenz dauert nicht sehr lang. An deren Ende hat Johanna dem Vater die gesamten Regierungsgeschäfte offiziell übergeben, was ihn im Gegenzug dazu veranlasst, ihr in aller Förmlichkeit zu bescheinigen, dass sie in jeder Minute ihres Zusammenseins ihrer Sinne mächtig gewesen sei.

Johanna ist nun fast ein Jahr verwitwet und es nimmt nicht wunder, dass sich ein Bewerber um diese ausgezeichnete Partie einstellt. König Heinrich VII., Schwiegervater von Johannas Schwester Katharina, hält bei König Ferdinand um die Hand von dessen Tochter an. Was immer der Engländer über Johannas geistige Verfassung gehört haben mag, es wird ihn nicht weiter gestört haben angesichts der Tatsache, dass Spanien auf dem besten Weg ist, eine Universalmacht zu werden. Johanna hat auf das Angebot nicht reagiert.

Sie hat damals scheinbar eine besonders schwierige Phase durchgemacht. Meist saß sie auf dem Fußboden, wo sie auch – wenn überhaupt – ihre Mahlzeiten einnahm. Was besonders und mit großer Empörung vermerkt wurde: Sie besuchte nicht einmal mehr die tägliche Messe. So jedenfalls lesen wir es in einem Bericht an König Ferdinand, der damit eine willkommene Handhabe erhielt, seine Tochter »zu ihrem eigenen Schutz«, wie er sagte, »unter schweren Drohungen«, wie wir bei Petrus Martyr lesen, festnehmen zu lassen.

Ein dichter Cordon Schwerbewaffneter wurde um die kleine Stadt Arcos gezogen, in der sich Johanna eben aufhielt. Nur mit königlicher Sonderbewilligung durfte der Ort betreten oder verlassen werden. Es gibt nicht eine einzige Nachricht darüber, wie Johanna ihre Verhaftung aufgenommen hat. Demgegenüber existieren zahlreiche Hinweise, dass Ferdinand sich zu diesem drastischen Schritt entschlossen hat, nachdem es im Lande wieder unruhig geworden war und die akute Gefahr bestand, dass die aufgebrachten Untertanen sich ihrer Königin bemächtigen und die Wortführer der Cortes sie wieder in ihre Herrschaftsrechte einsetzen könnten.

Man brachte Johanna samt ihrer Tochter und Philipps Sarg nach Tordesillas nahe Valladolid, was nichts Gutes verhieß. Im dortigen Schloss waren schon lange vor ihr zwei Königinnen von der Außenwelt abgeschlossen worden. Eleonore, die Gemahlin von Johann I. von Kastilien, saß dort seit 1384 fest, 1430 wurde eine weitere Eleonore, diesmal die von Aragón, dort eingesperrt. Sie blieben bis zu ihrem Tod gefangen. Johanna wird es um keinen Deut besser ergehen.

Philipp wurde im Kloster zu Tordesillas zur Letzten Ruhe gebettet. Johannas lange Reise mit dem geliebten Leichnam war zu Ende. Der schaurige Mythos, wonach sie mit dem Toten »kreuz und quer ruhelos durch ganz Spanien« unterwegs gewesen wäre, entpuppt sich bei näherem Hinsehen als Humbug. In Wirklichkeit hat sie sich nur in einem Umkreis von maximal hundert Kilometern von Burgos entfernt bewegt, da festgehalten von Schwangerschaft und Kindbett, dort vertrieben durch das plötzliche Auftreten der Pest.

Widersprüchlich und schwer überprüfbar sind die spärlichen Nachrichten aus den ersten Jahren von Johannas Gefangenschaft. So viel ist gewiss, dass ein Mann namens Luis Ferrer, Kommandant der Garnison von Tordesillas, ihr Kerkermeister wurde. Er legte Johanna das strenge Korsett einer genau einzuhaltenden Tagesordnung an: Aufstehen, Messe, Frühstück, Zusammensein mit Katharina, Mittagessen, Ruhepause, Freizeit zum Lesen oder Gitarre spielen, Messe, Abendessen. Unmittelbar darauf: Nachtruhe.

Johanna widersetzt sich dem Kommando, weigert sich aufzustehen, sich waschen und ankleiden zu lassen, verschüttet absichtlich Essen und Trinken über ihr Gewand. Zwei mannskräftige Weiber bringen sie, über Ferrers Befehl, zur Räson.

Ein anonymer Zeuge behauptet, Johanna hätte sich vollkommen

unauffällig verhalten, wenn man sie in Ruhe ließ; einmal sei es ihr gelungen, das Fenster zu erreichen und um Hilfe zu schreien. Daraufhin hätte man sie in ein anderes Gemach verlegt, dessen Fenster in den Innenhof gingen.

Ferdinand hat, bis zu seinem Tod im Jahre 1516, seine Tochter nur zweimal besucht, ließ sich aber regelmäßig über ihren Zustand unterrichten. Man teilte ihm mit, sie esse und schlafe, wann es ihr passte, sei mürrisch, sähe »liederlich« aus, man müsse sie »mit Gewalt« zu den täglichen Verrichtungen zwingen.

Ferdinand herrschte weiterhin diktatorisch über Kastilien, immer wieder flackerten örtliche Unruhen auf. Je unbeliebter er sich beim Volke machte, desto mehr schenkte es jenen Männern und Frauen Glauben, die behaupteten, Johanna kurz vor ihrer Verhaftung gesehen und gesprochen zu haben. Sie hätte unendlich traurig und deprimiert gewirkt, aber immer vernünftig gesprochen.

Für kurze Zeit kehrte gespannte Ruhe im Lande ein, als bekannt wurde, dass Ferdinands Frau, Germaine de Foix, ein Kind erwartete. Und als es tatsächlich ein Knabe war, mit dem sie niederkam, schienen alle Probleme gelöst: Er allein würde der Erbe Spaniens werden. Doch wie gewonnen, so zerronnen. Der Prinz starb, Ferdinand blieb an der Macht, Johannas Schicksal besiegelt.

Daran änderte sich auch nichts, nachdem Ferdinand am 23. Januar 1516 im Alter von 64 Jahren gestorben war – angeblich an einer Überdosis von Potenzmitteln. Zwar kam es anschließend zu einem Aufstand der Garnison von Tordesillas; die Männer versuchten den Kerker Johannas zu stürmen, um sie zu befreien. Doch sie wurden von einer Elitetruppe, den »Monteros de Espinos«, niedergeschlagen. Selbst diesen Männern schien das brutale Regiment Ferrers über Johanna unannehmbar und sie jagten ihn davon.

Was sollte nun weiter geschehen mit der einzigen, rechtmäßigen Königin von Spanien, Süditalien und den Kolonien in Übersee? Mehr denn je waren die meisten ihrer Untertanen überzeugt, sie werde widerrechtlich gefangen gehalten, und die Behörden wurden mit einer Flut von Protestschreiben und Petitionen zugunsten Johannas überschwemmt. Ihr Schicksal lag jetzt in der Hand ihres ältesten Sohnes Karl, eines Knaben von sechzehn Jahren, der im fernen Mecheln am Hofe seiner Tante Margarete residierte.

Ursprünglich soll Ferdinand beabsichtigt haben, seinen zweiten Enkel, Ferdinand, zum Nachfolger zu bestimmen. Der Junge war an seinem Hof erzogen und bereits im Alter von zehn Jahren zum Gouverneur von Kastilien ernannt worden.

In Ferdinands Testament fand sich jedoch kein diesbezüglicher Hinweis, sodass Karl der einzig mögliche Erbe war. Denn seine Mutter spielte, als ob sie bereits gestorben wäre, keine Rolle mehr. Weder in Ferdinands Testament noch in seinen Briefen an Karl wurde sie jemals auch nur erwähnt.

Über ihren Kopf hinweg setzte die Cortes Kardinal Cisneros, Erzbischof von Toledo, zum Regenten von Kastilien ein. Statthalter von Aragonien wurde der Erzbischof von Saragossa. Sie sollten bis zur Ankunft Karls die Regierungsgeschäfte führen.

Kardinal Cisneros, ein Intimfeind Johannas, hatte noch zu Philipps Lebzeiten deren Entmündigung betrieben, um, wie es heißt, auf dem Umweg über den schwachen Philipp selbst an der Macht teilzuhaben. Er wurde, wie wir uns erinnern, von Johanna nach Philipps Tod schmachvoll entlassen. Nun war Cisneros Stunde der Rache gekommen. Augenblicklich ernannte er Luis Ferrer erneut zu Johannas Kerkermeister. Überraschenderweise erlitt der Kardinal eine Absage.

Ferrer, zutiefst gekränkt über seine schmähliche Vertreibung aus Tordesillas, reichte den endgültigen Abschied ein. In einem langen, gewundenen, von Zweideutigkeiten und Anspielungen strotzenden Brief beteuerte er, Opfer einer Intrige geworden zu sein. Er hätte nichts als seine Pflicht getan, als er den strikten Weisungen König Ferdinands folgte und Johanna »wie in einem strengen Kloster« hielt.

Das allein schon bedeutet nichts Gutes. Darüber hinaus gibt es aber immer noch einen heftigen Gelehrtenstreit um eine Stelle im Text, aus dem sich möglicherweise herauslesen lässt, dass die Gefangene wiederholt gefesselt und manchmal sogar gefoltert worden sein soll.

Nun also: Karl ante portas!

Johannas und Philipps ältester Sohn hat sich noch als reifer Mann bitter darüber beklagt, wie dürftig man ihn auf seine großen Aufgaben vorbereitet hätte. Er litt, wie sein Großvater Kaiser Maximilian I., als Kind an einer deutlich vernehmbaren verbalen Ausdrucksschwäche, die er erst viel später durch harte Selbstdisziplinierung beseitigen konnte. Seine beiden Landessprachen, Französisch und Niederländisch, beherrschte er mühsam und stammelnd. Deutsch und Spanisch hatte man ihm erst gar nicht beizubringen versucht.

Der blasse, unsichere Knabe (mit dem Aussehen eines Greises, berichtet Petrus Martyr) wurde 15-jährig für majorenn erklärt und übernahm, zumindest pro forma, die Regierungsgeschäfte. In der Tat waren es jedoch seine mächtigen Erzieher und Berater, die ihm zu tun hießen, was *sie* für richtig hielten. Erst sehr spät hat er sich von ihnen emanzipieren und ein eigenes politisches Profil erlangen können. Eine Entwicklung, die seinem früh verstorbenen Vater, Philipp dem Schönen, versagt geblieben ist.

Es war darum bestimmt nicht Karl selbst, der, noch ehe er nach Spanien aufbrach, den in seinem und seiner Mutter Namen regierenden Kardinal Cisneros mit einem bemerkenswert kaltschnäuzig formulierten Brief aus seinen Diensten entließ. Ganz offensichtlich wollten die neuen Herren sich durch nichts und niemanden präjudizieren lassen. Dem Kardinal blieb der Anblick dieses demütigenden Schreibens erspart. Er starb wenige Tage, ehe es ihn erreichte.

Im Frühjahr 1517 brach Karl mit großer Begleitung, an der Spitze sein ehemaliger Erzieher und jetzige Oberstkämmerer Wilhelm Croy de Chièvres, auf, um zu Schiff in ein Land zu reisen, das er noch nie zuvor gesehen hatte und dessen König er bald sein würde.

Begleitet wurde Karl auch von seiner älteren Schwester Eleonore. Die 19-Jährige sollte mit Portugals König Manuel verheiratet werden, der schon zwei ihrer Tanten, Johannas Schwestern Isabella und Maria, verschlissen hatte.

Es war eine imposante, mit aller Pracht eines reichen Landes ausgestattete Flotte, die an der spanischen Küste um ein Haar Schiffbruch erlitt und schließlich in einem winzigen, namenlosen Nest strandete.

Zu Tode erschrocken nahm die gesamte Bevölkerung Reißaus. Die Leute glaubten an einen feindlichen Angriff.

Erst nach und nach wagten sich die verschüchterten Menschen aus ihren Verstecken. Die hohen Herrschaften aus dem wohlhabenden Norden glaubten einer Sinnestäuschung zu unterliegen: ärmliche, zerlumpte, ungewaschene Gestalten, allesamt ohne Schuhwerk, die in hinfälligen Hütten vegetierten. Quartier für die vornehmen Herrschaften? Quartier – nun ja – eben in den Hütten auf blankem Boden und, wenn es gut geht, ein Häufchen stinkenden Strohs unter den Kopf. Verpflegung? Oliven, ein bisschen Öl, bröckelndes Brot, sonst nichts.

Eineinhalb Monate mühsamer Reise, teils zu Fuß, teils auf Pferde- oder Eselsrücken nach Tordesillas. Entlang der kaum vorhandenen Straßen nichts als Not und Elend. Menschen, die noch in Höhlen vegetieren. Spanien war ein bitterarmes Land. Amerikas Reichtum hatte noch nicht aufs Mutterland durchgeschlagen. Die breite Masse erreichte der Goldstrom – wenn überhaupt – als Letzte.

Der Besuch Karls und Eleonores in Tordesillas wird minutiös vorbereitet und dient keineswegs dem Zweck, Mutter und Kinder endlich in Liebe zu vereinen, sondern vielmehr der möglichst raschen und möglichst reibungslosen Ausschaltung Johannas.

Zunächst berät sich de Chièvres ausführlich mit dem Beichtvater und dem Kämmerer der Königin über die schlaueste Vorgangsweise. Dann bittet er um eine Audienz bei Johanna, sagt ihr unumwunden, dass ihre Kinder, die sie seit zwölf Jahren nicht gesehen hat, in Spanien sind. Ehe sie sich dessen richtig bewusst werden kann, wird die Tür aufgerissen. In deren Rahmen Karl und Eleonore, in perfekter höfischer Demutshaltung. Eine zweite Ehrenbezeugung auf halbem Weg, die dritte unmittelbar vor Johannas Angesicht. Ist sie schockiert? Nein, viel eher freudig überrascht. Alle Etikette missachtend, schließt sie die beiden in die Arme, stammelt: »Seid ihr es wirklich, meine Kinder. Wie groß ihr geworden seid!«

Karl, unbewegt, sagt die Rede auf, die man ihm einstudiert hat, auf Französisch, denn Spanisch kann er ja nicht: »Madame, Ihre untertänigsten Kinder sind erfreut, Sie in guter Gesundheit anzutreffen, und bitten Sie, Ihnen ihre Ergebenheit bezeigen zu dürfen.«

Nun kommt er offenbar doch, der Schock. Johanna murmelt: »Ihr müsst von der langen Reise müde sein. Es wird euch gut tun, wenn ihr euch zurückzieht und ein wenig ausruht.« – Hastiger Abgang Karls und Eleonores.

Während die beiden stante pede nach Valladolid weiterreisen, bedrängt, umschmeichelt, umgarnt der gerissene de Chièvres noch stundenlang die Königin. In einem perfekten diplomatischen Eiertanz gelingt es ihm, ihr eine völlige Verzichtserklärung zugunsten Karls abzuluchsen, ohne mit einem Wort zu erwähnen, dass ihr Vater gestorben ist. Auch den nächsten Schlag hat er schon vorbereitet. Man wird Johanna ihr Ein und Alles, ihre jetzt zehnjährige Tochter Katharina, wegnehmen!

Wenn schon die Lebensumstände ihrer Mutter sie nicht berührt haben, über die ihrer Schwester waren Karl und Eleonore doch entsetzt. Eine hochwohlgeborene Prinzessin, Infantin von Spanien, wie ein kleines Tier gefangen gehalten, zerlumpt, ungepflegt wie Johanna. Außer der Mutter nur eine alte, halb blöde Dienerin zur Gesellschaft.

Katharinas einzige Zerstreuung bestand darin, vom Fenster aus auf der Straße spielenden Kindern zuzunicken, zuzuwinken und sie zu bitten, sich nicht allzu weit zu entfernen, damit sie, Katharina, nicht ihres Vergnügens beraubt würde. Es gibt keine konkreten Hinweise, dass Katharina in irgendeiner Weise schulisch gebildet worden wäre.

Dieser Zustand musste geändert werden, und zwar sofort. Und zwar so, dass Johanna nichts davon merkt und womöglich wieder einmal einen unziemlichen Skandal veranstalten könnte. Was nun inszeniert wurde, war eine der schmierigsten Tragikomödien der Weltgeschichte. Katharina wird entführt, gekidnappt, wie man das heutzutage nennt.

Da man Katharinas Zimmer nur durch das der Mutter erreichen kann, bohrt ein Kammerdiener namens Bertrand in mehreren Nachtschichten ein Loch durch die Wand zwischen Flur und dem Gemach des Mädchens.

Als es so weit ist und vor dem Haus eine Eskorte samt Sänfte wartet, kriecht Bertrand um ein Uhr nachts durch das Loch, weckt die alte Dienerin, hält der zu Tode erschrockenen Frau den Mund zu. Erklärt ihr, dass Katharina im Auftrag des Königs nach Valladolid gebracht werden soll.

Dann wird das Kind munter gemacht. Bertrand erzählt ihr dieselbe Geschichte, aber das Unerhörte passiert: Katharina weigert sich mitzukommen. Bertrand wird energisch, beruft sich auf den Befehl des Königs. Schluchzend folgt ihm die Kleine durch das Loch in der Wand, wird zur Sänfte geleitet und nach Valladolid in die Obhut ihrer Schwester gebracht.

Wir können uns ausmalen, was geschah, als Johanna am nächsten Tag das Zimmer ihrer Tochter leer fand – ob wir die gepeinigte Frau nun für verrückt halten oder nicht. Das ganze Haus hallte wider von ihren Schreien und Wehklagen. Sie beruhigte sich erst ein wenig, nachdem Bertrand ihr vorgelogen hatte, er wisse nicht, was nächtens vorgegangen sei, der König jedoch werde dafür sorgen, dass Katharina zurückkäme.

Wer oder was Karl bewogen haben mag, seine Schwester schon nach wenigen Tagen wieder nach Tordesillas bringen zu lassen, ist nicht dokumentiert. Hat ihn das Leid der Mutter doch angerührt, ist ihm bewusst geworden, wie grausam er an ihr gehandelt hat? Wenn man Karls sonstiges Gebaren seiner Mutter gegenüber analysiert, scheint dieser unvermutete Anfall von Gefühl und Nachgiebigkeit eher unwahrscheinlich. Vielleicht aber hat Katharina so trotzig aufbegehrt, mit solcher Heftigkeit nach der Mutter verlangt, dass man lieber dem Kind nachgegeben hat anstatt, Gott behüte, die Mutter nach Valladolid zu holen. Oder waren ganz andere Gründe ausschlaggebend? Darüber ist nichts bekannt.

Das Ergebnis dieser barbarisch-tolldreisten Geschichte ist, dass Katharina ab nun nicht mehr in Lumpen gehen muss. Sie erhält anständige Garderobe sowie eigene Dienerschaft. Dafür erleidet Johanna Strafverschärfung. Ihr neuer Kerkermeister wird der Schlossvogt Marquis de Denia.

Indes etablierten Karl und die Seinen ihre Herrschaft in Spanien:

ein perfektes Lehrstück arroganter Machtpolitik. Alle wichtigen Posten wurden mit den eigenen Landsleuten besetzt. De Chièvres leitete, mit einem fürstlichen Salär von 4000 Dukaten verwöhnt, alle Finanzgeschäfte. Seinem erst *zehnjährigen* Neffen wurde das Amt des jüngst verblichenen Erzbischofs von Toledo zugeschanzt.

Der Dümmste und politisch Unerfahrenste musste bald merken, dass Karl, der noch immer einen Dolmetsch brauchte, um sich mit seinen Landeskindern zu verständigen, nicht zu deren Wohl, sondern zum eigenen und dem seines Klüngels regierte. Immer drängender, immer lauter wurde die Frage, warum sich Johanna den Regierungsgeschäften fern hielt, ob sie nicht zum Verzicht gezwungen worden wäre, wie es überhaupt um sie stünde. War sie nun wahnsinnig oder nicht? Die meisten Spanier sind auch heute noch fest überzeugt, dass sie es nicht war.

Im Auftrag der Cortes reiste der Erzbischof von Saragossa, interimistischer Regent über Katalonien und Halbbruder Johannas aus einer Beziehung ihres Vaters mit einer Hofdame, nach Tordesillas, um sich an Ort und Stelle über Johannas Befinden zu unterrichten. Man hat ihn erst gar nicht vorgelassen.

Nach endlosen Debatten und feierlichen Beteuerungen Karls, keine Landfremden mehr in hohe Ämter zu setzen, willigte die Cortes ein, ihn als Herrscher anzuerkennen, *zusammen mit seiner Mutter*, wie es ausdrücklich hieß. Unter Eid hatte Karl versprochen, sie »sofort nach ihrer Genesung« wieder in alle ihr zustehenden Rechte einzusetzen.

Don Fernando Marquis de Denia, der neue Mann an der Spitze der Zivil- und Militärverwaltung von Tordesillas, hat offenbar ganz andere Weisungen erhalten. Seine Befugnisse über die Gefangene waren praktisch unbegrenzt. Nur er bestimmte, wer zu ihr vorgelassen, wessen Post ihr ausgehändigt werden durfte. Es steht eindeutig fest, dass er die meisten ihrer Briefe, die nach draußen gehen sollten, niemals weiterbefördert hat.

Wir kennen ein Schreiben Denias an Karl, in dem er akribisch festhält, wie er Johanna methodisch von der Außenwelt abgeschnitten hat. Unter anderem heißt es darin:

»Sie hat mir gesagt, ich soll sie hinausnehmen. Immer, wenn sie mich darum bat, habe ich gesagt, dass das Wetter nicht gesund sei … aber ich würde es ihr schon sagen, wenn das Wetter wieder besser sei … Auch will sie einige Granden kommen lassen, weil sie sich beklagen möchte … wie man sie hier behandelt und festhält und weil sie über die [Regierungs-]Geschäfte Bescheid wissen möchte. Ich habe ihr gesagt, dass die Granden daran nichts ändern können, weil der Katholische König und die Granden … die betreffenden Maßnahmen selbst angeordnet hätten … *Eure Hoheit kann beruhigt sein, denn mit Gottes Hilfe wird nichts geschehen, was nicht in Eurem Interesse liegt.*«

Denia beschreibt weiter, wie Johanna sich Tag für Tag vollständig ankleidet, eine Haube auf den Kopf, Handschuhe an den Händen, bereit, endlich einmal aus dem Zimmer zu kommen, um draußen ein bisschen frische Luft zu schnappen. Sie wartet vergeblich.

Eines Tages gerät sie in Wut. Denia: »Am Abend vor Sankt Jakob hat sie zwei Frauen verletzt, und zwar mit zwei Töpfen, die sie ihnen an den Kopf geworfen hat … Sie hat sich aber gleich darauf entschuldigt … Das Einzige, was sie wollte, war, nach draußen zu gehen.« Schließlich gibt sie auf. Sie bleibt im Bett, den Kopf zur Wand gedreht und lässt das Essen unangetastet.

Karls Antwort auf Denias Schreiben ist kurz und bündig: Er wünscht unter keinen Umständen, dass seine Mutter ihr Zimmer verlässt.

Eine weitere Einschränkung, die Johanna allerdings nur indirekt betrifft, wird über Denias Ersuchen vorgenommen. In Zukunft sollen nur noch ältere, unverheiratete Frauen dem Dienstpersonal zugeteilt werden. Das geschieht aus folgendem Grund: Man kann zwar Ortsfremden, wie etwa dem Erzbischof von Saragossa, den *Zutritt* zur Stadt verwehren, man kann aber den Bediensteten kaum das vorübergehende *Verlassen* des Sperrbezirks verweigern.

In letzter Zeit, schreibt Denia, haben sich die Ausgangsansuchen der Frauen besorgniserregend erhöht. Sie wollen zu Hochzeiten, zu Taufen, zu Begräbnissen, zu Vettern und Basen, sie kommen mit allen möglichen Leuten unkontrolliert zusammen. Sie können wissentlich oder unwissentlich Dinge ausplaudern, die niemanden etwas angehen. Zu seiner Bestürzung hat Denia erfahren, dass der »Rat von Kastilien«, ein Angehöriger des Höchstgerichtes, durch den Verwandten einer Kammerfrau über Intima aus dem Leben der Gefangenen informiert worden sei. Nun wird der Ring um Johanna noch enger geschlossen.

Der Groll gegen den Herrscher wächst, der seine Mutter kein einziges Mal besucht und der sichtlich ganz anderes im Kopf hat als das Wohl des spanischen Volkes. Er wird 1519 – mit Hilfe riesiger aus dem Land gepresster Bestechungssummen – zum römisch-deutschen Kaiser gekürt. Dieses Ereignis setzt zwar halb Europa in Aufregung, lässt die Spanier aber unberührt. Sie brauchen einen König, der im Land für Ruhe, Ordnung und wirtschaftliche Blüte sorgt, und nicht einen, der in unfassbar fernen Regionen eine undurchschaubare Politik betreibt und ruinöse Kriege führt.

Immer wieder sprechen Delegationen der großen Städte und Gemeinden vor. Sie protestieren gegen die drastischen Steuererhöhungen, gegen die Vetternwirtschaft des Herrn de Chièvres, gegen die bevorstehende Abreise Karls nach Deutschland, gegen die Beschneidung ihrer weitreichenden Vorrechte. Diese gehen zurück auf ferne germanische Stammesregeln, tragen deutlich demokratische Züge und müssen für den von mitteleuropäischen Feudalverhältnissen geprägten Herrscher geradezu anarchische Züge tragen.

Es kommt zu stürmischen Auseinandersetzungen zwischen den Bürgern und dem Souverän, der sich letzten Endes jegliche Einmischung durch die Gemeinden und darüber hinaus sogar Beratungen der Städte untereinander bei hoher Strafe verbietet. Karl ringt sich nur das vage Versprechen ab, spätestens in drei Jahren zurückzukommen. Nachdem er Adrian von Utrecht zum Reichsverweser eingesetzt hat, bricht er am 19. Mai 1520 in Richtung Deutschland auf.

Unmittelbar darauf entflammt der erste spanische Bürgerkrieg. In seinem Feuerschein wird noch einmal die Figur der anscheinend gesunden Königin Johanna von Kastilien und Aragón sichtbar. Aber ihre Kräfte reichen nicht mehr aus, die Gunst der Stunde zu nutzen.

Karl hat Spaniens Staub noch nicht von den Füßen geschüttelt, als sich das Volk, quer durch alle Stände und Parteiungen und mit ausdrücklichem Segen der Kirche gegen ihn und seinen ausländischen Machtapparat erhebt.

Der Aufstand beginnt fast gleichzeitig in den Städten Toledo, Salamanca und Zamora, andere folgen stürmisch und alle schließen sich unter der Führung des Bischofs Don Antonio de Acuna zu einem Schutz-und-Trutz-Bündnis zusammen, dessen Ziel es ist, Karl zur Rücknahme seiner restriktiven Anordnungen gegen Städte und Gemeinden zu bewegen, die landfremden Berater zu entlassen und die Steuern zu senken.

Noch ist kein Blut geflossen, noch der Städtebund nicht mehr als lose formiert, als die Regierungstruppen zuschlagen. Sie legen die Stadt Medina del Campo in Schutt und Asche, nachdem sie Haus für Haus geplündert haben. Drei Tage und drei Nächte brennt die Stadt, mehr als 700 Häuser fallen den Flammen zum Opfer, ungezählte Männer, Frauen und Kinder büßen mit ihrem Leben die falsche Entscheidung des Stadtrates: Er hatte sich geweigert, die in den Waffenschmieden von Medina del Campo hergestellten Rüstungsgüter herauszugeben.

Die Verwüstung der friedlichen Stadt löst Entsetzen und Empörung aus, lässt die Revolte auf das ganze Land übergreifen. Die Städte verbinden sich zur »Santa Junta de las Comunidades« (Heilige Liga der Gemeinden), stellen eine Armee auf die Beine und bilden eine Gegenregierung. Der Oberbefehlshaber der revolutionären Streitkräfte, Don Juan de Padilla, reitet nach Tordesillas, um von Johanna die Legalisierung der neuen Ordnungsmacht zu erbitten.

Er kommt zu spät. Schon vor ihm sind reguläre Truppen eingetroffen, finden aber die Stadttore versperrt. Tordesillas steht auf Seite der Aufständischen. Nur der Vorsitzende des Rates von Kastilien, Bischof Rojas, und einige hohe Beamte dürfen passieren. Johanna soll ihre Zustimmung zu drakonischen Maßnahmen gegen die Rebellen geben.

Sie war seit mehr als einem Jahrzehnt eingesperrt. Sie hatte nur ihren Kerkermeister, ihren Beichtvater und ein paar Bedienstete zu

Gesicht bekommen. Sie war nie aus dem Gemäuer herausgelassen worden. Sie wusste nicht, dass ihr Vater und ihr Schwiegervater, Kaiser Maximilian I., gestorben waren, dass ihr Sohn Karl jetzt die Kaiserkrone trug. Sie hatte keine Ahnung, dass ihr Land in Flammen stand und eine ganze Stadt verwüstet worden war.

Und da erschienen mit einem Mal streng und düster blickende Männer vor ihr, verlangten Entscheidungen und Unterschriften auf Papiere, die eine unvorstellbare Welle von Gewalt gegen die eigenen Untertanen auslösen würden.

Sie sagt nein. Sie sagt: »Jahrelang hat man mich betrogen und in die Irre geführt.« Die neue Wendung käme ihr wie ein wilder Traum vor. Sie müsse ihre Gedanken sammeln, alles genau überlegen und werde erst dann Entschlüsse fassen. So spricht eine Frau, der man immer wieder Wahnsinn bescheinigt und die man wie eine gemeingefährliche Irre weggesperrt hat.

Am nächsten Tag verhandeln Rojas und seine Männer stundenlang mit Johanna. Vergeblich. Sie lässt zwar für die Herren Sitzgelegenheiten herbeischaffen, die es in ihrem ärmlichen Gemach nicht gegeben hatte, weigert sich aber, auch nur ein einziges Papier zu signieren. Sie mit Gewalt zu zwingen, wie es offenbar bei früheren Gelegenheiten immer wieder geschehen ist, das wagt denn doch niemand.

Verdrossen machen sich die Granden zurück auf den Weg nach Valladolid um zu beraten, wie nun weiter vorgegangen werden sollte. Die Soldaten werden aus Tordesillas abgezogen – was sich als ein Fehler erweisen wird. Einen Tag später marschiert Don Juan de Padilla mit einer Abteilung der Liga-Truppen durch das weit geöffnete Stadttor, enthusiastisch begrüßt von den Einwohnern.

In einer ausführlichen Niederschrift schildert ein hoher, leider namenloser Offizier die Begegnung mit Johanna. Das Papier ist von einigen anderen Offizieren sowie etlichen Bediensteten der Königin mit unterzeichnet; sie beschwören, dass es die Wahrheit und nichts als die reine Wahrheit enthält:

»Wir sind in Tordesillas angekommen und Ihre Hoheit hat uns sehr munter empfangen. Sie sprach länger mit uns, als sie es je in den letzten Jahren getan hat, wie uns das Personal versichert. Wir haben viele Dinge mit Ihrer Hoheit beredet und sie hat uns immer in freundlichem Ton geantwortet.«

Der folgende Dialog wird wörtlich wiedergegeben.

Johanna: »Ich bin in Ihrer Schuld für die guten Dienste, die Sie mir leisten und die Sie weiter für mich leisten werden.«

Offizier: »Señora, es wäre wichtig, wenn Ihr Eure Absichten darlegen wolltet, denn Städte und Gemeinden haben sich zusammengeschlossen zu Euren Diensten. Hättet Ihr die Güte, uns zu befehlen, wie die Dinge Eurer Meinung nach abgewickelt werden sollten.«

Johanna: »Bleibt hier in meinen Diensten, bestraft die Übeltäter, lasst mich alles wissen. Ich schulde Ihnen viel.«

Don Juan de Padilla hat die Königin in allen Einzelheiten über die missliche Lage im Land informiert und sie antwortet ihm darauf: »Hätte ich davon gewusst, ich wäre hinausgegangen und hätte versucht, all diese Missstände abzustellen. Aber man hat mich ja nicht einmal aus dem Zimmer gelassen.« Dafür hat, wie wir wissen, der Marquis de Denia schon gesorgt. Logischerweise ist es Padillas erste »Amtshandlung«, den Mann sofort festnehmen zu lassen.

Aus allen Teilen des Landes strömen Abordnungen herbei, um der Königin zu huldigen. Die provisorische Regierung erhebt Tordesillas zu ihrem vorläufigen Amtssitz. Der kleine, verschlafene Ort, mit einem Mal zum Mittelpunkt der halben Welt geworden, quillt über von hektischem Gedränge und dauerndem Trubel. Wie lange wird Johanna diesem ungewohnten und daher beängstigendem Treiben gewachsen sein?

Zunächst einmal gibt sie eine Art »Regierungserklärung« ab, in der sie ihre Gefangenschaft nur kurz erwähnt, dabei aber ihren Vater ausdrücklich in Schutz nimmt und die Verantwortung auf Germaine de Foix schiebt, die »der böse Geist« König Ferdinands gewesen sei. Auch stellt sie sich energisch vor ihren Sohn Karl und bezichtigt die mit ihm gekommenen »Ausländer«, das Land ins Unglück gestürzt zu haben. Mit dem Vorgehen des Städtebundes erklärt sie sich »zufrieden«, der »handelt, wie es seine Pflicht ist«. Alles, was in ihren Kräften steht, wird sie tun, aber »… nicht so viel, wie ich gerne möchte, weil ich meinem Herzen Ruhe verschaffen muss«.

Als Adrian von Utrecht, der für Karl die Stellung hält, von den Ereignissen in Tordesillas erfährt, schreibt er einen Brandbrief an den Kaiser, in dem er weitschweifig die prekäre Lage schildert und pessimistisch hinzufügt: »Nur von Gott kann noch Hilfe kommen, sonst ist es um Eure Herrschaft geschehen.« Johanna, »in der Gewalt der Städte«, sei »nicht mehr bei Verstand, .. aber das Volk nimmt sich von ihren Worten das, was ihm genehm ist und seinen Ansichten dient«.

Der liebe Gott hat die Gebete des Kardinals erhört. »Deutsche, Franzosen und, wenn notwendig, Türken« (sic!) möge seine Majestät ins Land bringen, um die Aufständischen niederzuschlagen, schreibt einer von Karls Beratern. Doch das ist eigentlich gar nicht mehr nötig. Die Revolution bricht von innen her in sich zusammen. Und das liegt zu einem Gutteil bei Johanna.

Von den stürmischen Ereignissen bis an den Rand ihrer Nervenkraft gedrängt, fordert sie keine größeren Delegationen mehr zu empfangen, sondern jeden Abgeordneten einzeln. Dadurch ziehen sich die Verhandlungen quälend in die Länge, wobei die Königin auch noch verlangt, bis zur letzten Kleinigkeit Bescheid zu bekommen.

Jedes Mal, wenn sie endlich einen Entschluss gefasst hat und man ihr ein entscheidendes Dokument vorlegt, zögert sie zu unterschreiben. Vielleicht, wie manche Historiker glauben, weil ihre geistige Kapazität wirklich eingeschränkt war, vielleicht, wie andere mutmaßen, weil sie im Innersten davor zurückschreckte, ihrem eigenen Sohn Schaden zuzufügen.

Überdies verzetteln sich die Mitglieder der Junta in endlosen Debatten über unwichtige Einzelheiten und die Vorgangsweise in entscheidenden Fragen. Das Geld wird knapp, die gemieteten Söldner laufen in Scharen davon.

Als es längst zu spät ist und die Regierungstruppen bereit zur letzten Schlacht, rekrutieren sich – mit den denkbar unzulänglichsten Mitteln – Bürgerwehren. Der Bischof von Zamora, von der Junta zum Primas von Spanien erhoben schart mit feurigen Appellen einen wilden Haufen von Priestern und Mönchen hinter sich, kaum bewaffnet, aber berstend von Tatendrang und Heldenmut. Wer kann es sich verkneifen, in diesem Zusammenhang an den armen Don Quijote zu denken …

Am 21. April 1521 kommt es nahe Toro zu einer Entscheidungsschlacht und wie nicht anders zu erwarten, erleiden die Revolutionäre eine vollkommene Niederlage.

Hunderte der Anführer enden auf dem Schafott, Tausende, auch jede Menge Gottesmänner, werden für lange Jahre hinter Gitter gesteckt. So auch Johanna, die Tordesillas bis an ihr Lebensende nicht verlassen darf. Dringende Bitten an ihren Sohn Karl, den Kaiser, ihr wenigstens den sadistischen Kerkermeister Marquis de Denia zu ersparen, werden abgewiesen.

Zuletzt wagt noch der Admiral von Kastilien einen Vorstoß. Er hat sich viele Stunden lang mit Johanna unterhalten und meint, man könnte sie aus ihrer »zeitweise trüben Stimmung« herausholen, wenn man ihr nur ein wenig Ablenkung und Bewegungsfreiheit verschaffte. Karl bleibt unnachgiebig. Denia kehrt triumphierend nach Tordesillas zurück. Er wird Rache nehmen. Nicht nur an Johanna, sondern auch an der kleinen Katharina!

»Ich werde sehr streng bewacht, damit ich nichts anderes schreibe als das, was ihm [dem Marquis de Denia] genehm ist«, heißt es in einem Brief aus Tordesillas an Kaiser Karl V. »Ich habe Ihnen einige Briefe geschrieben, und zwar so, wie es der Marquis und die Marquise zu lesen wünschen.«

Dieses an den strengen Wachen vorbeigeschmuggelte Papier stammt nicht aus der Feder Johannas, sondern aus der von Katharina. Johanna hatte keine Möglichkeit, auch nur die kleinste Notiz zu verfassen. Man hatte ihr Feder, Tinte und Papier einfach weggenommen.

Katharina teilt die Gefangenschaft der Mutter bis zu ihrem achtzehnten Lebensjahr. Dann wird sie eilig aus dem Kerker geholt, fein herausgeputzt und mit dem portugiesischen König Johann III. verheiratet werden, weil es Karl ins politische Konzept passt.

In dem Text Katharinas an den kaiserlichen Bruder heißt es weiter:

»Bitte sorgen Sie doch dafür, dass man die Königin nicht daran hindert, auf den Gang zu gehen, von wo aus man den Fluss sehen kann, oder in den Saal. Mögen Sie auch befehlen, dass die Töchter der Marquise nicht vor der Königin hergehen, wenn sie in mein Zimmer kommen möchte.«

Das heißt: Johanna konnte keinen einzigen Schritt allein tun, überall hin wurde sie von der Marquise und deren Töchtern begleitet, wenn nicht gar daran gehindert, sich dorthin zu begeben, wohin sie wollte. Die ganze Familie de Denia war offensichtlich pausenlos damit beschäftigt, Johanna einzuengen und ihr das Leben zu vergällen.

Katharina erging es nicht viel besser. Bitter beklagte sie sich beim Bruder, dass sie nur noch »in Lumpen« ginge, nicht das geringste persönliche Eigentum besäße. Die Denias ließen es an der mindesten Höflichkeit fehlen, die ihr, der Schwester des Kaisers und Königs, zustünde.

Katharinas Bitten bewirkten nichts. Der Kaiser ist wütend auf seine Mutter, weil sie, wie er schreibt, die »Landesverräter« in Tordesillas empfangen und mit ihnen zusammengearbeitet hat. Das ist eine bemerkenswerte Feststellung. Sie besagt nichts anderes, als dass Karl seine Mutter im Grunde für zurechnungsfähig gehalten haben muss. Wäre er von ihrem »Wahnsinn« überzeugt gewesen, hätte er sie wohl nicht so leicht für ihr Tun und Lassen verantwortlich machen können.

Geradezu absurd ist der Vorwurf an die Schwester, mit den »Landesverrätern« freundlichen Umgang gepflogen zu haben. Sie war ein *Kind*, ein Kind von 14 Jahren, das man wie ein Tier eingesperrt und das dann zum ersten Mal lockeren Umgang mit den verschiedensten Menschen hatte, die ihr noch dazu mit Respekt und Hochachtung entgegenkamen.

Gnädigere Aufnahme als Katharinas Bericht fand jener des Marquis de Denia, in dem er die Majestät bat, dafür zu sorgen, dass Katharina ihm, Denia, und seiner Gemahlin »besser gehorcht«. Über Johanna schreibt der Marquis, wie sich wohl von selbst versteht, nur Abträgliches. Sie schwanke zwischen Zornesausbrüchen und Teilnahmslosigkeit, gelegentlich müsse sie zum Essen gezwungen werden. Einige Male sei sie schreiend aus ihrem – stets verdunkelten! – Zimmer geflohen und hätte mit Gewalt zurückgebracht werden müssen.

Nachdem ihr letztes bisschen Glück zerstört, nachdem Katharina ihr weggenommen worden war, verfiel sie zusehends in Apathie. Einen Beleg gibt es allerdings, dass sie nicht ganz verrückt gewesen sein muss. Kurz nach Katharinas Verschwinden besuchte der Admiral von Kastilien die Königin. Sie habe ihm auf alle Fragen plausibel geantwortet und bitter geklagt »über die Art und Weise, wie der Marquis sie behandelt«. Schon wenn sie aus der Ferne seine Stimme hörte, bereite ihr das »fast mehr Verdruss als die Trennung von ihrer Tochter«.

Aus späteren Jahren gibt es eine Reihe von authentischen Angaben, aus denen hervorgeht, dass Johannas Umgebung alles getan hat, um ihre Wahnvorstellungen – wenn es denn je wirklich welche gegeben hat – zu verstärken.

Viel hatte sich im Laufe der Jahre in der großen fernen Welt zugetragen. Karl V. hatte 1525 Isabella von Portugal geheiratet, die ihm zwei Jahre später einen Sohn gebar, den späteren Philipp II. 16-jährig war Philipp mit Maria von Portugal verheiratet und zum spanischen Regenten bestimmt worden, da der Kaiser anderweitig mit der europäischen (Kriegs-)Politik beschäftigt war. Karls kürzeste Abwesenheit von Spanien betrug neun Monate, die längste 14 Jahre.

Philipp, einem strenggläubigen Katholiken, war zu Ohren gekommen, dass seine Großmutter, die »wahnsinnige« Johanna, äußerst nachlässig in der Erfüllung ihrer religiösen Pflichten wäre. Er sandte Francisco de Borja, General des Jesuitenordens (und später heilig gesprochen) nach Tordesillas, um diesen Gerüchten nachzugehen. Der detailfreudige Brief des absolut unverdächtigen Zeugen de Borja an Philipp enthält einige recht interessante Beobachtungen.

Sie hätte, so berichtet der Jesuit, bei langen, eindringlichen Unterhaltungen aufmerksam zugehört und sinnfällige Antworten gegeben. Woraus er dann überraschenderweise den Schluss zieht, sie sei »schwachen Geistes«.

Auf die Vorhaltungen, der Religion zu wenig Beachtung zu widmen, rechtfertigt sie sich und meint, so Borja, wörtlich: »Sie würde alles tun, wenn ihre Umgebung dies nur zuließe. Kaum lese sie im Gebetbuch, hätte man ihr dieses weggenommen, sie beschimpft und über ihr Beten gespottet. Ihre Heiligenbilder würden bespuckt ... [Auch] hat sie erzählt, dass Frauen einfach zu ihr in die Stube kommen und sie als Hexe verunglimpften. [Tatsächlich hat man Johanna mehrmals einem Exorzismus unterzogen.] Während dieses einstündigen Gespräches schweifte sie niemals vom Thema ab und machte ausschließlich zweckdienliche Einwürfe ... Sie sagte, sie würde gerne beichten und zur Kommunion gehen, wenn man die Hindernisse aus dem Weg räumte.«

Später scheint sie gelegentlich wirklich Wahnvorstellungen gehabt zu haben, denn sie berichtete einem weiteren geistlichen Beistand, den ihr der Enkel schickte, sie hätte mehrmals Hexen gesehen, die sie bedrohten. Da war sie aber bereits mehr als vierzig Jahre in Einzelhaft. Etwa zur gleichen Zeit berichtet ein Dr. Torres, der, aus Portugal heimgekehrt, Johanna besuchte, dass sie ihn eindringlich nach Katharina befragt und ihm konzentriert zugehört hätte.

Wie auch immer das geistige Befinden gewesen sein mag – mit dem körperlichen ging es etwa ab ihrem 60. Lebensjahr rapide bergab. Eines ihrer Beine wurde von einer akuten Lähmung befallen, sodass sie das Bett nicht mehr verlassen konnte. Ob sie nun tatsächlich als Folge ihrer angeblichen Weigerung, sich waschen zu lassen, oder weil man sich zu wenig um sie kümmerte, einen blutigen und eitrigen »Ausschlag« bekam (vermutlich Decubitus, also Wundliegen), lässt sich nicht feststellen. Die wunden Stellen wurden mit glühenden Eisen ausgebrannt und ihr darauf folgendes bestialisches Gebrüll als neuerlicher Wahnsinnsausbruch gewertet.

Wieder »Schreie des Irrsinns«, als man ihr das kranke Bein zu Heilzwecken in fast kochendes Wasser steckte. Die dadurch entstandenen Verletzungen vereiterten und wurden brandig.

Anfang 1555 wird Johannas Zustand so kritisch, dass ihre Enkelin Johanna, eine Tochter ihres Sohnes Karl, ans Krankenbett eilt, in ihrem Gefolge ein Tross von Ärzten und Geistlichen. Johanna dreht sich mürrisch und mühsam zur Seite. Sie will nicht mit der Enkelin sprechen, die sie nie zuvor gesehen hat.

Gnädiger gesinnt ist sie dem Jesuiten de Borja, den sie schon Jahre zuvor kennen gelernt und der ihr Vertrauen gewonnen hat. Sie scheint sich über seinen Besuch zu freuen und bittet ihn spontan um Vergebung für all die vielen Fehler, die sie im Laufe ihres Lebens gemacht hat, und »die Verirrungen meines Geistes«. Offensichtlich um zu überprüfen, ob sie wirklich bei klarem Verstand ist, bittet Borja sie, die zwölf Glaubensartikel aufzusagen. Sie tut es rasch, flüssig und ohne Fehler.

Schon will er ihr die Kommunion spenden, als ihn wieder Zweifel befallen. Ist sie nun wahnsinnig oder nicht? Darf man sie am Sakrament teilhaben lassen? Der Jesuit fühlt sich überfordert und delegiert die Entscheidung an Pater Domingo de Soto, einen Experten in diffizilen Glaubensfragen und Beichtvater Karls.

Soto trifft am 11. April 1555 in Tordesillas ein, begibt sich sofort zu der Kranken. Zunächst examiniert er sie im Beisein einer ganzen Schar von Geistlichen, die er dann aber aus dem Zimmer weist, um sich allein mit der Königin zu unterhalten. Zwar bestätigt er, dass Johanna sehr wohl zurechnungsfähig sei, verweigert ihr aber dennoch die Kommunion. Johanna erhält nur die Letzte Ölung.

Sie ist hellwach, aber sterbensmatt, als sie de Borja bittet, ihr das Glaubensbekenntnis vorzusprechen. Es ihm nachzusagen fehlt ihr die Kraft. Mit den geflüsterten Worten: »Jesus, steh mir bei« verabschiedet sie sich am 12. April 1555 aus dieser Welt, 75 Jahre alt, davon 46 in Gefangenschaft.

Wie der Leichnam ihres bis zum Wahnsinn geliebten Mannes Philipp wird auch der ihre mehrfach auf die Reise geschickt. Man begräbt sie zunächst im Kloster Santa Clara in Tordesillas. 19 Jahre später verfügt Philipp II. die Überführung der sterblichen Überreste seiner Großmutter in den Escorial, überlegt es sich dann aber anders. Ihre letzte Ruhestätte hat Johanna an der Seite ihres Mannes in Granada gefunden.

Zu guter Letzt eine rhetorische Frage: Wusste Johanna auch nur annähernd, was aus ihren sechs Kindern geworden war, von denen vier, Maria, Karl, Eleonore und Isabella in Flandern, zwei, Ferdinand und Katharina, in Spanien aufgewachsen sind?

Mit an Sicherheit grenzender Wahrscheinlichkeit nicht. Man wird es ihr ebenso verschwiegen haben wie den Tod des Vaters und ihres Schwiegervaters. Als deutliches Zeichen ihres Irreseins wurde wiederholt vermerkt, dass sie ständig nach den beiden Männern fragte, ehe sie im Laufe des Bürgerkrieges die Wahrheit erfuhr.

Viel wäre zu erzählen gewesen über die Kinder. Eleonore wurde, wie bereits kurz erwähnt, mit König Manuel von Portugal vermählt, der schon zwei ihrer Tanten überlebt hatte. Früh verwitwet wurde sie von ihrem Bruder Karl mit seinem Todfeind, Franz I. von Frankreich, verheiratet, mit dem er in ständiger Fehde lag. Sie wurde so unglücklich, wie eine Frau nur unglücklich sein kann.

Dass Karl Kaiser geworden war, wurde ihr im Bürgerkrieg klar. Über das schreckliche Geschick ihrer Tochter Isabella hat man sie gewiss nicht unterrichtet. 14-jährig wurde das Mädchen mit dem Wüstling und Blutsäufer Christian II. von Dänemark vermählt. Isabella war erst 23, als ihr Mann vom Thron gestürzt und das Königspaar mit drei kleinen Kindern nach den Niederlanden vertrieben wurde. Sie starb zwei Jahre später in Gent.

Ferdinand machte eine außerordentliche Karriere. Durch Heirat und Erbschaft wurde er König von Böhmen und Ungarn und – ein Jahr nach Johannas Tod – Kaiser, nachdem sein Bruder Karl sich aus der Politik zurückgezogen hatte.

Maria heiratete Ferdinands Schwager Ludwig von Ungarn, nach dessen Tod wurde sie Statthalterin der Niederlande.

Allein Katharinas Lebensweg war Johanna einigermaßen vertraut. Das Mädchen war ja lange genug mit ihr eingesperrt gewesen. Fraglich ist nur, ob sie realisieren konnte, dass Katharinas Tochter Maria aus der Ehe mit Johann III. von Portugal, ihren, Johannas, Enkel Philipp II. ehelichte und Mutter des unglücklichen Don Carlos wurde.

Am allerwenigsten aber wird Johanna bewusst geworden sein, dass ihr bereits jung verwitweter Enkel Philipp II. nur ein Jahr vor ihrem Tod Maria Tudor zur Frau nahm, die Tochter aus der Verbindung ihrer jüngsten Schwester Katharina von Aragón mit dem skandalumwitterten König Heinrich VIII. von England. Dies war eine der kuriosesten in der an kuriosen Verbindungen nicht eben armen Geschichte des Hauses Habsburg.

Ein Habsburger wird englischer König! Darüber mehr im nächsten Kapitel.

Rechnung nicht aufgegangen

Maria Tudor 1516–1558   ∞   Philipp II. 1527–1598

»Philipp und Maria von Gottes Gnaden *König und Königin von England*, Frankreich und Neapel, Jerusalem, Irland, Beschützer des Glaubens, Prinzen von Spanien und Sizilien, *Erzherzöge von Österreich*, Herzöge von Mailand, Burgund und Brabant, *Grafen von Habsburg*, Flandern und Tirol.«

Diese Titel-Litanei, verlesen am 25. Juli 1554 in der Kathedrale zu Winchester (England), war die in Worte gegossene Erfüllung eines Herzenswunsches von Kaiser Karl V.; das Produkt des ehrgeizigsten Planes habsburgischer Heiratspolitik – und des kläglichst gescheiterten: die Weltmacht Spanien durch eheliche Bande verknüpft mit England, das, was Karl allerdings noch nicht ahnen konnte, selbst knapp vor dem Sprung zur Universalherrschaft stand.

Wäre der Verbindung zwischen Maria Tudor und Philipp von Habsburg (später Philipp II.) nur ein einziger lebensfähiger Erbe beschert gewesen, das Antlitz der Erde sähe heute weiß Gott ganz anders aus. Wie? Nun – der Fantasie sind keine Grenzen gesetzt …

Habsburgs Ehen wurden im Allgemeinen bereits sorgfältig geplant, wenn die Kandidaten noch im Säuglingsalter standen. Aber als Philipp am 21. Mai 1527 in Valladolid geboren wurde, war noch nicht darauf zu spekulieren, ihn auf Englands Thron zu setzen.

Philipps Vater war Kaiser Karl V., seine Mutter Isabella von Portugal, eine Cousine ersten Grades von Karl. Dessen Mutter war Johanna »die Wahnsinnige«, deren Schwester Maria die Mutter von Karls Frau Isabella. Das Paar hatte drei Kinder, den Thronerben Philipp und nach ihm zwei Mädchen.

Philipps Ankunft in dieser Welt wurde mit dem bei solchen Anlässen üblichen Getöse zelebriert, doch mitten in die Tauffeierlichkeiten platzte eine so schreckliche Nachricht, dass mit einem Schlag alle Festlichkeiten abgebrochen wurden. Die Truppen Kaiser Karls V., des »Katholischen Königs« von Spanien, waren im berüchtigten »Sacco di Roma« über die Heilige Stadt hergefallen und hatten den Papst aus der Engelsburg verjagt. »Die Plünderungen Roms in den barbarischen Zeiten Alarichs und Geiserichs waren menschlich zu nennen im Vergleich zu den Gräueln, welche das Heer Karls V., beging«, schreibt ein Historiograf.

Wenn wir heute an Philipp II. von Spanien denken, dann schiebt sich unweigerlich das von Schiller in »Don Karlos« gezeichnete Bild eines schwermütigen, düsteren und unbarmherzigen Mannes vor unsere geistigen Augen und wir realisieren gar nicht, dass es aus dramaturgischen Gründen verzeichnet ist.

Bei genauerer Betrachtung sehen wir zunächst einen aufgeweckten blondgelockten Knaben, der die ungeteilte Zuneigung eines ganzen Volkes genießt, begeistert begrüßt und beklatscht, wenn er an der Seite seiner Mutter durch die Straßen der Stadt kutschiert wird oder, später von Betreuern begleitet, ausreitet.

Diese Mutter muss, glaubt man den Bildern und den mit ihrem Relief geprägten Münzen, eine wunderschöne, anmutige und freundliche Frau gewesen sein und Philipp wurde das in Herrscherhäusern rare Glück zuteil, die ersten Lebensjahre ständig in ihrer Nähe verbringen zu dürfen. Sie und eine portugiesische Edeldame waren mit Hingabe um ihn bemüht. Die beiden waren es, die ihm angenehme Manieren vorlebten und beibrachten. Philipp hat zeitlebens Frauen, gleich welchen Standes, Höflichkeit und Respekt gezollt, was seine zweite Ehefrau, Maria Tudor, derlei gesittete Umgangsformen von ihrem Vater Heinrich VIII. ganz und gar nicht gewöhnt, für Liebe halten wird …

Den Vater bekam Philipp so gut wie nie zu Gesicht. Der jagte kreuz und quer durch Europa, in allen Himmelsrichtungen mit dem Kriegshandwerk beschäftigt, dennoch für den Knaben eine wenn auch ferne Ikone, deren Wort Befehl war.

Sechsjährig bekam Philipp einen eigenen Hofstaat mit ausschließlich männlichen Erziehern, von denen einer, bestimmt zum Vorteil des Kindes, aber zum Ärger des Vaters, die Zügel nicht sehr straff gezogen haben dürfte. Karl bemängelte, dass dieser Philipp »zu viel entgegenkommt«, und als besagter Lehrer auch noch Philipps Beichtvater wurde, meinte Karl: »Hoffentlich ist er in Gewissensfragen nicht so milde wie beim Lernen.«

Ein anderer, der sich vorwiegend um die körperliche Ertüchtigung des Prinzen zu kümmern hatte, entsprach ganz den Vorstellungen des Vaters, gewiss nicht denen des Sohnes, der sich über den Mann beschwert zu haben scheint. Karl antwortet: »Wenn er sich so gerade heraus Euch gegenüber gebärdet, dann tut er es aus Zuneigung für Euch. Würde er … Eure Wünsche erfüllen, wäre er wie all die anderen, Ihr hättet keinen … der Euch die Wahrheit sagt.« Dieser Erzieher war dennoch wenig erfolgreich. Philipp war und blieb ein Stubenhocker; der Jagd und dem Pferdesport konnte er zum Unterschied von den meisten anderen Adelssprösslingen nicht allzu viel abgewinnen.

Dafür war er ein ausgezeichneter Schüler, besonders begabt für Mathematik und Latein, mit einem lebhaften Interesse für die schönen Künste. Die von ihm angeregten Baudenkmäler legen noch heute ein beredtes Zeugnis dafür ab.

Er war erst zwölf, als die heiß geliebte Mutter starb. Von da an traten jene Wesenszüge hervor, die ihn eher ernst und introvertiert erscheinen ließen. Er sei, so schreibt der österreichische Diplomat Adam von Dietrichstein, recht umgänglich, aber »er kans nit also erzaigen, wie ers im Hertzen hat«.

Karl ernennt den 16-Jährigen bereits zum Regenten in Spanien. Dort herrscht zwar, ganz anders als im übrigen Europa, tiefster Frieden, doch liegen manche Dinge im Argen. Denn Karl zieht aus dem Land Unmengen Geldes für seine zahlreichen Kriege; auch mehr junge Spanier, als dem Land gut tut, werden auf die verschiedenen Schlachtfelder geworfen. Der Regent sieht sich zunehmend den Klagen der störrischen Cortes ausgesetzt.

Dem Halbwüchsigen stehen zwar erfahrene Ratgeber zur Seite,

doch Karl richtet eine unmissverständliche Botschaft an den Sohn: »Die Granden werden Eure Gunst anstreben und versuchen, durch Euch das Land zu beherrschen. Wenn Ihr aber so regiert, wird das Euer Untergang sein.« Weniger verklausuliert lautet die Botschaft: Sei auf der Hut, mein Sohn!

Philipp wird sich danach richten.

Da Philipp nun schon regierte, schien es an der Zeit, ihm eine passende Braut zu verschaffen. Karls erste Wahl fiel auf eine Prinzessin von Navarra, jenem Pufferstaat zwischen Spanien und Frankreich, der eine herausragende strategische Bedeutung besaß. Doch zu seinem Ärgernis kam dem Kaiser sein Intimfeind, Frankreichs Franz I., zuvor und »erwarb« die Goldene Braut für seinen bourbonischen Vetter, dessen Sohn Heinrich IV. der erste Bourbone auf dem Thron Frankreichs werden sollte.

Die zweite Wahl fiel, wieder einmal, auf eine Portugiesin und damit, wieder einmal, auf eine nahe Blutsverwandte: Prinzessin Maria war die Tochter von Karls jüngster Schwester Katharina. Wir besinnen uns auf Katharina, die ihre Kindheit mit Johanna »der Wahnsinnigen« in Tordesillas verbracht hat. Und Marias Vater, König Johann III. von Portugal, wiederum war der Bruder von Philipps Mutter Isabella. Wir sagten es schon einmal: Näher am Inzest ist kaum möglich.

Beide Brautleute waren eben 16 Jahre alt. Das Paar wurde am 12. November 1543 in Salamanca getraut und residierte in Valladolid. Dieser durch mehrfache Inzucht schwer vorbelasteten Ehe entspross ein einziger Sohn und der war, wie eigentlich nicht anders zu erwarten, wie er war: der unglückselige Don Carlos. Wenige Tage nach der Niederkunft ist die junge Mutter tot. Angeblich, weil sie zu früh und zu gierig an einer Zitrone gelutscht hat.

Ob aus Trauer über das frühe Hinscheiden seiner als bildhübsch geschilderten Gemahlin oder weil er schon von Haus aus kein Kostverächter war, so wie sein Vater Karl V., so wie sein Großvater Philipp der Schöne, so wie sein Urgroßvater Kaiser Maximilian I. – so führt Philipp wie diese alle nun ein stürmisches und abwechslungsreiches Liebesleben.

166

Das Sexualleben der Prominenz war damals wie heute ein interessantes Gesprächsthema, wobei es auch, damals wie heute, zu den seltsamsten Erfindungen, Spekulationen und Ausschmückungen kam. Lange Zeit hieß es, Philipp sei vor seiner Ehe, also bereits als 15-Jähriger, mit seiner späteren Mätresse, einer Isabel de Osorio, heimlich verheiratet gewesen, was natürlich blanker Humbug war. Aber damals wie heute gab es Leute genug, die sich das Geschwätz nicht nur anhörten, sondern ihm auch Glauben schenkten – sogar in manchen früheren Geschichtsbüchern.

Allzu viel Zeit für die angenehmen Seiten des Herrscherlebens blieb Philipp allerdings nicht. Wie schon Vater und Großvater musste er sich immer wieder mit der widerspenstigen Cortes herumschlagen. Es nützte auch nicht viel, dass er einige Mitglieder, nämlich die Spitzen des Adels, an den Hof zog und in ein zunehmend von lähmenden Vorschriften überfrachtetes Protokoll (»Spanisches Hofzeremoniell«) einzwängte.

Die Hoffnung, dass die Cortes dadurch weniger aufbegehren würde, erfüllte sich nicht. Vor allem lösten 1548 Philipps Vorbereitungen für einen längeren Auslandsaufenthalt helle Empörung aus. Der Kaiser wünschte, dass Philipp alle Ecken und Enden seines Reiches kennen lernte, die Cortes aber fand, dass dessen Platz in Spanien und sonst nirgendwo zu sein hätte, wenn schon so viel Geld und so viele Soldaten für Kriegszüge irgendwo im fernen Europa abgezogen würden.

In einer geharnischten Petition lesen wir: »Es herrscht große Armut, weil so viel Geld aus dem Land gebracht wird. Es fehlt an Gold und Silber. Wir sind überzeugt, dass unsere Königreiche ganz und gar zu Grunde gerichtet werden, wenn unsere Fürsten weiterhin außer Landes sind.«

Die Bittschrift bewirkte nichts. Philipp setzte seine Schwester Maria und deren Gemahl Erzherzog Maximilian zu Regenten ein und machte sich am 1. Oktober 1548 auf die weite Reise.*

---

* Auch Maria und Maximilian waren aufs engste verwandt. Der junge Mann, später Kaiser Maximilian II., war der Sohn von Karls Bruder Ferdinand, nach der Abdankung Karls Kaiser Ferdinand I.

Der Prinz reiste zunächst ins Herzogtum Mailand, dann ins König-reich beider Sizilien, damals spanische Hoheitsgebiete und die Besu-che wurden ein Erfolg. Philipp zeigte sich beflissen und freundlich und was die Hauptsache war, sehr, sehr großzügig mit Geschenken und Vergünstigungen aller Art.

Nicht so gut lief es in den Niederlanden und in Deutschland, die beide schon in heftigsten Religionswirren lagen. Der katholische Prinz, dem weder Land noch Leute, weder Klima noch Speisen be-hagten, bemühte sich zwar um gutes Einvernehmen, doch er wirkte eher verkrampft, was auf Seiten seiner Untertanen von Anfang an Ab-lehnung auslöste. Das gespannte Verhältnis wird sich niemals mehr lockern und in späteren Jahrzehnten tiefgreifende historische Verände-rungen provozieren. Stichwort: Abfall der Niederlande – die uns aber weiter nicht zu interessieren haben, denn sie ereignen sich lange, nachdem diese Geschichte zu Ende gegangen ist.

1551, rund drei Jahre nach seiner Abreise, kehrt Philipp nach Spa-nien zurück, um viele Erfahrungen reicher, belastet mit neuer Würde und Bürde: Der Vater, weiterhin und mehr denn je durch Religions-kämpfe in Deutschland gebunden, stattet den Sohn per Dekret »mit absoluter Macht und königlicher Majestät« aus. Das heißt, Philipp ist nun nicht mehr nur Regent an Vaters statt, sondern selbst und allein verantwortlich, eine Aufgabe, die er »mit großer Tugend und edlem Charakter« erfüllen werde, »mit aufrichtiger Liebe zu seinem König-reich«, wie der Kaiser nicht zu betonen vergisst.

Zwei Jahre lang kann sich Philipp einer gewissen Unabhängigkeit vom fernen Vater erfreuen, bis ihn dieser wieder in die Pflicht ruft. Philipps achtjähriger Sohn Don Carlos gibt zu Sorge reichlich Anlass. Es wird immer offensichtlicher, dass das Kind schwer in seiner Ent-wicklung gestört ist und sicher niemals ein vollwertiger Ersatz für den Vater auf dem Thron sein kann – wenn er das Erwachsenenalter über-haupt erreichen wird.

Darum ist naheliegend, dass Philipp baldmöglichst für weiteren (männlichen) Nachwuchs sorgen, das heißt zunächst einmal heiraten muss. Die Braut ist leicht zu finden. Im portugiesischen Königshaus mangelt es nicht an Auswahl, und dass es traditionsgemäß wieder eine Portugiesin sein wird, das steht fest.

Oder doch nicht? Am 6. Juli 1553 stirbt, erst 16 Jahre alt, Englands König Eduard VI., und Karl V., der alte Fuchs, wittert erheblich bessere Chancen. Eduards Nachfolgerin wird nämlich dessen Halbschwester Maria und die lebt erfreulicherweise noch im Stand der Jungfernschaft. Welch eine Partie für Philipp! Dass Maria Philipps Tante und satte neun Jahre älter ist als der potentielle Bräutigam, das scheint den Kaiser keinen Augenblick gestört zu haben. Solche Lappalien waren bei politischen Ehe-Allianzen noch nie von Gewicht.

Während Philipp nichts ahnend an den Heiratsverhandlungen mit den Portugiesen feilt, streckt Karls Gesandter Simon Renard bereits seine Fühler aus und hat erste Gespräche mit der neuen englischen Königin. Diese werden so diskret geführt, dass Philipp erst durch einen Brief des Vaters davon erfährt. Der Kaiser schreibt, er hätte selbst daran gedacht, Maria zu freien, doch sei er nicht mehr in der Lage »weitere Verpflichtungen auf mich zu nehmen«. Als nächster Kandidat um die Hand der englischen Königin käme demnach kein anderer als Philipp in Frage.

Philipps Antwort auf diesen Vorschlag, der wohl viel eher ein Befehl ist, legt für zweierlei Zeugnis ab: für den bedingungslosen Gehorsam des Sohnes und für seinen nüchternen politischen Realitätssinn.

Nach der höflichen Einleitung: »… ich möchte die Hand Eurer Majestät küssen, denn ich begreife durchaus die Vorteile, die aus dieser Sache [!] erwachsen können«, legt er des Langen und Breiten dar, dass er ohnehin drauf und dran war, die Unterhandlungen mit Portugal abzubrechen. Es hatte sich nämlich herausgestellt, dass der portugiesische König empörenderweise die Mitgift der zukünftigen Braut um jene Summe beschneiden wollte, welche die Spanier bei der Mitgift für Philipps Schwester Johanna schuldig geblieben waren, als sie den Kronprinzen Portugals ehelichte. Dieses Geschäft war demnach kein glänzendes und konnte leichten Herzens vergessen werden.

Glänzender hingegen die Aussichten, eine *Königin* zu ehelichen, ausgestattet mit beträchtlichen privaten und staatlichen Mitteln und mit *politischen* noch dazu, was im ewigen Kampf Spaniens gegen Frankreich von unschätzbarem Vorteil war. Ganz zu schweigen von der Aussicht, England, das unter Heinrich VIII. von Rom abgefallen war, wieder in den Schoß der allein selig machenden Kirche zurück zu führen.

Philipp an Karl: »Ihr wisst, dass mein Wille der Eurige ist, vor allem in einer Angelegenheit von so großer Tragweite. Möge Eure Majestät alles so bestimmen, wie es am vorteilhaftesten ist.«

Sobald die Heiratsverträge unter Dach und Fach waren – über die Einzelheiten wird später zu berichten sein –, begann man mit den Reisevorbereitungen, die durch eine winzige Szene in ein erhellendes Licht getaucht werden.

Während einer von Philipps öffentlichen Generalaudienzen, zu denen jedermann Zutritt hatte, warf sich ihm eine Frau zu Füßen und flehte ihn an, ihren Mann als Diener nach England mitzunehmen. Er selbst könnte sich nicht so recht dazu entschließen, während sie nichts lieber täte, als in das neue Königreich zu fahren. Philipp wandte ein, dass diese Reise unter Umständen kein Hochzeits-, sondern ein Kriegszug werden könnte und die gute Frau möge sich das alles noch einmal reiflich überlegen.

Wie diese spezielle Angelegenheit ausgegangen ist, das wissen wir nicht. Dokumentiert jedoch ist eine ungeheure allgemeine Aufbruchstimmung unter Philipps Gefolge. Jeder drängte, ins ferne England mitkommen zu dürfen, gleichgültig, ob es sich um einen Küchenburschen oder einen Adeligen handelte, und die Familien sollten am besten gleich mitfahren.

Diese ungehemmte Reise- und Abenteuerlust hatte ihre Wurzeln in den zahlreich kursierenden Gerüchten, dass England ein reiches Königreich sei, wo man, ohne viel selbst zu tun, ein bequemes Leben führen könnte. Woher diese falschen Meldungen kamen, lässt sich nicht mehr feststellen. Es ist aber anzunehmen, dass schlichte Gemüter dem Wunschtraum nachhingen, es würden in England ähnlich paradiesische Zustände herrschen wie in den neuen spanischen Kolonien, wo das Gold doch auf der Straße lag und die Eingeborenen die Sklavenarbeit leisteten.

Philipp hat es nicht eilig, nach England zu gehen. Dieses und jenes kommt dazwischen, unter anderem die überraschende Ankunft seiner Schwester Johanna, dieselbe, die mit dem portugiesischen Thronfolger verheiratet und deren Mitgift Spanien schuldig geblieben war. Es scheint ihr nicht gut in Portugal zu gefallen und man wird sie miserabel behandelt haben. Denn kaum war ihr Angetrauter gestorben, kaum hatte sie, wenige Monate nach seinem Tod, einen Sohn geboren, bat sie ihren Bruder flehentlich, sie wieder in der Heimat aufzunehmen.

Philipp war es recht. Schließlich konnte sie, nachdem seine Schwester Maria ihrem Mann nach Österreich gefolgt war, an seiner statt die Regierungsgeschäfte übernehmen. Er reiste ihr bis an die Grenze Portugals entgegen, dort nahm er sie am 10. Mai 1554 in Empfang. Die Geschwister ritten gemeinsam nach Tordesillas, wo Johanna ihre Großmutter, Johanna »die Wahnsinnige«, besuchte, wie wir im vorangegangenen Kapitel berichteten. Dass auch Philipp die alte Dame beehrt hätte, ist nirgendwo ausdrücklich dokumentiert. In Tordesillas trennten sich die Wege. Johanna begab sich nach Valladolid, Philipp brach in Richtung England auf.

Begleitet von einem Riesenkravall stach Philipp am 13. Juli 1554 von La Coruña aus in See. Sämtliche Kanonen feuerten einen so gewaltigen Abschiedssalut, dass das Städtchen in den Grundmauern erbebte. Nicht weniger als 125 Schiffe nahmen an der Fahrt teil, ein beeindruckender Flottenverband, der den misstrauischen Engländern den Eindruck einer geplanten Invasion vermitteln musste, wenn man bedenkt, dass die berühmte Armada, die 1588 gegen die Insel zog, auch nicht mehr als 130 Kriegsschiffe umfasste.

Mit von der Partie waren mehrere hundert Personen, Adelige, Diener, 300 Mann Leibwache, das gesamte Küchenpersonal, Musiker, Handwerker und zahlreiche Geistliche. Das Gepäck war, wie man sich vorstellen kann, enorm. Die meiste Tonnage beanspruchte natürlich Philipp selbst mit seinen prächtigen Möbeln, prunkvollen Gewändern und Rüstungen, Tafelsilber, Kirchengerät, Geschmeide für den eigenen Gebrauch und für großzügige Geschenke, ganz zu schweigen von den Kisten voller Goldstücke.

Nach einer ruhigen Überfahrt landen die Spanier am 20. Juli 1554 in Southampton. Fünf Tage später wird Philipp mit einer ihm gänzlich unbekannten Frau verheiratet sein, die noch dazu seine Tante ist.

Wer ist diese Maria Tudor? Ein Monster, wie manche ihrer Zeitgenossen behaupten, die ihr den Beinamen »Bloody Mary« (Maria »die Blutige«) geben? Eine unbedeutende Fußnote in der Weltgeschichte? Eine mutige Kämpferin? Eine von Kindheit an gestörte und zerrissene Seele? Eine Treibende und zugleich Gejagte? Mannigfach und grundverschieden sind die von ihr überlieferten Bilder, je nachdem, ob von Freundes- oder Feindeshand gezeichnet. Wir wollen versuchen, diese Bilder übereinander zu legen und zu durchleuchten. Vielleicht kommt die wahre Maria Tudor zum Vorschein.

Maria Tudors Wesen und Charakter definieren sich zweifelsohne aus dem Geschick ihrer Mutter. Was der vom Vater angetan wurde, betraf gleichermaßen die Tochter, wobei erschwerend hinzu kommt, dass Maria den Vater abgöttisch liebte. Auch von ihm empfing sie alle Liebe dieser Welt – später aber allen Hass dieser Welt, der sich gleichermaßen über sie und ihre Mutter ergoss. Die Mutter ist daran zugrunde gegangen, die Tochter hat mit Mühe überlebt und für ein paar kurze Jahre erstaunliche Zeugnisse von Mut, Kraft und Entschlossenheit abgelegt, eindeutig Erbteile des Übervaters Heinrich VIII.

Nun also zur Mutter. Katharina von Aragón, jüngste Schwester von Johanna »der Wahnsinnigen«, war eine der vielen weiblichen Figuren, die rücksichtslos auf dem Schachbrett der Weltpolitik hin und her geschoben wurden. Man hat – wie im vorangegangenen Kapitel kurz erwähnt – die 16-Jährige nach London verschickt, wo sie den ein Jahr älteren Arthur Prinz von Wales, Sohn König Heinrichs VII., ehelichte. Nach wenigen Monaten war der junge Mann dann tot.

Vermutlich hätte Katharina, eben 17 Jahre alt und kaum des Englischen mächtig – das sie nie perfekt erlernen wird – nichts sehnlicher gewünscht als schleunigst nach Hause zurückkehren zu dürfen. Davon aber war nicht im Entferntesten die Rede.

Katharina von Aragón

Sie bekam den Titel »Prinzessin-Witwe« verpasst, der nichts besagte und nichts bedeutete, außer dass sie praktisch mittellos war, auf
das Gnadenbrot ihres Schwiegervaters angewiesen. Der wollte sie unter keinen Umständen ziehen lassen, sonst hätte er ihre reiche Mitgift
zurückgeben müssen. Und er hatte ja noch einen Sohn. Heinrich,

Prinz von Wales, war zwar erst neun Jahre alt, aber schließlich würde auch dieser Knabe binnen weniger Jahre zum heirats- und zeugungsfähigen Mann heranwachsen …

Die Zeit des Wartens auf eine neue Ehe verbrachte Katharina abseits des höfischen Getriebes mit seinen üppigen Festen, zu denen kein Mensch sie einlud, im Kreise ihrer wenigen spanischen Hofleute. Ihr Trost, ihre Zuflucht wurde die Religion.

Nach sieben Jahren wurde sie aus der Versenkung hervorgeholt. Heinrich VII. war gestorben, Heinrich VIII., siebzehn Jahre alt, heiratete auf der Stelle die neun Jahre ältere Schwägerin. Ein nicht nur wegen des Altersunterschiedes ziemlich ungleiches Paar. Sie war klein und neigte zur Rundlichkeit, er ein Hüne von einem Meter sechsundachtzig, sportlich wohlgeformt vom Scheitel bis zur Sohle. Sie verschreckt, verschüchtert, fast mundtot, er sprühend vor Witz und Lebenslust.

Ein Hindernis galt es noch vor der Hochzeit zu überwinden. Nach damaligem kanonischem Recht durfte ein Mann nicht die Witwe seines Bruder heiraten und Heinrich betrieb mit all der ihm innewohnenden Energie die Erlangung einer päpstlichen Dispens. Katharina, die Fromme, leistete ihm dabei beachtliche Schützenhilfe, indem sie schwor, die Ehe mit Arthur sei gar nicht vollzogen worden. Wahr oder nicht – die Dispens war danach nur noch eine Formsache. Nicht sehr viel später wird ihre Umgebung staunend begreifen, dass dieses arme, bemitleidenswerte Hühnchen eigentlich eine hochintelligente Frau ist.

Das junge Paar hatte keinen festen Wohnsitz, sondern zog, wie damals üblich, von Schloss zu Schloss, von Burg zu Burg. Nur selten hielt es sich in London auf, das damals ein eher ungemütlicher Ort gewesen sein muss. Gerade in jenen Jahren gab es eine stetig ansteigende Landflucht. Die Stadt von mittlerer Größe, von festen Mauern umgeben, war in kurzer Zeit dermaßen übervölkert, dass sie in großen Teilen verslumte. Alljährlich wüteten Seuchen, die man heute nicht einmal mehr dem Namen nach kennt und denen Unzählige zum Opfer fielen. Eine davon, die mit enormen Fieberschüben binnen weniger Stunden zum Tode führte, hieß kurz und bündig »sweat« (Schweiß), womit schon alles gesagt war.

Heinrich VIII.

Unmittelbar nach der Hochzeit wurde Katharina schwanger, verlor
das Kind aber schon nach wenigen Wochen – wofür sich Heinrich auf
seine Weise »rächte«, indem er sich ohne den leisesten Anflug von
Scham eine prächtige Geliebte zulegte.

Reuig, glücklich, ausgelassen vor Freude und Stolz, kehrte er in die Arme seiner Gemahlin zurück, nachdem sie am Neujahrstag des Jahres 1511 den erwünschten Sohn geboren hatte, den Herzog von Richmond und Sumerset, der als Heinrich IX. seinem Vater als englischer König nachfolgen würde. Die Dankgottesdienste, die Feiern zu Ehren des kleinen Prinzen schienen kein Ende nehmen zu wollen – bis sie dann doch schlagartig abgebrochen wurden. Das Baby war, acht Wochen alt, gestorben.

Sieht man von Heinrichs ständig wechselnden Flirts und Liaisons ab, verlief die Ehe in erstaunlicher Harmonie. Heinrich bemerkte mit ehrlichem Respekt, dass seine Frau ihre Schüchternheit verloren und sich zu einer beachtenswert scharfsinnigen und zielstrebigen Person entwickelt hatte. Ihr konnte er beruhigt die Regierungsgeschäfte überlassen, wenn er, meist um Kriege zu führen, außer Landes weilte. Der große Erasmus von Rotterdam nannte die englische Königin »ein Wunder ihres Geschlechtes«. Sie sei nur »aus Versehen« als Frau geboren worden, »in ihrem Körper schlägt das Herz eines Mannes«.

Katharina erlitt, kurz hintereinander, noch zwei Fehlgeburten (möglicherweise weil ihr Mann syphilitisch war), worauf sie auf Gedeih und Verderb allen möglichen Ärzten und Wunderheilern ausgeliefert wurde, deren grausame Manipulationen sie mit Geduld und Demut über sich ergehen ließ. Denn nach damaligen Vorstellungen war es allein die Schuld der Frau, wenn es mit dem Nachwuchs nicht klappte. Kein Wort des Protestes, als man ihr vorschrieb, den Urin trächtiger Ziegen zu trinken oder mittels eines Röhrchens Dampf in ihr Leibesinnere zu pressen.

Es grenzt an ein Wunder, dass sie dennoch erneut schwanger wurde und am Montag, dem 18. Februar 1516, ein gesundes Kind zur Welt brachte. Es war zwar ein Mädchen, aber die Freude darüber, dass die kleine Maria sich nicht gleich wieder aus dieser Welt verabschiedete, überwog die elterliche Enttäuschung bei weitem.

Nachdem Heinrich sich mit der betrüblichen Tatsache, nur eine Tochter bekommen zu haben, abgefunden hatte, sorgte er sofort für eine standesgemäße Hofhaltung Marias, die mehrere Dutzend Personen umfasste, darunter zwei Beichtväter, eine Haushofmeisterin und einige Hofdamen.

Maria war zweieinhalb Jahre alt, als man sie zum ersten Mal verlobte, und zwar mit Franz, dem ältesten Sohn des französischen Königs. Der Dauphin sollte Maria an ihrem 14. Geburtstag heiraten. Zwischen den alten Erbfeinden Frankreich und England wurde ein Generalfriede geschlossen und im Verlobungskontrakt sicherte Heinrich seiner Tochter das Erbrecht zu: Zum ersten Mal in der englischen Geschichte sollte es einer Frau erlaubt sein, die Krone zu tragen, gäbe es keinen Sohn. Heinrich konnte das Versprechen leichten Herzens geben, denn Katharina war wieder schwanger – diesmal würde sie, *musste* sie einen gesunden Jungen zur Welt bringen.

Aber auch diese Schwangerschaft endete vorzeitig. Das Mädchen, das Katharina im achten Monat gebar, war nicht lebensfähig. Einen Sohn hingegen bescherte dem König, fast gleichzeitig, eine seiner Mätressen, Elisabeth Blount. Sie wurde mit einem Kammerherrn verheiratet. Das Kind nahm ihr Heinrich weg, um es bei Hofe aufziehen zu lassen …

Noch einmal kurz zurück zur Verlobung Marias mit dem Dauphin, die mit dem üblichen Pomp zelebriert wurde. Die Zweieinhalbjährige hatte man in steifen Goldbrokat gesteckt, ihr auf die blonden Locken ein keckes Häubchen gesetzt und sie ließ das ganze Brimborium mit engelsgleicher Geduld über sich ergehen. Heinrich war stolz auf sie: »Sie hat kein einziges Mal geweint«, erzählte er jedem, der es hören wollte, und sie machte nicht ein einziges Mal Anstalten, den protzigen Verlobungsring, den man ihr an den winzigen Ringfinger gesteckt hatte, abzuziehen oder zu belutschen.

Es steht außer Frage, dass Heinrich seiner Tochter sehr zugetan war. Zwar sah er sie meist nur zu hohen Festtagen, denn er und seine Frau führten eine vom Kind getrennte Hofhaltung, doch wenn er mit ihr zusammentraf, überschüttete er sie mit Liebe und Aufmerksamkeit, kroch auch schon einmal mit ihr auf dem Boden herum. Am liebsten trug er sie auf dem Arm, heischte von jedermann Bewunderung für seine – wie er sie nannte – »Perle, die kostbarste Perle meines Königreiches«.

Die französische Verlobung ist längst wieder in die Brüche gegangen, als ein neuer Freier auftaucht. Es ist niemand Geringerer als Marias Cousin, Kaiser Karl V., der in seinem Krieg gegen Frankreich einen potenten Bundesgenossen braucht. Der Kaiser ist 21 Jahre alt, Maria fünf, und Karl zeigt sich entzückt von der munteren Kleinen, als er in London Visite macht. Ziemlich genau beschrieben hat Spaniens Botschafter das Kind, das er als »ausgesprochen hübsch und sehr groß für sein Alter« bezeichnete. Sie spiele schon ausgezeichnet auf dem Virginal (Vorläufer des Cembalos) und »tanzt zierlich, dass es eine Erwachsene nicht besser könnte«.

Natürlich ist die Braut noch viel zu jung, um ihrem kaiserlichen Verlobten häufig Gesellschaft zu leisten. Der zieht es vor, sich mit seinem zukünftigen Schwiegervater beim Reiten, Jagen und Tennisspielen zu vergnügen. Die Interessen der beiden jungen Männer liegen ziemlich gleichauf, es trennt sie ja nur ein Altersunterschied von knapp acht Jahren.

Schwierig gestalten sich hingegen die Verhandlungen über den Verlobungsvertrag. Karl fordert kategorisch, dass Maria bereits im folgenden Jahr nach Brüssel gebracht und zur zukünftigen Kaiserin erzogen werden sollte. Doch Heinrich will sein Herzblatt nicht so frühzeitig aus den Augen verlieren. Nach langem Hin und Her einigt man sich, dass die Prinzessin mit zwölf Jahren an den Hof des zukünftigen Ehemanns übersiedeln soll.

Auch wird festgeschrieben, Marias Erziehung auf ihren künftigen Status auszurichten, was sich, rein äußerlich, schon darin dokumentiert, dass sie ab sofort in spanische Tracht gekleidet wird. Sie wirkt wie für einen Kostümball herausgeputzt. Ob ihr das gefallen hat oder nicht, das wissen wir nicht.

In jedem seiner Briefe an Heinrich erkundigt sich Karl nach »meiner Liebsten, der zukünftigen Kaiserin«, und er nimmt lebhaften Anteil an ihren schulischen Fortschritten, die erfreulicherweise zufriedenstellend sind, obwohl die Kleine ein gigantisches Pensum zu bewältigen hat.

Im Unterricht wird ausschließlich Latein gesprochen, daneben

Griechisch, und sie muss von einer in die andere Sprache übersetzen. Auf dem Lehrplan stehen auch noch Französisch, Italienisch und Spanisch, das sie ausschließlich mit der Mutter spricht. Englisch ist dem Alltag vorbehalten.

Das Bildungskorsett ist eng geschnürt. Nur ausgewählte Lektüre ist zugelassen, Ritterromane, wie sie damals gerade in Mode kommen, stehen als »liberi pestiferi« auf dem Index. Platon, Cicero, Plutarch muss das Kind lesen und zur »Unterhaltung« »Utopia« von Thomas Morus – übrigens nach anfänglichen schweren Bedenken, denn das ist ja nun wirklich ein sehr moderner Autor.

Nirgendwo steht geschrieben, dass ein kleines Mädchen sich spielerisch amüsieren darf, Kartenspiele sind sogar ausdrücklich verboten, dafür muss das Kind in seiner Freizeit ein kleines Gartenstück kultivieren. Doch es gibt auch Lichtblicke.

Schon mit sechs Jahren ist Maria eine ausgezeichnete Reiterin, sie wird bereits in die hohe Kunst des Jagens eingeführt. Wie ihr Vater liebt sie Musik über alles und er sorgt dafür, dass sie eine sorgfältige Ausbildung erhält. Sie beherrscht mehrere Instrumente, absolut perfekt ist sie auf dem Virginal. Heinrich lässt kaum eine Gelegenheit aus, die kleine Künstlerin sich vor Besuchern produzieren zu lassen.

1525, Maria ist neun Jahre alt, schickt sie, natürlich auf Befehl des Vaters, ihrem kaiserlichen Bräutgam einen wertvollen Smaragdring und dazu die Botschaft, sie erflehe Gottes Gnade, dass Seine Majestät aufrichtig zu ihr halten, so, wie sie ihm in alle Ewigkeit in unwandelbarer Treue zugetan sein werde. Karl, der kleinen Braut keineswegs in unwandelbarer Treue zugetan, bedankt sich höflich für das schöne Angebinde, er werde den Ring »der Prinzessin zuliebe« stets am kleinen Finger tragen.

Vergebliche Liebesmüh, Karl hat seine Heiratspläne längst geändert, er wird sehr bald die portugiesische Prinzessin Isabella heiraten und schon 1527 Vater eines Sohnes werden: Philipp, Marias späteren Ehemann …

Welche Motive Heinrich dazu bewegen, just zu diesem Zeitpunkt seine Tochter offiziell zur Thronerbin und damit zur Prinzessin von

179

Wales zu erklären, ist unbekannt. Sicher waren es verwickelte dynastische Pläne, welche die väterliche Fürsorge in den Hintergrund gerückt haben.

Der König lässt, alle Gefahren missachtend, die Neunjährige nach Ludlow Castle in Wales bringen, in diese keltische Unruheprovinz, die damals noch nicht vollständig von England unterworfen, jederzeit zu Aufruhr und Krawall bereit ist. Nur ganz selten, und dann nur unter schärfster Bewachung, wagen sich Maria, ihre Erzieher, Betreuer, Begleiter und Diener aus dem schrecklich kalten und finsteren Schloss heraus. Vermutlich sind alle heilfroh, dass sie das feindliche Territorium schon eineinhalb Jahre später verlassen dürfen, nachdem es erneut zu bedrohlichen Unruhen und antienglischen Ausschreitungen gekommen ist.

Da nun Karl eine andere genommen hatte, gab es erneut Heiratsgespräche mit Frankreich. Zur Diskussion standen König Franz I., 34 Jahre alt und soeben verwitwet, oder der Dauphin Franz, der schon einmal mit Maria verlobt gewesen war. Letzten Endes kam keine der Verbindungen zustande. Es sollte fast zwei Jahrzehnte dauern, ehe die Prinzessin endlich unter die Haube kam. Zwei Jahrzehnte voller kurzer Freuden und maßloser Schmerzen, Demütigungen, zerstörter Hoffnungen und zuletzt doch noch glanzvoller Siege über ein scheinbar aussichtsloses Geschick.

Heinrich erweckte den Eindruck, als hätte es ihm schier das Herz gebrochen, so lange von seiner geliebten Tochter getrennt gewesen zu sein. So jung sie war, sie durfte immer öfter und immer länger an seiner Seite sein, beim Tanzen, beim Jagen, beim Festefeiern. In diesen entscheidenden Jahren der Adoleszenz muss sich die emotionale Bindung an den Vater endgültig verfestigt haben – ein Mann wie kein zweiter, voller Charme und Witz, perfekt in allem, was er anging. In lauten Jubel brach sie aus, wenn er wieder einmal einen glanzvollen Turniersieg errungen hatte. Die Mutter blieb in diesen Jahren eine eher blasse, doch sehr geliebte Figur im Hintergrund.

Marias Glück zerbrach in dem Augenblick, da der Vater beschloss, sich nach 18-jähriger Ehe von seiner treuen Weggefährtin und Ehefrau Katharina zu trennen. Weil er, wie er sagte, Gewissensbisse hatte, weil England einen männlichen Erben brauchte, wie er vorgab. Tatsächlich aber, und das wusste jedermann, um seine Mätresse Anna Boleyn heiraten zu können.

Natürlich glaubte kein Mensch, dass Heinrich plötzlich nach so langer Zeit von Skrupeln befallen worden war, weil er die Witwe seines Bruders geheiratet hatte. Eher mochte noch durchgehen, dass er sich von Herzen einen Sohn wünschte. In der Tat aber war Anna Boleyn die eigentliche Triebkraft in dieser hochherrschaftlichen Schmierenkomödie um eine de facto unmögliche Scheidung.

Wetterwendisch und liebedienerisch spielte die ganze Hofkamarilla mit. Noch lange ehe das skandalöse Scheidungsverfahren in Gang kam, wurde Anna Boleyn umworben und umschmeichelt, als wäre sie bereits die regierende Königin. An seiner Tochter Maria schien Heinrich nicht mehr den geringsten Gefallen zu finden, nie mehr nahm er sie zur Jagd mit, zu Festlichkeiten wurde sie nicht mehr eingeladen. Katharina verließ ihre Gemächer ohnehin nicht mehr.

Während die Affäre bereits an allen europäischen Höfen und von Kirchenrechtlern emsig diskutiert wurde, äußerte sich Papst Klemens VII., oberster Hüter der heiligen Glaubenssätze, überhaupt nicht. Er wollte es sich mit keinem verderben. Nicht mit Kaiser Karl V., dem Neffen von Heinrichs Gattin Katharina, nicht mit Heinrich selbst, der bis dahin ein wackerer Mitstreiter gegen den aufkommenden Protestantismus gewesen war, ausgezeichnet mit dem vom Heiligen Stuhl verliehenen Ehrentitel »Verteidiger des Glaubens«.

Was in den nächsten Jahren folgte, war der blanke Terror gegen Katharina und ein entsetzliches Wechselbad der Gefühle für Maria, deren kindliche Liebe gleichermaßen Vater wie Mutter galt.

Findige, dem König ergebene Spitzenmänner des englischen Klerus hatten dubiose, mehrfach deutbare Paragrafen des Kirchenrechtes entdeckt, die es Heinrich angeblich gestatteten, ans Ziel seiner Wünsche zu kommen. Katharina musste nur aus freien Stücken ins Kloster gehen, dann wäre die Ehe getrennt. Diesen Schritt versuchte man ihr schmackhaft zu machen mit dem Versprechen, dass ihre Rechte und

Einkünfte unangetastet blieben. Sie müsste nur auf die Person ihres Gemahls verzichten. Katharina sagte laut und deutlich nein. Dann kam das abenteuerliche Angebot einer Ehe zu dritt – Katharina schrie nochmals nein.

Sie erlangte eine Audienz beim königlichen Gemahl, flehte ihn auf Knien an Erbarmen zu üben. Er warf sie hinaus. Auf der Straße erwartete sie eine Menschenmenge, jubelte ihr demonstrativ zu. Heinrich drohte ihr daraufhin mit einer Anklage wegen Hochverrats und Volksaufwiegelung.

Hohe Kirchenfürsten, an ihrer Spitze der Erzbischof von Canterbury Thomas Cramner, versuchten sie zu überzeugen, dass sie in eine Trennung einwilligen *müsste*, denn Gott selbst hätte sie aus seiner Gnade entlassen, indem ER die Früchte ihres Leibes so oft vorzeitig vernichtet hätte. Katharina weigerte sich, diese bizarre Auslegung des göttlichen Willens zu akzeptieren.

Daraufhin entfernte Heinrich seine störrische Frau endgültig aus seiner Umgebung. Katharina wurde in ein Schloss in Hutingfordshire verbracht, und zwar so überfallsartig, dass sie kaum das Nötigste zusammenpacken lassen konnte. Heinrichs Geliebte übersiedelte sofort in die Gemächer der verbannten Königin, zog deren Kleider an und behängte sich mit deren Schmuck.

Wenigstens war es Maria noch erlaubt, ihre Mutter gelegentlich zu besuchen. Es zeugt von Katharinas Seelengröße, dass sie die Tochter anhielt, dem Vater trotz allem den ihm gebührenden Respekt entgegenzubringen. Das dürfte Maria nicht allzu schwer gefallen sein, denn der sprunghafte Vater ließ sie von Zeit zu Zeit an sich heran, überschüttet sie mit kostbaren Geschenken – um sich dann wieder abrupt von ihr abzuwenden. Es war kein Geheimnis, dass Anna Boleyn nicht abließ, gegen die Königin und gegen Maria zu hetzen.

Endlich, 1533, wurde die Scheidungsaffäre schlagartig durch das Parlament gelöst, nachdem der Papst sich noch immer nicht zu einer Entscheidung durchgerungen hatte. Die Abgeordneten votierten mit großer Mehrheit für ein Gesetz, das alle wichtigen kirchlichen Belange der Oberhoheit des Heiligen Stuhls entzog und dem englischen

Staat zuschlug. Ab nun gab es in England eine katholische Kirche, die nicht mehr eine heilige römische war. Ein Jahr später wird sich Heinrich selbst zum Oberhaupt erheben.

Die Scheidung wurde danach sofort vollzogen. Anna Boleyn, im sechsten Monat schwanger, heiratete den König und wurde feierlich gekrönt. Nach der Zeremonie wurde die neue Herrscherin vor der Kirche mit Schmährufen empfangen, wobei »verdammte Hure« noch einer der zahmsten war. Anna ließ das unberührt. Heinrich mutmaßte einen von seiner geschiedenen Frau und seiner Tochter angezettelten Affront.

Am 7. September 1533 gebar Anna eine Tochter, die spätere Königin Elisabeth I. Die Herolde, die das für den König nur halb freudige Ereignis unters Volk brachten, verkündeten im gleichen Atemzug, dass Maria nicht mehr die Prinzessin von Wales und Elisabeth die neue Thronfolgerin sei.

Katharina musste ab sofort wieder den Titel »Prinzessin-Witwe« führen. Es wurde ihr untersagt, Besuche zu empfangen – auch nicht den der eigenen Tochter. Sie haben einander nie mehr wieder gesehen.

Wenn es einen kleinen Trost für sie gab, dann war es die Zuneigung der Bevölkerung, die sie stürmisch begrüßte, sofern sie sich einmal außerhalb der Schlossmauern blicken ließ. Doch das hatte bald ein Ende. Per königlichen Dekret wurde unter Androhung hoher Strafe verboten, über die neue Königin auch nur zu reden sowie der alten oder »Lady Mary« die Reverenz zu erweisen.

»Lady Mary, Tochter des Königs«, lautete Marias neuer Titel. Sie wurde auf den Rang einer Hofdame zurückgestuft und hatte im Gefolge ihrer kleinen Schwester Dienst zu versehen. Das Zimmer, das man ihr zuwies, war nicht mehr als ein besserer Abstellraum. Als sie es zum ersten Mal betrat, »brach sie in Tränen aus«, berichtet ein Zeuge.

Baby Elisabeth genoss bereits alle Privilegien einer königlichen Hoheit. Wenn sie gefüttert wurde, saß sie, allen sichtbar, auf einem Podium, zu ihren Füßen das Personal an langen Tischen, ganz hinten Maria. Beim ersten Mal ließ sie ihre Speisen unberührt. Königin Anna erteilte scharfe Anweisungen, dass Maria in Gegenwart Elisabeths essen *müsse*, wollte sie nicht streng bestraft werden. Maria aß, aber sie schrie ihre Proteste hinaus.

Als sie mehrfach den Hofknicks verweigerte, wenn ihre Schwester vorbeigetragen wurde, ließ ihr Anna sämtliche Hofkleider und alle Pretiosen wegnehmen – um sie dann selbst zu tragen.

Um das wandelnde Ärgernis namens Maria endlich aus den Augen zu bekommen, unternahm Heinrich einige Versuche, sie zu vermählen. Er verhandelte mit Schottland, ein Herzog von Kleve war im Gespräch und auch Herzog Francesco Sforza, dem wir bereits im ersten Kapitel dieses Buches begegnet sind. Er war der Sohn von Herzog Ludovico Sforza, genannt »il Moro«, und damit zugleich Cousin von Bianca Maria, der unglücklichen Gemahlin von Kaiser Maximilian I.

Keiner der Kandidaten ließ sich selbst durch die Aussicht auf eine fette Mitgift zu einer Ehe mit Maria überreden, der nun einmal dank der eigenwilligen Scheidungs- und Erbfolgepolitik ihres Vaters der unauslöschliche Makel einer illegitimen Geburt anhing.

Nicht nur diese beleidigenden Abfuhren müssen den stolzen Fürsten erzürnt haben. Auch seine Tochter brachte ihn zu wiederholten Malen zur Weißglut, indem sie sich hartnäckig als »Prinzessin von Wales« und ihre Mutter als »Königin von England« bezeichnete und auf der Straße mit sichtbarem Genuss Ovationen der Bürger entgegennahm. »Sie ist meine ärgste Feindin«, tobte er einmal; sie habe nichts anderes im Sinn als seine eigenen Untertanen gegen ihn aufzuhetzen. Sie – die einstige »Perle von England«.

Heinrich ließ seiner Tochter in groben Worten bestellen, dass er sie unverzüglich in den Tower sperren würde, sollte sie nicht einen heiligen Eid auf das Gesetz schwören, das Elisabeth zur Thronerbin bestimmt und sie selbst zum Bastard gemacht hatte.

Maria äußerte sich nicht. Aber zwei Tage später wurde sie so schwer krank, dass an ihrem Aufkommen gezweifelt wurde. Nach langem Zögern ließ sich Heinrich herbei, ihr seinen Leibarzt Dr. Bull zu schicken, der eine überraschend moderne Diagnose stellte. Die Patientin, die an rasenden Kopfschmerzen und Dauererbrechen litt, könne nur »durch hingebungsvolle Pflege geheilt« werden. Hauptbedingung sei, ihr »die Last der Angst vor des Königs Strafandrohung« zu nehmen. Heute würde man sagen, dass Marias Leiden psychosomatischer Natur waren.

Katharinas flehende Bitten, die Betreuung der Tochter übernehmen zu dürfen, erlitten eine schroffe Abfuhr. Nach ein paar Wochen kam Maria wieder auf die Beine, obwohl sie sich so sehr gewünscht hatte, »endlich zu sterben, um von allen Qualen erlöst zu werden«, wie es im Brief einer Hofdame heißt.

Vermutlich besserte sich Marias Zustand in dem Augenblick, da ihr klar wurde, dass die Ehe ihres Vaters und seiner neuen Frau längst nicht mehr der Himmel auf Erden war. Heinrich hatte wieder begonnen sich mit neuen Gespielinnen zu vergnügen. Mit angehaltenem Atem lauschte die Dienerschaft den lauten Eifersuchtskrachs, die aus den königlichen Privatgemächern drangen. Vollends in Rage geriet Heinrich, nachdem ihm seine Frau einige Monate lang eine neue Schwangerschaft vorgegaukelt hatte, um ihre Ehe zu retten.

Kein Zweifel, der liebenswürdige junge Mann, der Heinrich einmal gewesen war, hatte sich im Laufe der Jahre zu einem brutalen Machtmenschen entwickelt, der buchstäblich über Leichen ging und seinen sadistischen Neigungen freien Lauf ließ.

Das bekamen vor allem die Geistlichen zu fühlen, die sich weigerten, seine Scheidung von Katharina und ihn selbst als obersten Kirchenherrn anzuerkennen. Man henkte sie, angetan mit vollem Ornat, löste die noch zuckenden, atmenden Leiber vom Strick, schnitt ihnen die Herzen heraus, hackte ihnen die Köpfe ab. Die Häupter wurden an den Stadttoren aufgespießt, die verstümmelten blutigen Körper durch die Straßen geschleift. Ob Mönch, ob Priester, ob Kardinal – Heinrich kannte keinen Unterschied und kein Erbarmen.

Unter den Menschen, die zum großen Teil noch der alten Religion anhingen, lösten die bestialischen Hinrichtungen Wut und Empörung aus. Es gab einzelne Anzeichen, dass führende Lords zum Aufruhr rüsteten. Heinrich hatte rasch die dafür Verantwortlichen gefunden: Maria und Katharina.

»Solange die beiden nicht ins Jenseits befördert sind, wird es keine Ruhe geben«, erklärte er im Kronrat. »Wenn Gott die beiden längst zu sich genommen hätte, würde kein Mensch an des Königs zweiter Ehe Anstoß nehmen«, echote sein Staatssekretär Thomas Cromwell. »Sie [Maria] wird mein Untergang sein, wenn wir sie nicht loswerden«, klagte Königin Anna.

Maria konnte keine Beteiligung an den insgeheim geplanten Erhebungen nachgewiesen werden. Dennoch wurde sie vom Hof verbannt und in einem weit entlegenen Landsitz unter Verschluss gehalten. Ihre beste Freundin, eine Gräfin Salesbury, jedoch endete auf dem Schafott.

Die Gefahr, in der Katharina und Maria schwebten, blieb Kaiser Karl V. nicht verborgen. Die von ihm angeordneten Versuche, beide Frauen außer Landes zu schmuggeln, mussten scheitern. Sowohl Mutter wie auch Tochter waren, in getrennten Wohnsitzen, schärfer bewacht als der englische Kronschatz.

Ein Teil des Problems, nämlich jenes, das den Namen Katharina trug, löste sich von selbst. Die abgesetzte und verstoßene Königin starb am 7. Januar 1536. Als sie ihr Ende kommen fühlte, schrieb sie noch einen Brief an Heinrich, in dem sie ihm »alles« verzieh und ihn bat, der gemeinsamen Tochter ein guter Vater zu sein. »Ich schwöre, ich habe Euch über alles geliebt«, hieß es zum Schluss.

Der Verdacht, dass sie vergiftet worden wäre, ist niemals ganz verstummt, da über ihren Tod so gut wie keine Einzelheit bekannt gegeben wurde.

»Gott sei Dank, jetzt sind wir alle Sorgen los«, jauchzte Heinrich, als man ihm die Freudenbotschaft überbrachte. Er ordnete aus Anlass der »Befreiung Englands« eine Reihe rauschender Feste und Turniere an und er kleidete sich demonstrativ in leuchtendes Sonnengelb, auf dem Barett eine kecke kleine Reiherfeder.

Sein Hochgefühl war nur von kurzer Dauer. Wenige Tage nach Katharinas Hinscheiden erlitt Anna eine Fehlgeburt. Das Schlimmste daran: Es wäre ein Knabe gewesen.

Was immer Anna ihrer Vorgängerin und deren Tochter angetan,

wie sehr man sie dafür verachtet hatte – nun begann sich Mitleid ihr gegenüber zu regen, als Heinrich plötzlich verlauten ließ, seine Frau sei eine Hexe. Sie hätte ihn gegen seinen Willen zu Scheidung und Hochzeit getrieben. Ein wahrer Engel hingegen, in Heinrichs Augen, sei Annas liebreizende junge Hofdame namens Jane Seymour.

Annas Schicksal war besiegelt. Sie musste aus dem Weg geräumt werden, koste es, was es wolle. Es kostete ihr Leben. Da beim besten Willen kein auch nur annähernd gesetzlicher Grund für eine Trennung gefunden werden konnte, wurde die Königin verleumderisch des mehrfachen Ehebruchs bezichtigt. Mit einem ihrer Liebhaber hätte sie Pläne zur Ermordung des Königs geschmiedet. Da dies alles Heinrich noch nicht zu genügen schien, wurde ihr auch noch vorgeworfen, mit ihrem Bruder Inzest getrieben zu haben. Selbst der Verdacht, dass Heinrich gar nicht Elisabeths Vater wäre, wurde geäußert.

Anna, ihr Bruder und vier ihrer angeblichen Liebhaber wurden nach einem grotesken Prozess zum Tode verurteilt und endeten unter dem Beil des Henkers. Das war am 19. Mai 1536.

Elf Tage später heiratete Heinrich Jane Seymour, Glück für ihn, Segen für Maria. Ihre neue Stiefmutter, die nur sieben Jahre älter war als sie selbst, setzte sich mit der ihr eigenen sanften Beharrlichkeit für die Verfemte ein. Als sei nichts geschehen, wurde Maria im Rahmen eines kleinen Festaktes wieder bei Hofe eingeführt und, Zeichen allerhöchsten Wohlwollens, sie bekam den ganzen Schmuck und den ihrer Mutter zurück, mit dem sich Anna Boleyn widerrechtlich gebrüstet hatte.

Vater und Tochter hatten einander mehr als fünf Jahre lang nicht gesehen. Nun stand dem König statt der schlacksigen Halbwüchsigen eine erwachsene Frau von 21 Jahren gegenüber. Es muss ihn wie ein Schlag getroffen haben, seinem eigenen Jugendbildnis, nur kleiner, zarter als er selbst, und eben weiblich, zu begegnen. Sein heller Teint, seine hohe Stirn, seine kurzsichtigen, leuchtend grau-grünen Augen und, die größte Überraschung: seine tieftönende, tragende Stimme. Das war das Erstaunlichste an Maria. Ihr weibliches Geschlecht war eindeutig, ihre Stimme die eines Mannes. Eine Laune der Natur, die ihr später einmal sehr hilfreich sein wird.

Alles Friede? Alles Freundschaft? Alles Harmonie? Nichts dergleichen. Heinrich wurde zum Kummer seiner Frau, zu Marias Entsetzen, noch unberechenbarer, noch rigoroser, noch erbarmungsloser in seinen Maßnahmen. Zum Beispiel erfand er, anscheinend aus heiterem Himmel, ein neues Erbfolgerecht, das sowohl Maria als auch ihrer Halbschwester Elisabeth jeglichen Thronanspruch verwehrte. Vermutlich hat er aus seiner soeben geschlossenen Ehe einen Sohn erhofft, sich aber für alle Fälle einen Ausweg offen gelassen: Er selbst, er allein werde nach eigenem Gutdünken bestimmen, wer ihm nachfolgen sollte.

Ein Paragraf in diesem Machwerk hat Maria besonders getroffen. Er besagte aufs Neue, dass sie – wie auch Elisabeth – unehelicher Abkunft wären. Maria wurde gezwungen, dies mit ihrer Unterschrift anzuerkennen und zu bestätigen. So lange hat sie sich heftig geweigert dies zu tun, bis ihr von wohlmeinenden Seiten, darunter vom Gesandten ihres Vetters, des Kaisers, klargemacht wurde, dass sie mit ihrem Leben spiele, falls sie sich nicht beuge.

Wie von einem bösen Dämon getrieben begnügte sich Heinrich nicht mehr damit, einzelne Geistliche zu verfolgen. Es setzte nun eine Massen-Treibjagd auf alles streng Katholische ein. Der König ließ sämtliche Klöster schließen, Mönche und Nonnen buchstäblich auf die Straße setzen, ihre Häuser und Kirchen schleifen – viele dieser Ruinen ragen noch heute gespenstisch in die liebliche englische Landschaft – und die beträchtlichen Vermögenswerte der Kirche beschlagnahmen. Sie fanden rasch neue Besitzer unter Heinrichs Günstlingen, auf deren Gefolgstreue er sich von da an beruhigt verlassen konnte.

Widerstand regte sich aber in allen Gesellschaftsschichten, auch denen der so genannten niedrigen Stände. Aber gegen die geballte Macht des Königs, der von ihm beschenkten Lords und ihrer Büttel waren sie machtlos. Hunderte Gläubige wurden ohne Prozess hingerichtet. Merkwürdige Inkonsequenz Heinrichs: Seiner Tochter Maria gestattete er ungehindert den katholischen Glauben beizubehalten – mit eigenem Hauskaplan sogar!

Als hätte der Himmel bei all diesen Schand- und Missetaten diskret zur Seite gesehen, erfüllte er am 12. Oktober 1537 Heinrichs brennendsten Wunsch: Königin Jane gebar einen Sohn. Die Mutter des kleinen Eduard starb drei Tage später.

Heinrichs Trauer suchte den ihm gemäßen Ausdruck: Die Mätressenwirtschaft erlebte eine neue Hochblüte. Nach drei Jahren heiratete Heinrich VIII. auf Anraten des Kronrates und seines Staatssekretärs Thomas Cromwell aus strategisch-politischen Gründen Anna, die Tochter des Herzogs von Kleve, von der er sich aber in freundschaftlichem Einvernehmen nach ein paar Monaten scheiden ließ. Auf der Strecke blieb Cromwell, die Triebfeder dieser Verbindung. Er wurde unter nichtigem Vorwand abgeurteilt und hingerichtet.

Ehefrau Nummer fünf wurde die blutjunge Hofdame der Ehefrau Nummer vier, Katharina Howard mit Namen. Die war, um es unverblümt zu sagen, ein schamloses Luder. Sie tanzte mit ihren rasch wechselnden amourösen Gefährten dem verliebten königlichen Tölpel so lange auf der Nase herum, bis auch selbst er dahinterkam – allerdings erst nach zwei Jahren. Sie wurde dann aber sehr schnell um einen Kopf kürzer gemacht.

Maria hatte während dieser turbulenten Zeit kaum Kontakt zum Vater. Sie lebte, zusammen mit ihren Stiefgeschwistern, auf verschiedenen Schlössern, beschäftigte sich mit den Kindern, jagte, ritt, musizierte, las Berge von Büchern. Glücklich war sie nicht, vor allem deswegen, weil ihr immer schmerzlicher bewusst werden musste, dass weit und breit kein Prinz in Sicht war, bereit sie aus ihrer trostlosen Isolation zu erlösen.

Zwar gab es von Seiten Heinrichs ein paar halbherzige Versuche, seine Tochter an den Mann zu bringen, doch die gingen aufs Neue ins Leere. Das Brandmal der Illegalität haftete ihr unauslöschbar an. An mangelnden äußerlichen Reizen scheint es nicht gefehlt zu haben, wenn auch viele Männer bemängelten, dass sie mit ihren schmalen Hüften und flachem Busen zu wenig weiblich wirkte. Dennoch: »Sie ist eine der Schönsten des Landes«, schreibt der französische Botschafter Charles de Marillac über die 25-Jährige. »Mit ihren frischen, lieblichen Farben sieht sie wie höchstens achtzehn oder zwanzig aus.«

Maria war in diesen Jahren zwei Mal ernstlich krank, litt wieder an Migräne und Essstörungen, verfiel in schwere Depression. In dem Augenblick allerdings, da der Vater geruhte sich ihr, und sei es nur für kurze Zeit, zuzuwenden, blühte sie auf, war heiter und kerngesund. Ihre Bindung an den Mann, der ihr und ihrer Mutter so viel Leides angetan hatte, war tief und unerschütterlich.

Nach Katharina Howards gewaltsamem Tod waren Maria einige Jahre der Ruhe beschieden. Endlich wieder war sie die »Perle«, die an Vaters Seite mit Würde und sichtlicher Genugtuung eine Zeit lang die Rolle der Ersten Dame des Landes erfüllen durfte. Nur eineinhalb Jahre später vermählte sich Heinrich aufs Neue. Katharina Parr, 31 Jahre alt, zweifach verwitwet, war eine ansehnliche und überaus kluge Frau. Offen und freundlich ging sie auf ihre Stiefkinder zu, wurde von allen dreien akzeptiert.

Diese Phase des allseitigen Einvernehmens endete abrupt, als Heinrich VIII. am 18. Januar 1547 im Alter von 56 Jahren starb, nicht ohne vorher die Bestimmungen über die Thronfolge abermals abgeändert zu haben. Selbstverständlich rangierte sein neunjähriger Sohn Eduard an erster Stelle. Sollte er kinderlos sterben, würden ihm Maria und nach dieser Elisabeth folgen – beide nun wieder voll legitimiert. Wer konnte ahnen, dass es dann doch wieder blutige Turbulenzen um die Thronfolge geben würde?

Der kleine Eduard VI., der mit großer Zuneigung an seiner ältesten Schwester hing, war natürlich noch nicht regierungsfähig. Heinrich hatte in seinem Letzten Willen einen sechsköpfigen Vormundsrat bestimmt, an dessen Spitze Eduards Onkel Eduard Seymour, Herzog von Somerset, stand, ein fundamentalistischer Protestant. Nun wurden aus der Kirche noch die letzten Spuren des Katholizismus getilgt, die Heiligen abgeschafft, die Messe in der hergebrachten Form verboten, eine neue Liturgie in die englische Sprache gegossen. Es gab nur mehr drei Sakramente.

Thomas Cramner, Erzbischof von Canterbury – er hatte die allem Kirchenrecht Hohn sprechende Scheidung von Heinrich und Katharina vorangetrieben – schuf ein »Common Book of Prayer«, das für alle

Eduard VI.

Gläubige verbindlich wurde. Ein »Treason Act« verfügte für Widersetzlichkeit gegen die neuen religiösen Richtlinien die Todesstrafe.

Eine neue Welle der Katholikenhatz brandete über das Land. Es dauerte nicht lange, bis die Scheiterhaufen zu lodern begannen für alle, die dem Papst anhingen, dem »leibhaftigen Satan«, wie er in der neuen Sprachregelung genannt wurde.

Maria sträubte sich die revidierte Religionsordnung anzuerkennen und ließ demonstrativ täglich drei Mal die Messe nach altem Ritus lesen. Wohl oder übel musste man ihr zunächst ihren Willen lassen, denn der Knaben-König hing mit hartnäckiger Liebe an ihr. Vorsichtshalber schob man sie auf einen entlegenen Landsitz ab.

Obwohl sie mehr oder weniger in Isolationshaft gehalten wurde, schien das Volk in ihr eine Bastion des Widerstandes gegen die neue Religionstyrannei zu erblicken. In ihrem Namen, wenn auch absolut ohne ihr Zutun, kam es in manchen Grafschaften zu bewaffneten Erhebungen. Sie wurden in einem Meer von Blut erstickt. Es gibt keine genauen Zahlen – aber mindestens Hunderte, manche sprachen von bis zu 3000 Opfern, mussten ihr Leben lassen.

Inzwischen war es im Beraterstab von Eduard VI. zu tiefgreifenden Zerwürfnissen gekommen, die mit der in dieser Zeit üblichen Gewalt endeten. Eduards Onkel, der Herzog von Somerset, und sein Bruder wurden hingerichtet. John Dudley, Herzog von Northumberland, riss die Macht an sich, ein »unerschrockener Soldat Christi« und »Blitzstrahl gegen den Papst«, wie er von seinen protestantischen Glaubensbrüdern genannt wurde.

Eine der ersten Weisungen Northumberlands zeigten die Richtung seiner Politik: Elisabeth wurde »mit höchstem Pomp und in höchstem Triumph« (so ein Historiograf) an den Hof geholt und rangmäßig ihrem königlichen Bruder gleichgestellt. Das junge Mädchen, das nie mit dem katholischen Glauben in Berührung gekommen war, hatte das »Common Book of Prayer« anstandslos angenommen. Zur Belohnung wurde sie nun schrittweise zur möglichen Nachfolgerin ihres Bruders aufgebaut, sollte dieser kinderlos sterben. Und Maria? Es gab Maria ja noch immer, nach dem Willen ihres Vaters Zweite in der Thronfolge. Was tun mit Maria? Sie schwebte, wieder einmal, in höchster Lebensgefahr!

Auch ihr Onkel und ehemaliger Bräutigam, Kaiser Karl V., musste sich ernsthaft Sorgen um sie machen. Er plante zunächst sie nach Flandern in Sicherheit bringen zu lassen. 1550 wurden zwei Entführungsversuche generalstabsmäßig in die Wege geleitet, doch die scheiterten an unvorhersehbaren Zwischenfällen.

Obwohl Marias Gegner niemals etwas über ihre Fluchtpläne erfahren hatten, wurde sie noch mehr als ein Jahr lang von Hunderten Soldaten umringt auf ihrem Landsitz gefangen gehalten. Dann erst wagte man sie wieder nach London bringen zu lassen, wo der Hof residierte, in der irrigen Annahme, dass ihre Popularität mittlerweile geschwunden wäre. Ein ziemlich peinlicher Irrtum, wie sich bald herausstellen sollte.

Nachdem sie das Gefängnis verlassen hatte, eilte ihr die Kunde von ihrer baldigen Ankunft in London wie ein Lauffeuer voraus. »Die Menschen liefen meilenweit um sie zu sehen und ihr zu zeigen, wie sehr sie sie liebten«, heißt es in einem zeitgenössischen Bericht. Sie säumten die Straßen, schrien und trampelten vor Begeisterung und nicht wenige hielten, welch ein Kapitalverbrechen, Rosenkränze in die Höhe.

Nach diesem für die Regierung alarmierenden Zwischenfall wurden Maria erneut die Daumenschrauben angesetzt: Entweder sie unterschrieb ihr Einverständnis mit der neuen Religionsordnung oder sie würde so enden wie die anderen Ketzer auch, nämlich auf dem Scheiterhaufen.

Auf Befehl seiner Erzieher und Berater lud König Eduard sie zu einem Gespräch und bat sie inständig nachzugeben. Er versprach, alles würde anders werden in dem Augenblick, da er wirklich regieren dürfte. Maria blieb unnachgiebig.

Nicht auszudenken, was tatsächlich mit ihr geschehen wäre, hätte nicht Kaiser Karls Botschafter ein Ultimatum seines Herrn überreicht: Sollte Maria nur ein Haar gekrümmt werden, würde er England den Krieg erklären. Das half.

Der Krieg kommt doch. Der Bürgerkrieg, ausgelöst durch einen Todesfall.

Nachher haben sich verschiedene Leute der schlimmen Vorzeichen erinnert. Der Geist Heinrichs VIII. sei durch die Westminster-Abtei geflogen. Die Erde hätte gegrollt. In Oxfordshire sei ein Kind mit zwei Köpfen zur Welt gekommen. Unter den Fenstern der Maria Tudor sei ein Rudel schwarzer Wölfe vorbeigezogen …

König Eduard VI. stirbt am 16. Juli 1553, 16 Jahre alt. »Vergiftet«, raunt die Fama. Der Bericht des französischen Gesandten Antoine de Noailles klingt schon wesentlich plausibler: »Die Lunge ist ihm zerborsten.« Eduard hat an schwerer Tuberkulose gelitten und in den letzten Monaten seines Lebens ist er nur mehr ein willenloses, fieberglühendes, hustendes, blutspuckendes Häuflein Elend. Dennoch ersinnt er, angeblich aus eigenem Impuls, ein neues Thronfolgegesetz, das er mit eigener Hand niederschreibt. Demnach gehen seine beiden älteren Schwestern leer aus, Jane Grey, seine Nichte zweiten Grades, soll nach ihm die Krone tragen.

Diese kuriose Verfügung zwingt uns, einen kurzen Blick auf die Familiengeschichte der Tudors zu werfen. Heinrich VIII. hatte eine Schwester, verheiratet mit einem Charles Brandon. Deren Tochter Frances, also Eduards VI. Cousine, war mit Heinrich Grey, Herzog von Suffolk, verheiratet. Aus dieser Verbindung stammten drei Töchter, deren älteste Lady Jane war, gleichaltrig mit Eduard.

Eduards neue Thronfolge-Ordnung sah vor, dass ausschließlich eventuelle *männliche Nachkommen* dieser drei Mädchen Englands Krone tragen dürften. Doch Eduards Tutor, der Herzog von Northumberland, auf dessen Betreiben dieses Dokument zustande gekommen war, hatte es entscheidend korrigiert. Demnach war mit einem Schlag Lady Jane Grey zur alleinigen Thronfolgerin bestimmt – ob mit oder ohne männlichen Nachkommen.

Northumberland wusste genau, was er zu welchem Zeitpunkt tat. Unmittelbar nachdem Eduard, halb von Sinnen, die Unterschrift unter das Papier gesetzt hatte, verheiratete Northumberland seinen 17-jährigen ältesten Sohn Guilford Dudley mit Jane Grey. So machte er sich zum Schwiegervater der künftigen Königin, so wollte er, der schon bislang in des Königs Namen mit eiserner Faust über England geherrscht hatte, seine Macht behalten.

Eduards Leiche ist noch nicht unter der Erde, da wird, nur vier Tage nach seinem Tod, Jane Grey im Tower hastig und ohne jedes Zeremoniell zur Königin von England gekrönt. Und dann geschehen zwei völlig unvorhersehbare Ereignisse fast gleichzeitig.

Die unscheinbare kleine Königin, die nicht viel älter aussieht als eine 13-Jährige, weigert sich, ihren Gemahl Guilford Dudley ebenfalls krönen zu lassen, wie das der Schwiegervater von ihr fordert. Guilford könne, wenn er es unbedingt wolle, sofort zum Herzog erhoben werden. Aber König? Nein, niemals.

Northumberland und der von ihm beherrschte Kronrat haben sich noch nicht von dem Schrecken dieser Böses verheißenden Insubordination erholt, als sie die zweite bedrohliche Botschaft ereilt. Ein Handschreiben Marias, in dem sie den Raub der Krone durch Jane Grey aufs Schärfste verurteilt. Sie, Maria, allein hätte Anspruch auf die Nachfolge ihres Bruders.

Dann geht alles sehr, sehr schnell. Wie einst ihre berühmte Großmutter, die glorreiche Isabella von Kastilien, schwingt sich Maria aufs Pferd, galoppiert von Dorf zu Dorf, von Stadt zu Stadt und schart mit unglaublicher Geschwindigkeit ein Heer von fast 20000 Mann um sich – wenn auch die Bezeichnung »Heer« eine eher euphemistische Umschreibung für einen recht wild und bunt zusammengewürfelten Haufen darstellt. Die meisten Männer sind nur mit Sensen und Dreschflegeln bewaffnet, aber binnen weniger Tage und nach ein paar blutigen Scharmützeln laufen große Teile der regulären Truppe zu Maria über.

Wo immer sie auftaucht, in Scharen strömen die Menschen herbei, die so lange unter dem Joch des korrupten und machtgierigen Northumberland gelitten haben. »Es lebe die gute Königin Maria«, schreien die Leute und machen Anstalten, jeden abzuschlachten, der nicht ihre Meinung teilt.

Guilford Dudley, von den meisten seiner Mannen bereits verlassen, ergibt sich, noch ehe es zu einem richtigen Kampf kommt. Schon am 3. August 1553, drei Wochen nachdem »Königin Jane« gekrönt worden ist, zieht Maria, eine strahlende Siegerin, in London ein. Sie wird ehrerbietig empfangen und begrüßt vom Lord Mayor, dem gesamten Kronrat, auch von ihrer Schwester Elisabeth und einer vor Begeisterung überschäumenden Volksmenge. »Die Straße waren voller jauchzender und vor Freude weinender Leute, wie man es noch nie vorher gesehen hat«, heißt es in einem Kommentar.

Noch einmal schlagen ihr die Wogen der Sympathie entgegen, als sie feierlich zur ersten weiblichen Regentin in der Geschichte Englands gekrönt und gesalbt wird, ein Umstand, der Frankreich gar nicht zupass kommt. Mit dem bestechlichen Northumberland hatten die Franzosen leichtes Spiel gehabt. »Er [Northumberland] hat in diesem Unternehmen einen entscheidenden Punkt außer Acht gelassen«, schreibt Antoine de Noailles, »er hätte nämlich Madame Maria sofort verhaften lassen müssen.«

Der Herzog wird auf der Stelle festgenommen und auch Sohn und Schwiegertochter wandern vorübergehend in den Tower. Die beiden Halbwüchsigen kommen – vorerst – glimpflich davon, weil sie glaubwürdig beteuern, zu ihren Taten vom Herzog gezwungen worden zu sein.

Northumberland wird in einem langwierigen und mit großer Fairness geführten Prozess des Hochverrats überführt und zum Tode verurteilt. Er legt ein umfassendes Geständnis ab. Dass der Kronrat mit allen seinen Schritten einverstanden gewesen sei, wird von diesem entschieden zurückgewiesen. Das Gericht glaubt den ehrenwerten Männern.

Das Urteil lautet auf Hängen. Anschließend soll, dem strikten Gesetz für Hochverrat folgend, der Tote geviertelt und die Reste des Kadavers sollen durch die Straßen Londons geschleift werden. Maria wandelt das blutrünstige archaische Prozedere in »Tod durch Köpfen« um.

Auf den Stufen des Schafotts, angesichts des unmittelbar bevorstehenden Endes und da es ihm überhaupt nichts mehr nützen kann, schwört der Herzog der Ketzerei ab, bekennt sich wieder zum katholischen Glauben und fordert seine Landsleute auf, es ihm gleichzutun. Die Antwort auf die Frage, ob er sich seinerzeit aus purem Opportunismus auf die Seite der Protestanten geschlagen oder erst in allerletzter Stunde zum alten Glauben zurückgefunden habe, ist sein Geheimnis geblieben.

Der Jubel, die Erleichterung bei Marias Thronbesteigung sind begreiflich, bedenkt man, dass ihre Vorgänger, der eigene Vater eingeschlossen, ein Regiment der Verschwendung, des Terrors und der Repression geführt haben. Das Land ist wirtschaftlich ausgeblutet. Wie immer dann, wenn ein markanter Wechsel eintritt, erwarten die Menschen wahre Wunder. Die neue Königin wird gar zur »heiligen Maria« hochgelobt.

Mehr belastet als unterstützt von einem Kronrat und einem Parlament, deren Mitglieder aus Wendehälsen, treuen, aber machtgierigen Anhängern und verkappten Feinden bestehen, verfolgt Maria zwei Hauptziele: die zerrütteten Finanzen zu sanieren und den katholischen Glauben wieder zur Staatsreligion zu machen. Dem ersten kommt sie ziemlich nahe. Das Pfund erholt sich langsam, aber stetig, die Wirtschaft beginnt zu florieren.

Das zweite Ziel hätte vermutlich nicht einmal ihre legendäre Großmutter Isabella, die Siegerin über die Mauren und Protektorin des Christoph Kolumbus, erreichen können. Marias durch eine katastrophale Kindheit und Jugend unterminierten Kräfte sind den ihr entgegenwirkenden Mächten kaum gewachsen: den übertriebenen Erwartungen ihrer Landsleute, dem kleinen, aber harten und schlagfertigen Kern gewaltbereiter Protestanten und der gigantischen goldbestückten Propagandamaschinerie Frankreichs. Letzten Endes aber wird sie am Widerstand des Volkes gegen ihre Ehe mit dem verhassten habsburgischen Ausländer scheitern.

Maria geht die Rückführung zum alten Glauben zunächst sehr behutsam an. Nachdem der Papst den Bannfluch von dem Ketzerland gelöst hat, erlässt sie eine Proklamation, worin sie den Untertanen Glaubensfreiheit bis zur endgültigen Entscheidung durch das Parlament gewährt. Sie würde, so heißt es, »niemanden zwingen, die Messe zu besuchen«, verlangt aber, dass »wer immer es wünscht, es ungehindert tun kann«.

Das Parlament beschließt im Oktober 1553 die Wiedereinführung der lateinischen Messe, die Abschaffung der Priesterehe. »Non-conformity« bleibt straffrei. Thomas Cramner, der vom Katholizismus abgefallene Erzbischof von Canterbury, Verfasser des »Common Book of Prayer« und Mit-Initiator der Scheidung von Heinrich VIII.

und Katharina, wird seines Amtes enthoben und zieht sich unbehelligt ins Privatleben zurück.

Erster Widerstand beginnt sich zu regen, als demonstrativ die unter Heinrich VIII. zerstörten Kirchen und Klöster instand gesetzt werden sollen. Die Gemüter beruhigen sich wieder, nachdem feststeht, dass niemand daran denkt, der Kirche ihre Vermögenswerte zurückzugeben.

Indes beginnt man sich in einflussreichen Kreisen allerorten den Kopf über das Privatleben der 36-jährigen Königin zu zerbrechen. »Das schwere Amt des Regierens kann von einer Frau nicht erfüllt werden«, philosophiert Simon Renard. Diese Meinung wird von etlichen Herren vorbehaltlos geteilt, umso mehr, als die Königin jetzt eine durchaus begehrenswerte Partie ist.

Das erste Eheangebot kommt von Emanuel Philibert, Herzog von Savoyen. Erzherzog Ferdinand, König von Böhmen und Ungarn (später Kaiser Ferdinand I.) und Karls jüngerer Bruder, lässt auch nicht lange auf sich warten. Er bietet Maria seinen zweiten Sohn, der ebenfalls Ferdinand heißt, zur Ehe an. Ferdinand der Ältere beschreibt den 25-Jährigen als Ausbund fürstlicher Vollkommenheit, der Junge empfinde »die größte Zuneigung« für die englische Königin (die, wie wir bereits wissen, seine Tante ist), nichts würde ihn glücklicher machen als ihr Jawort.

Letzterer Satz ist eine so dreiste wie offenkundige Lüge. Ferdinand junior ist zu dieser Zeit bereits seit sechs Jahren mit der bürgerlichen Philippine Welser liiert, die er später auch heiraten wird. Maria hat auf diese dubiose Werbung gar nicht geantwortet.

Was haben diese Randfiguren denn überhaupt zu bieten gegen Kaiser Karl V., den mächtigsten Mann dieser Erde? Durch Simon Renard unterbreitet er Maria den Vorschlag, sie möge sich mit seinem Sohn Philipp vermählen. Er lässt bestellen, dass er, der schon einmal mit ihr verlobt war, zunächst selbst an eine Heirat gedacht hätte, doch fühle er sich zu alt und bitte daher für seinen Sohn um ihre Hand.

»Ich versichere Euch«, schreibt Renard dem Kaiser nach seinem ersten Besuch bei Maria, »sie begann zu lachen, nicht nur einmal. Sie

Philipp II., gemalt von Tizian

lachte mehrmals, als ich ihr den Antrag überbrachte, und sie gab mir
zu verstehen, wie angenehm er ihr war.«

Beim nächsten Zusammentreffen allerdings quälen Maria Bedenken. Wie werden ihre Untertanen auf die Heirat reagieren? Jedermann
weiß um deren tief verwurzelten Fremdenhass; am wenigsten können

sie, aus welchem Grund auch immer, die Spanier leiden. Renard beruhigt sie. So schlimm werde es schon nicht werden. Er hat, was sie nicht weiß, bereits seine Vorkehrungen getroffen und den einflussreichsten Persönlichkeiten des Landes überzeugende »Geschenke« zukommen lassen.

Ein weiterer Einwand Marias: Sie könnte als Königin unmöglich ihr Land verlassen. Würde Philipp nach England übersiedeln? Renard beruhigt. Dieses Detail könnte man später zur allseitigen Zufriedenheit ausverhandeln.

Und schließlich: Maria hat eigentlich beschlossen, jungfräulich bis ans Ende ihrer Tage zu bleiben. Sie ist 37, der Zukünftige 28, wie sollte das gut gehen? Geschmeidige Antwort Renards: Philipp hätte schon lange, ehe sein Vater diese Verbindung anbahnte, beschlossen, um Marias Hand anzuhalten, »beeindruckt von ihren hervorragenden Eigenschaften«.

Wie Renard dem Kaiser weiter referiert, ergriff Maria in diesem Augenblick seine Hand, bat ihn eindringlich ihr zu bestätigen, dass Philipp tatsächlich die wunderbaren Eigenschaften besitze, von denen der Botschafter ihr vorgeschwärmt hat. Wenn sein Wort ihr genüge, erwidert Renard, wolle er beschwören, dass »Philipp all die Tugenden sein Eigen nennt, die man sich von einem Fürsten wünschen kann«. Maria drückt seine Hand und seufzt: »Das ist gut.«

Marias Befürchtungen bestätigen sich in dem Moment, da ihre Heiratsabsichten publik werden. Abwehr regt sich im Allgemeinen gegen die Spanier (hochmütig, faul, grausam, liebestoll) wie gegen Philipp im Besonderen. Ihm wird unterstellt, England erobern und die Inquisition einführen zu wollen. »Lieber tot als unter spanischer Herrschaft«, verkünden die Protestanten.

Eine Abordnung des Parlaments bittet Maria, ihre Entscheidung noch einmal zu überdenken, vermag sie aber nicht umzustimmen, denn inzwischen ist etwas geschehen, das sie selbst wohl nie für möglich gehalten hätte: Sie hat sich zum ersten Mal in ihrem Leben verliebt und denkt nicht daran, von dieser Liebe zu lassen.

Maria ist hingerissen von dem strahlenden jungen Mann, dessen von Tizian gemaltes Bildnis ihr (leihweise!) zur Ansicht überlassen worden war. »Sie sah es mit großer Begeisterung«, schreibt Renard, »aber noch begeisterter hätte sie ihn sofort in Wirklichkeit gesehen«. Dass er, angeblich wegen Arbeitsüberlastung, keinen Antrittsbesuch bei ihr machen kann, muss sie schmerzlich kränken.

Ungeachtet aller von außen kommenden Irritationen schreiten die Verhandlungen über den Ehekontrakt zügig voran, wobei Maria und ihre Berater erhebliches Geschick beweisen. Philipp werden so gut wie keine Privilegien eingeräumt, außer dem ziemlich nebulosen Paragrafen, dass er als »König von England« seiner Gemahlin bei der Wahrnehmung ihrer Regierungsgeschäfte zur Seite stehen soll. Ausdrücklich wird festgehalten, dass Philipp England in keinen seiner Kriege hineinziehen darf.

Worauf es dem Kaiser, der ja im Hintergrund die Fäden zieht, vor allem ankommt und weswegen er den übrigen Punkten des Vertrages wenig Beachtung schenkt, das sind die Bestimmungen über die Erbfolge. Der älteste Sohn des Paares wird England und die Niederlande erhalten. Bekommen die beiden nur eine Tochter, so wird diese englische Königin, Philipps Sohn Carlos erbt die Niederlande. Stirbt jedoch Carlos ohne männlichen Erben, dann geht das ganze spanische Reich, eingeschlossen die überseeischen Besitzungen sowie Süditalien und das Herzogtum Mailand an Marias und Philipps Nachkommen.

Der Kaiser wird mit dem Arrangement wohl hoch zufrieden sein. Philipp ist es nicht. Kaum hat er seine Unterschrift unter das Dokument gesetzt, da widerruft er es in einem Geheimpapier. »Bei Gott, unserem Herren, bei der heiligen Maria und beim Zeichen des Kreuzes« schwört er, dass »dieser Ehekontrakt ungültig ist und keine bindende Kraft« für ihn hat. Er werde sich nur so lange an ihn halten, wie es in seinem eigenen Interesse liege.

Im Übrigen geht er auf alle Bedingungen des Vaters ein, nur »ausgewähltes und zuverlässiges Personal« mit nach England zu nehmen, das den Engländern »mit Respekt und Hochachtung« begegnen soll, und er wird »seine Gemahlin liebevoll behandeln, in der Öffentlichkeit wie im privaten Bereich«.

Im Januar 1554 trifft eine Delegation, geleitet von Philipps Freund Lamoral Graf Egmont, Prinz von Gavre, in London ein, um den Vertrag zu ratifizieren und die Ehe per procurationem zu vollziehen.

Die Herren, die Maria nur von wenig aussagekräftigen Bildern kennen, sind überrascht vom Anblick einer kleinen, drahtigen, schlanken Person, die ihnen mit großer Würde entgegentritt, jeden Einzelnen mit klarem, forschendem, sehr direktem Blick in Augenschein nimmt und mit dieser außergewöhnlich volltönenden, tiefen Stimme anspricht.

Noch mehr verblüfft sie Marias erste unmissverständliche Ansprache, in der sie betont, dass ihr »oberster Herr und Gebieter« ihr Königreich sei. Niemals werde sie den auf dieses Land abgelegten Eid brechen. Eine kluge Rede, die ihren Gegnern den Wind aus den Segeln nehmen soll, indem Maria kundtut, niemals als »gehorsame Ehefrau« Politik im Interesse fremder Mächte machen zu wollen. Der Geist ist willig, doch, ach, das Fleisch wird später einmal schwach werden …

Der Ehevertrag wird am 5. Januar 1554 unterzeichnet. Einen Tag später legt sich Graf Egmont, wie es der Brauch vorschreibt, an Marias Seite auf ein Prunkbett, womit die Ehe als vollzogen gilt. Der Bräutigam an Philipps statt wird 14 Jahre später von ebendemselben Philipp des Hoch- und Landesverrats beschuldigt, zu Tode gebracht werden …

Das Brautbett ist, bildlich gesprochen, noch warm, als der Sturm losbricht, mit allen Mitteln von Frankreich angefacht, das sich nun von Habsburg auf lebensbedrohende Weise eingekesselt fühlt.

Agenten dieses erzkatholischen (!) Landes schwärmen in alle Richtungen über ganz England aus, um in düstersten Farben das bevorstehende Schreckensregiment Philipps an die Wand zu malen. Mit Feuer, Schwert und Inquisition würde er das Volk wieder »unter die Knute des Papstes« zwingen und, Schrecken aller Schrecken, der Kirche nun doch wieder ihre konfiszierten Güter zurückerstatten.

Von den Franzosen bezahlt, rekrutieren Sir Thomas Wyatt und Jane Greys Vater, der Herzog von Suffolk, Truppen, um die Braut des Habsburgers vom Thron zu stürzen und deren Schwester Elisabeth an ihre Stelle zu setzen. Dass der Herzog von Suffolk an dem Komplott mitwirkt, ist auf den ersten Blick durchaus verständlich. Immerhin war es ja seine Tochter Jane Grey, die von Maria vom Thron verjagt worden war. Um die wilden Ambitionen von Sir Thomas Wyatt zu begreifen, muss man wissen, dass dieser ein Cousin der schmählich verstoßenen und hingerichteten Anna Boleyn ist, somit ein Onkel der jungen Elisabeth, die beide Männer auf den Thron heben wollen.

Elisabeth hat, wie sich später herausstellen wird, von den Umsturzplänen gewusst, diese zwar nicht unterstützt – aber auch nicht verraten. Elisabeth und Maria stehen einander schon seit Jahren misstrauisch bis feindlich gegenüber. Maria hat ihre 17 Jahre jüngere Schwester nie voll akzeptiert. Es blieb ihr unvergessen, dass Elisabeths Mutter Anna Boleyn ihre, Marias, Lebenskatastrophe und die ihrer Mutter Katharina von Aragón ausgelöst hat. In Marias Augen ist und bleibt Elisabeth ein ekelhafter kleiner Bastard; es stehe ja nicht einmal eindeutig fest, ob sie überhaupt die Tochter Heinrichs VIII. sei.

Als Maria die ersten Nachrichten über die bevorstehende Revolte erreichen, wendet sie sich hilfesuchend an ihren Schwiegervater und Cousin Kaiser Karl V., doch der ist, wie fast immer, bar aller Mittel. Mit großer Anstrengung gelingt es ihm, bei den Bankhäusern in Antwerpen die gewaltige Summe von einer Million Taler aufzutreiben. Doch letzten Endes hätte es des Geldes gar nicht bedurft. Weder die französische noch die niederländische Flotte, die bereits vor der Kanalküste kreuzen, haben Anlass und Gelegenheit, in das Geschehen einzugreifen.

Maria nimmt ihr Schicksal selbst in die Hand, als die Aufständischen, rund 4000 Mann unter der Führung von Thomas Wyatt, sich London nähern.

Die Stadt ist für den Überall schlecht gerüstet. Marias Berater beschwören sie nach Windsor auszuweichen. Doch während die Hochzeitsdelegation unter dem großen Feldherrn Graf Egmont schleunigst die Stadt verlässt, bleibt Maria, wo sie ist, aufs Grimmigste entschlossen die Putschisten niederzuringen.

Ihr erster Weg führt sie ins Rathaus. Im Festsaal haben sich die Bürgervertreter versammelt, kopf- und ratlos. Maria springt aufs Podium und hält mit ihrer wundervollen, weit tragenden Baritonstimme eine mitreißende Ansprache, der die Männer in atemloser Spannung lauschen.

Sie sei gekommen, sagt sie, um klarzumachen, dass die Verräter und Rebellen sich nicht nur gegen ihre Person, sondern damit gegen das ganze Volk erhoben hätten. »Aber, liebe Leute, wie ihr alle wisst, bin ich eure rechtmäßige Königin und durch meine Krönung wurde ich mit dem Königreich vermählt.«

Nicht aus »Wollust und Eigennutz« hätte sie sich zu einer Heirat entschlossen, sondern »um eine Frucht meines Leibes zu hinterlassen, die euch dermaleinst regieren soll«. Wenn sie im Entferntesten befürchten müsste, dass diese Ehe ihrem Königreich oder dem Geringsten ihrer Untertanen schaden könnte, würde sie für immer jungfräulich bleiben.

»Und nun, liebe Leute«, schließt sie, »nehmt Eure Herzen in die Hand! Steht auf gegen die Rebellen, eure und meine Feinde! Fürchtet sie nicht, ich habe auch keine Angst!«

Ein Augenblick der atemlosen Stille, dann tosender Applaus. Hochrufe, »God save the Queen«, sogar eine vereinzelte Stimme, krähend: »... und auch Prinz Philipp.« Maria hat, buchstäblich aus dem Stegreif, ein rhetorisches Meisterstück geliefert, das seinesgleichen sucht, vielleicht, später einmal, bei Shakespeare zu finden sein wird. »Noch niemals gab es eine standhaftere Frau als diese Königin«, meint Simon Renard zutiefst beeindruckt.

Als die Rebellen am 3. Februar 1554 bis ins Stadtinnere vordringen, wogen wilde Kämpfe in den engen, verwinkelten Gassen hin und her. Die Bürger haben den Vorteil der Ortskenntnis, die Angreifer die besseren Waffen.

Die Stimmung unter den Verteidigern droht zu kippen, als ein braver Handelsmann, von einer gegnerischen Pfeilspitze in die Nase getroffen, in hysterisches Angstgeschrei ausbricht und Panik sich breit zu machen beginnt. »Alles verloren, flieht, flieht«, schreien einige Verteidiger und machen Anstalten, das Hasenpanier zu ergreifen. Doch sie werden aufgehalten und nehmen wieder am Kampf teil.

Das Zentrum des Widerstandes ist eindeutig Maria. »Manchmal schien es, als wollte sie sich selbst in den Kampf stürzen«, notiert Renard. So weit ist es zwar nicht gekommen, aber von ihrem Auslug am Tower aus – hinter sich die weinenden, kreischenden, händeringenden Hofdamen – feuert sie die Kämpfer ununterbrochen an und sie mag Gott in diesem Augenblick für ihr durchdringendes Männerorgan gedankt haben.

Eine überraschende Entscheidung trifft sie, die unter Umständen verheerende Folgen hätte. Sie verbietet, die Kanonen auf eine bedrohliche Schar von Angreifern zu richten, die sich am jenseitigen Ufer der Themse zusammengerottet haben. Es könnten, so meint sie, zu viele Unschuldige getroffen werden

Am frühen Abend ist dann alles vorbei. Wyatt und der Herzog von Suffolk sind in Gefangenschaft geraten. Kopflos geworden ergeben sich die übrigen Rebellen. Die Rädelsführer werden in rasch aufeinander folgenden Prozessen abgeurteilt und dem Scharfrichter übergeben. Die Güter Wyatts, der eindeutig Urheber und logistischer Kopf des hochverräterischen Unternehmens gewesen ist, werden eingezogen.

Nach Brauch und Tradition wären seine Frau und seine fünf Kinder auf die Straße geworfen und zum Betteln gezwungen worden. Maria jedoch setzt der unglücklichen Familie eine Pension aus, die ihr ein bescheidenes Überleben ermöglicht.

Auch der Herzog von Suffolk, sein Schwiegersohn Guilford Dudley und dessen Frau Jane Grey die für ein paar Tage Königin von England gewesen war, müssen diesmal dran glauben – obwohl Janes Beteiligung an dem Aufstand nicht eindeutig nachgewiesen werden kann. Eindeutig belastet ist Marias Schwester Elisabeth. Sie hat gewusst, was vor sich geht, aber sie hat den Mund gehalten. Dafür wird sie drei Monate lang in den Tower gesperrt. Wenn es jemals auch nur einen Funken von Zuneigung zwischen den Schwestern gegeben haben sollte – nun ist er für immer erloschen.

Die »kleinen Leute« unter den Rebellen werden an Händen und Füßen gefesselt. Man legt ihnen Henkersstricke um den Hals und treibt sie unter dem Geschrei und den Schmährufen des Pöbels durch die Straßen zum Tor des Westminster-Palastes.*

Dort erwartet sie Maria. Sie lässt die Männer niederknien, ihnen Fesseln und Schlingen abnehmen und – verkündet eine bedingungslose Generalamnestie für »die armen Irregeleiteten«. Schock, Verwirrung, Überraschung, grenzenlose Erleichterung, donnerndes Hurrageschrei und wieder aus inbrünstiger Herzenstiefe: »God save the Queen.«

Kaum ist diese tödliche Gefahr überwunden, wird es hoch an der Zeit, sich den angenehmen Seiten des Daseins zuzuwenden. Maria stürzt sich mit solcher Rastlosigkeit in die Vorbereitungen für die im Sommer geplante Hochzeit, dass Frankreichs Botschafter sie hämisch als eine »arme, liebestolle Person« verhöhnt.

Liebestoll oder nur verliebt – die ganze Affäre hat einen empfindlichen Schönheitsfehler: Maria hat noch keine Zeile ihres Verlobten, de jure bereits Angetrauten, erhalten. Als Graf Egmont ihr nach der symbolischen Eheschließung vorschlug, ihrem Gemahl nun zu schreiben, hat sie das entschieden abgelehnt mit der einleuchtenden Begründung, dass es eigentlich Sache des Mannes wäre, als Erster zur Feder zu greifen.

Philipps Schweigen ist in der Tat höchst merkwürdig, denn er ist bekanntermaßen ein höflicher, in allen Finessen der Etikette versierter Mann. Selbst wenn ihm das Bildnis Marias nicht gefiel – und es kann ihm nicht gefallen haben, denn auf dem Porträt seines Hofmalers Anthonis Mor sieht sie keinen Tag jünger aus, als sie in Wirklichkeit ist –, also selbst dann wären wenigstens ein paar Zeilen geboten gewesen.

Wenn wir uns erinnern, dass Philipp in einem Geheimdokument den Heiratspakt sofort widerrufen, das heißt auf seine Art zurechtgebogen hat, dann müssen wir annehmen, dass er die ganze Angelegenheit als ein ausschließlich hartes, politisches Geschäft betrachtete, das keiner Ergänzungen und Erläuterungen bedurfte. Der Vater hatte ja alles bereits geregelt.

---

* Heute steht an dessen Stelle das Parlament.

Maria Tudor, gemalt von Anthonis Mor

Offensichtlich peinlich berührt von der Taktlosigkeit des Neffen hat Philipps Tante Maria, Karls Schwester und Statthalterin der Niederlande, schließlich eine lebhafte Korrespondenz mit der englischen Cousine begonnen und sie mit allerlei Geschenken verwöhnt. Zum Beispiel wurde eine ansehnliche Menge von Wildschweinfleisch, dick in Eis verpackt, über den Kanal geschickt, eine Lieblingsspeise Marias, die in England schwer zu haben war. Auch Philipps Tizian-Porträt, das Maria nicht behalten durfte, kam von der Base aus Brüssel.

Philipp hat sich dann endlich doch besonnen. Er schickte der fernen Gemahlin zunächst eine Kollektion überirdisch schönen und überirdisch teuren Schmucks, darunter eine lange Halskette aus Brillanten, als Anhänger ein haselnussgroßer Solitär von erlesenen Perlen umrahmt. Die Gaben müssen Eindruck gemacht haben, denn Maria war genauso versessen auf Geschmeide wie ihr seliger Vater. Es gab an ihrem Körper kaum eine sichtbare Hautstelle, die nicht auf irgendeine Weise aufs Kostbarste beringt, bekrönt, behangen war.

Dann kam endlich auch ein Brief. Ein paar dürre Worte, die Philipps baldige Ankunft in Aussicht stellten. Da war er aber bereits schon fast in Southampton.

Am 21. Juli 1554 also treffen die Spanier nach glücklich überstandener Seereise in dem englischen Hafen ein. Von Kopf bis Fuß in schwarzen Samt gekleidet, auf dem Haupt hohe Hüte mit Reiherfederschmuck, schreiten Philipp und seine engsten Vertrauten, darunter Graf Egmont, gravitätisch von Bord.

Die Herren werden von einer Abordnung der Königin empfangen, Philipp erhält zwei imponierende Willkommensgaben: den Hosenbandorden, der ihm an Ort und Stelle ums Bein geschlungen wird, und einen prachtvollen Schimmel.

Drei Tage bleibt er in Southampton. Es werden erste politische Gespräche mit den Mitgliedern des Kronrates geführt, wobei Philipp nachdrücklich versichert, er sei nicht auf die Insel gekommen um sich zu bereichern oder sonst welche Vorteile zu erstreben. Er hätte, das schwöre er bei Gott, genug eigenes Vermögen und reiche Länder, und pathetisch fügte er hinzu, er sei nur hier, um der Gemahl Königin Marias zu werden, wie der Allmächtige es in seiner unermesslichen Güte bestimmt hat.

So entgegenkommend Marias Abgesandte sind, so abscheulich abweisend ist die Witterung. Strömender Regen und peitschender Sturm verwandeln die fein herausstaffierten spanischen Herren während ihres 20-Kilometer-Rittes von Southampton nach Winchester in einen ziemlich traurigen, nassgeschrumpften Haufen. Mit sichtlicher Ungeduld lassen sie die ausschweifenden Begrüßungsansprachen des Bür-

208

germeisters und die Ehrenbezeugungen der Stadträte über sich ergehen.

Fast fluchtartig eilen sie zum erzbischöflichen Palais, wo man sie untergebracht hat, ein karges, kühles Gebäude, kaum möbliert, aber immerhin prasseln in den Räumen freundliche Feuer in den offenen Kaminen.

Irritierend allerdings die Anwesenheit von ausschließlich englischem Personal, dem man in aller Eile und nicht eben perfekt die Regeln des spanischen Zeremoniells beigebracht hat, Handkuss eingeschlossen. Die spanische Dienerschaft hat man weit verstreut in verschiedenen Bürgerhäusern einquartiert. Philipp mag sich gefragt haben, ob es wirklich sehr klug war, seine Leibwache auf dem Schiff zurückzulassen, aus Rücksicht auf die englischen Befürchtungen, er plane eine Invasion.

Nachdem die Herren sich umgezogen und wieder ihr respektables Aussehen erlangt haben, werden sie aus dem erzbischöflichen ins königliche Palais geführt, aber nicht, wie anzunehmen gewesen wäre, einfach über die Straße, sondern durch eine Seitenpforte und quer durch den dunklen Park mit seinen regentriefenden Bäumen. Eine Erklärung dafür gibt es nicht.

Maria erwartet die Gäste in einem riesigen Festsaal, in dem zwei Feuerstellen vergeblich gegen Kälte und klamme Feuchtigkeit ankämpfen. Die Spanier kommen aus dem Frieren nicht heraus.

Die Königin steht an der Stirnseite des Saales, klein, mager und sehr weiß im Gesicht. Ein böser Geist muss ihr eingeflüstert haben, sich in tristes Schwarz zu kleiden, schmal geschnitten, hoch geschlossen, auf dem Kopf eine monströse schwarze Haube. »Sie sieht genau so aus wie das, was sie ist, nämlich Philipps Tante«, lästert einer der Begleiter im Brief nach Hause. »Noch älter, als wir erwartet hatten«, mokiert sich ein Zweiter und ein Dritter bemerkt: »Schmal, fahl und schlaff.«

Gelungen hingegen Marias Einfall, sich im Kreis von sehr betagten Herren und überreifen Damen zu positionieren. Dadurch wirkt sie doch ein wenig jünger und frischer.

Als Philipp den Raum betritt, das lebende Abbild des schönen Tizian-Jünglings, vergisst Maria königliche Hoheit und höfische Etikette, läuft ihm entgegen wie ein aufgeregt glückliches Kind, weiß im Augenblick eigentlich gar nicht was zu tun, küsst sich nervös die eigene (!) Hand und nimmt errötend den Wangenkuss des fremden jungen Mannes entgegen, der jetzt der Ihrige ist.

Laut Protokoll soll dem Paar Zeit eingeräumt werden, ein persönliches Gespräch zu führen, doch statt dessen geschieht etwas für die Engländer Überraschendes. Philipps Adjutant, Graf Feria, tritt vor, entrollt eine mit dem kaiserlichen Siegel beglaubigte Urkunde und verliest sie mit feierlich erhobener Stimme: Der Kaiser hat seinem Sohn das Königreich Neapel abgetreten, ihn somit zum König und zum gleichrangigen Partner der englischen Königin erhoben. Sie muss sich nicht länger mit einem spanischen Prinzen und österreichischen Erzherzog begnügen.

Nach Sekunden der gebührenden Ergriffenheit nehmen Philipp und Maria unter einem Baldachin auf erhöhten Thronsesseln Platz, außer Hör-, aber nicht außer Sichtweite des Hofstaates. Philipp tut genau das, was man sich von einem Latin Lover erwarten darf. Er beginnt lebhaft zu plaudern, scheint einige amüsante Dinge zu erzählen. Maria, vorerst verkrampft und steif, beginnt sich zu entspannen, redet auch, nein, beginnt richtig zu schwatzen und lacht einige Male herzlich auf.

Sie unterhalten sich auf Französisch, denn im Spanischen will es nicht so recht vorangehen. Maria hat von ihrer Mutter eine andere Mundart gelernt als Philipp von der seinen. Die verschiedenen spanischen Dialekte sind noch nicht zu einer allgemein verständlichen Hochsprache verschmolzen.

Als Philipp, wie es der Anstand gebietet, sich nach einer Weile verabschieden will, lässt Maria es nicht zu. Sie fasst ihn an der Hand – shocking! –, fordert ihn zum Sitzenbleiben auf. »Kein Wunder«, schreibt einer unserer Gewährsleute, »sie ist heilfroh, dass sie ihn kriegt, diesen galanten Mann, der weiß, wie man den Damen schöntut.«

Als dann endlich doch geschieden wird, bringt Maria ihm noch schnell bei, wie man auf Englisch »Good night my Lords« sagt – aber bis er zu den Herren kommt, hat er es schon wieder vergessen, kehrt zu Maria zurück. Kichernd sagt sie ihm noch einmal die Floskel vor – und was dann herauskommt, klingt so ähnlich wie »godei lallos«. Alle sind hingerissen.

Nicht weniger als sieben Bischöfe vollziehen am nächsten Morgen – es ist der Namenstag von Spaniens Landespatron St. Jakob – die Trauungszeremonie an dem ungleichen Paar. Sie wieder im unkleidsamen Schwiegermutter-Schwarz, gemildert durch Kaskaden von Juwelen, er, ein Bildnis prangender Jugend, in strahlend weißem Seidenatlas.

Zu Beginn wird die Litanei beider Titel verlesen, die am Anfang dieses Kapitels steht (König und Königin von England, Erzherzöge von Österreich, Grafen von Habsburg etc.) und dann, in englischer Sprache, dass es jeder Untertan genau mitbekommt, Philipps Erhebung zum König von Neapel.

Die heilige Handlung verläuft nach dem in allen katholischen Ländern üblichen Schema, mit einer kleinen, nur in England üblichen Abweichung. Auf dem Weg zum Altar wird Maria von zwei sehr jungen Männern begleitet; sobald sie die Ringe mit ihrem Mann gewechselt hat, nehmen sie zwei langjährige Eheveteranen in Empfang. Sie ist damit symbolisch von der Jungfrau zur Ehefrau geworden.

Beim anschließenden Festmahl (30 Gänge) setzt es einen Affront für die Spanier, der vorübergehend ihr Blut in Wallung bringt. Dass das Paar auf einer Empore sitzt, während alle anderen Gäste unten stehen müssen, das ist durchaus in Ordnung. Dass aber Maria einen deutlich prächtiger geschnitzten Sessel innehat als Philipp, dass ihr auf Goldgeschirr, ihm aber nur auf Silber serviert wird, das löst Empörung aus. Ist ein König von Neapel denn weniger wert als eine Königin von England?

Es gibt auch Differenzen höchst simpler Natur. Die englischen und die spanischen Hofleute sind in gemischter Reihe platziert, wodurch die ganze Gesellschaft das absurde Bild einer stundenlangen Pantomime bietet. Keiner versteht die Muttersprache des anderen, das verbindende Französisch scheint bei allen ziemlich mangelhaft zu sein. Dennoch kommen einander just während dieses Festes ein Spanier, nämlich der Graf von Feria, und eine Engländerin, Lady Jane Dormer, so nahe, dass daraus eine höchst erfolgreiche Ehe- und Lebensgemeinschaft erprießt.

Auch beim Tanz nach dem Essen gibt es Schwierigkeiten. Keiner kennt die Figuren des anderen, bis Maria, eine leidenschaftliche und ausgezeichnete Tänzerin, anordnet »auf deutsche Art«, die allen wenigstens halbwegs geläufig ist, das Tanzbein zu schwingen. Hier zeigt sich die königliche Tante ihrem Gemahl, dem königlichen Neffen, weit überlegen. Während sie sich aufs Zierlichste und Anmutigste bewegt, kommt er über leicht hölzernes Zappeln nicht hinaus.

Um neun Uhr wird das Paar ins gemeinsame Schlafgemach geleitet, dessen furchterregend großes Himmelbett zuvor noch ausgiebig von sämtlichen Bischöfen gesegnet und mit geweihtem Wasser besprengt worden ist. Philipp wie auch Maria noch in voller Hochzeitsmontur lassen sich als Erstes ein Mahl servieren – trotz der 30 Gänge vom Mittag!

Nachdem sich die Tür hinter den Jungvermählten geschlossen hat, zerstreut sich die Schar ihrer Begleiter rasch. »Was in dieser Nacht geschah, das wissen nur die beiden«, schreibt der spanische Diplomat Ruy Gomez de Silva, dem wir viele Einzelheiten aus dem königlichen Alltag zu verdanken haben. Er fährt fort: »Wenn sie uns einen Sohn schenken, dann wird unsere Freude vollkommen sein.«

Bereits um sieben Uhr früh verlässt Philipp das Brautzimmer. Er bestellt ein ausgiebiges Frühstück, arbeitet eine Weile an seinem Schreibtisch, besucht die Messe und nimmt anschließend das Mittagessen ein. Allein.

Dass die Ehe zwischen dem strahlend jugendlichen Mann und der eher unscheinbaren, leicht verblühten Frau gut gehen könnte, wird von den meisten bezweifelt. Schon nach wenigen Tagen heißt es, Philipp vernachlässige seine Frau, vergnüge sich mit hübschen englischen Fräuleins, Maria peinige ihn mit dramatischen Ausbrüchen von Eifersucht. Der Ursprung dieser Diffamierungen liegt schon damals zutage. Er sprudelt aus französischen Quellen und die zahllosen Gegner der englisch-spanischen Verbindung tragen das Ihre dazu bei.

Auch Gomez hat am Anfang so seine Bedenken: »Die Königin sieht viel älter aus, als wir angenommen hatten. Würde sie nur spanische Tracht tragen, dann fiele es nicht so auf, wie alt und wie dürr sie ist … Es wird für ihn [Philipp] Gottes Beistand bedürfen, diesen bitteren Kelch zu leeren«, ätzt Gomez, um sich dann gleich selbst zu beruhigen: Philipp hätte nicht »um der Lust des Fleisches willen« geheiratet, sondern tue sein Möglichstes, diese Verbindung nicht nur »ertragbar«, sondern »einigermaßen zufriedenstellend« zu gestalten.

Vier Wochen später schreibt Gomez erstaunt, die Beziehung des Paares sei »herzlich«, Philipp scheine die körperlichen Mängel seiner Frau gar nicht wahrzunehmen und Maria sei »die glücklichste Frau, die man sich nur vorstellen kann«. In der Tat gibt Philipp ihr nicht den geringsten Anlass zur Klage, schenkt ihr Aufmerksamkeit und zuvorkommende Höflichkeit, weicht ihr nicht von der Seite. In einem Brief an den kaiserlichen Vetter gerät sie darob in romantisches Schwärmen über ihren »Herrn und Gebieter … dessen Gegenwart ich mehr ersehne als die jedes anderen menschlichen Wesens«.

Die Flitterwochenseligkeit währt fast einen Monat, ehe König und Königin ihren offiziellen Einzug in London halten; der verläuft mit allem Pomp, mit Fahnenschwingen, Trompetenstößen, Blumengirlanden, Teppichdraperien und Volksauflauf in der damals gängigen Inszenierung. Ein weniger erfreuliches Requisit hat man allerdings zuvor geflissentlich entfernt: die am Stadttor aufgespießten Köpfe der Aufständischen um Thomas Wyatt.

Begeisterung lösen bei den Schaulustigen 97 weit geöffnete Truhen aus, die im Festzug mitgeführt werden. Sie sind vollgefüllt mit gleißenden Goldstücken aus Spaniens neuen Kolonien. Der Anblick erweckt das Gefühl, soll es sichtlich erwecken, dass England mit der spanischen Heirat seiner Königin an der Schwelle zu einem Goldenen Zeitalter stehe.

Ein Londoner Bürger namens John Elder gibt sich denn auch in seinen Tagebuchaufzeichnungen ausführlich diesen Träumereien auf eine rosige Zukunft hin und Philipp erscheint ihm demgemäß in einem geradezu verklärten Licht: »Sein Antlitz ist ebenmäßig, die Stirne klar, die Augen sind grau und er zeigt eine sehr männliche Haltung. Der Kopf ist schmal, der Gang aufrecht, der Schritt fest ... Kopf- und Barthaare sind blond [»yellow« = gelb, heißt es wörtlich]. Der Mann ist an allen Gliedmaßen gleichermaßen wohlgestaltet, eine perfekte Schöpfung der Natur. Ich glaube, dass er großen Verstand und ein freundliches Wesen hat.«

Das Wohlwollen ist trügerisch, der Friede fragil. So harmonisch das Zusammenleben zwischen Philipp und Maria zu verlaufen scheint, so problematisch wird es zwischen den übrigen Spaniern und Engländern. Das liegt einerseits an der erzwungenen Untätigkeit von Philipps Hofstaat, andererseits an der nie nachlassenden Fremdenfeindlichkeit der Engländer. Die wird ständig angeheizt durch gezielte französische Desinformationen, wonach bereits eine riesige Invasionsflotte vor der Küste kreuze. Philipp ziele darauf ab, die ganze Insel sich und dem Papst untertan zu machen.

Darüber hinaus finden sie die Spanier protzig, hochnäsig, affig gekleidet. Die Spanier, ohnehin unter Küche und Klima des Gastlandes leidend, mokieren sich über die Bärbeißigkeit der Briten, ihre miserablen Manieren, ihren ungeheuren Bierkonsum. Laufend kommt es zu Reibereien zwischen Angehörigen der voneinander so verschiedenen Nationen, die sich zunächst in einigermaßen zivilisierten Grenzen halten.

Zu einem gröberen Zwischenfall kommt es, als zwei spanische Ordensritter mit auffällig auf den Wämsern applizierten Kreuzen durch die Stadt spazieren und von einer sich rasch zusammenrottenden Menge als »Papisten« angepöbelt, schließlich tätlich angegriffen werden. Die Ritter ziehen ihre Degen und schlagen wild um sich. Die Menge stiebt auseinander. Verletzt wird niemand, aber die Wut auf die Spanier steigt.

Als ein Diener des Herzogs von Alba nahe der Westminster-Abtei überfallen wird, gibt er einen Schuss ab, ungezielt. Einer der Angreifer wird verletzt. Es kommt zu einer wilden Prügelei zwischen Spaniern und Engländern, Messer werden gezückt, Degen geschwungen – ein halbes Dutzend Tote bleibt auf der Walstatt.

Vor der Kirche von Kingston upon Thames, in der Mitglieder von Philipps Hofstaat die Messe feiern, wird ein Diener von mehreren Männern attackiert. Der Mann setzt sich mit dem Dolch zur Wehr, wird daraufhin zu Tode getrampelt. Der aufgebrachte Pöbel macht Anstalten, die Kirche zu stürmen mit dem drohenden Kampfruf, alle darin betenden Papisten würden auf der Stelle umgebracht. Jemand hat geistesgegenwärtig die Tore geschlossen und verrammelt. Ehe es der wütenden Meute gelingt, die Türen aufzubrechen, stürmen Männer von Philipps Leibwache herbei und bereiten dem Aufruhr ein Ende.

»Es gibt große Gauner unter den Engländern«, beklagt sich Gomez, »sie rauben und stehlen am hellichten Tag.« Er ist Opfer eines Raubes geworden, ebenso wie der Marques von Villena, dem sein gesamtes Silbergerät abhanden kommt. Auch Philipp bleibt nicht ungeschoren. Auf dem Transport zwischen zwei von Marias Landsitzen verschwinden fünf Kisten mit teurer Garderobe und Tafelsilber spurlos.

Da die Spanier im Ruf stehen, über unermessliche Reichtümer zu verfügen, wagen sie sich kaum mehr auf die Straße aus Angst, überfallen zu werden. Mit der Zeit bilden sich wohlorganisierte Räuberbanden, die ständig auf der Lauer liegen, um spanische Reisegesellschaften auf den Landstraßen auszuplündern.

Am Odium, im Gold zu schwimmen, ist Philipp allerdings nicht ganz unschuldig. Zu offen hat er beim Einzug in London mit seinen Schätzen geprahlt. Auch Marias Schatzmeister scheint der Ansicht zu sein, dass in Spanien das Gold so haufenweise herumliege wie der Sand am Strand von Dover.

Zu Philipps böser Überraschung werden ihm die Kosten für *beide* Haushalte, für seinen eigenen und für den Marias, angelastet, und das obwohl Philipps Gefolge unterbeschäftigt ist, denn alle Dienste werden von Engländern wahrgenommen. Die betreffenden Klauseln im Ehevertrag – das ist den Unterhändlern des Kaisers offenbar entgangen – geben keine klare Auskunft über die finanzielle Zuständigkeit der Vertragspartner. So hält man sich denn an Althergebrachtes: Der Mann ist das Oberhaupt der Familie, er hat für alle Kosten aufzukommen. Punktum!

Philipp sitzt in der selbst gestellten Falle. Wohl oder übel muss auch er sich an die Anweisungen halten, die er seinen Untergebenen erteilt hat, damit nur ja keiner bei den Engländern anecken kann.

Aus dem empörten Brief eines kleinen Hofbeamten erfahren wir dazu Einzelheiten: »Es gibt keinerlei Gerechtigkeit für uns. Seine Majestät hat uns verboten, eigenmächtig und aufsässig zu sein, wir dürfen keine Streitereien beginnen und niemanden aufreizen. Wir sollen schmähliche Angriffe hinnehmen und uns so verhalten, als würden wir nichts spüren. Die Engländer halten uns für Feiglinge und machen mit uns, was sie wollen ...«

Alles Ungemach scheint vergessen in dem Augenblick, da Marias Ärzte, Ende September 1554, der Königin eine Schwangerschaft bescheinigen. Jubel erfasst den englischen wie den spanischen Hof, aber auch, und das ist seltsam, das ganze Land. Aus welchem Grund die »kleinen Leute«, die mit ihren Kinderscharen zumeist kaum über die Runden kommen, in Begeisterungstaumel verfallen, sobald sich ein Königsspross anmeldet, das ist kaum zu begreifen. Es sei denn, dass das überwiegend arme und auf jeden Fall unterprivilegierte Volk sich der vagen Hoffnung hingibt, unter einem neuen Souverän würde sich alles zum Besseren wenden.

Wie dem auch sei – Marias Schwangerschaft löst eine einschneidende Neuerung aus, auf die schon der Kaiser hingezielt hat, als er dem Sohn nahe legte, die Regierungsgewalt schrittweise an sich zu bringen, aber unter strikter Wahrung des Eindrucks, dass Maria und der Kronrat allein bestimmten.

Marias Gemahl, so schreibt der Botschafter Savoyens, sei zwar nicht offiziell gekrönt »er übt [jedoch] jetzt dieselbe Autorität aus wie die Könige vor ihm auf dem englischen Thron«. Mit dem Bekanntwerden von Marias Schwangerschaft wird nicht einmal mehr der Schein ihrer Souveränität gewahrt. Alle Münzen mit ihrem Bildnis werden eingezogen und durch solche mit dem Doppelkonterfei des Herrscherpaares ersetzt. Und was noch viel schwerer wiegt, kein Dokument aus der königlichen Kanzlei ist gültig ohne die Unterschrift *beider* Herrscher.

Von großer Tragweite ist auch die Rückkehr des ehemaligen Erzbischofs von Canterbury, Kardinal Reginald Pole; er war vor Heinrich VIII. nach Rom geflohen, seine gesamte Familie der Rache des Königs anheim gefallen, die meisten endeten auf dem Schafott. Pole, ein alter, vergrämter, starrsinniger, aber dennoch höchst charismatischer Mann, übt starken Einfluss auf Maria aus, die er, da Gott sie nun einmal zum Weib erschaffen hat, für gänzlich unfähig hält ein Land zu regieren.

Wir wissen nicht, was in den langen Stunden gesprochen wird, die Pole mit der Königin allein zubringt, doch ist es klar, dass er ihr wichtigster Berater wird, auch im Kronrat das große Wort führt und selbst im Parlament flammende Reden hält.

So geschehen am 28. November 1554 in Whitehall, wohin beide Häuser des Parlaments einberufen worden sind, um über die Haltung der Regierung in der akuten Religionsfrage zu beraten. Spannung und Nervosität sind die vorherrschenden Gefühle und es kommt zu einem kopflosen Tumult, als die Königin auf ihrem Thronsessel zusammensackt und aus dem Saal getragen werden muss. Sie kann sich nicht mehr allein fortbewegen, sie wirkt wie gelähmt. Nach einer Weile wird sie wieder hereingeführt, ihre Bewegungen gleichen denen einer Gliederpuppe. Mit ausdruckslosem Gesicht sitzt sie dann neben ihrem Mann, als begreife sie gar nicht, was um sie herum vorgeht.

Was den plötzlichen Zusammenbruch herbeigeführt hat, das ist nicht klar. Kardinal Poles Rede, in der er sich mit der bevorstehenden Rekatholisierung des Landes befasst, ist im Großen und Ganzen moderat und rhetorisch außerordentlich geschickt aufgebaut.

Während er sich über Einzelheiten der bevorstehenden Maßnahmen unscharf ausdrückt, wird er am Schluss sehr konkret im Hinblick auf die Rückerstattung der Kirchengüter. Die unzweideutige Nachricht lautet, dass diese auf jeden Fall bei ihren neuen Besitzern verbleiben. Dankbar sinken die Herren Abgeordneten in die Knie und es fällt ihnen gar nicht schwer, die vom Kardinal übermittelten Segenswünsche des Heiligen Vaters mit gebührender Demut entgegenzunehmen.

Weniger einsichtig ist, wieso und warum die Abgeordneten dann ein weiteres Gesetz passieren lassen, das dem gesamten Justizwesen zur Schande gereicht. Es besagt, dass Ketzer, durch die kirchlichen Stellen nach den barbarischen Gepflogenheiten der Inquisition verurteilt, von den weltlichen Behörden ihrer Strafe überantwortet werden sollen. Wie sich wenig später herausstellen wird, muss die weltliche Gerichtsbarkeit die Fackel entzünden, wenn ein kirchliches Gericht einen Häretiker zum Tod auf dem Scheiterhaufen verurteilt. Die kirchliche Weste bleibt rein, die des staatlichen Büttels ist mit Blut befleckt.

Dass die Reichen nicht länger um das ihnen überlassene Kirchengut bangen müssen, ist die eine Seite der Medaille. Die andere betrifft die breite Masse des Volkes, das panische Angst vor einer gewaltsamen Rekatholisierung hat, bis zur Weißglut angeheizt von der üblichen französischen Gräuelpropaganda und den protestantischen Widerstandszellen im eigenen Land sowie jener in deutschem und französischem Exil. Neuerlich kommt es zu wüsten Ausschreitungen, Messen werden gesprengt, Priester überfallen, Flugzettel und Maueranschläge hetzen gegen Spanier, Papisten und eine hilflose Königin. Tote Katzen und Hunde, mit Miniatur-Messgewändern bekleidet, werden an die Kirchentüren genagelt.

Der in den folgenden Monaten einsetzende Terror geht von einem Gesetz aus, das am 22. Januar 1555 im Parlament beschlossen wird. Es trägt den Titel »For the Punishment of Heretics« (über die Bestrafung von Ketzern) und soll, so die euphemistische Umschreibung, »der Wiederherstellung von Recht und Gesetz dienen«. In Wahrheit stellt es ein kaltes Machtinstrument zur Festigung des katholischen Glaubens als Staatsreligion dar. Wer von der rechten Lehre abweicht, hat den Tod auf dem Scheiterhaufen zu gewärtigen.

Autoren des Gesetzes sind die Bischöfe Stephen Gardiner und Edmond Bonner, die ihrer Glaubenstreue wegen unter Heinrich VIII.

lange Zeit im Kerker geschmachtet hatten. Ihre Rachegelüste sind verständlich, wenn auch nicht verzeihlich, wobei ihnen wenigstens zugute zu halten ist, dass sie zwar den Feuertod, aber nicht die im übrigen Europa weit verbreitete Folter einführen.

Unmittelbar darauf finden die ersten Ketzerprozesse statt, ab Februar flammen die Scheiterhaufen. Eines der ersten Opfer ist ein Bischof, der nicht von seiner Ehefrau lassen will.

Die Aktionen waren chaotisch, nicht koordiniert, gerieten im Laufe der Zeit außer Kontrolle. Schuldige »Ketzer« wurden in den Tod geschickt, unschuldige Bauern und Handwerker, irgendwo am Rande der Insel, die nicht einmal vom Hörensagen wussten, dass es seit Jahren Religionskämpfe gab, konnten unversehens unter die Räder geraten. Die absurde Tollheit erreichte ihren Höhepunkt mit der Bestimmung, die Leichen von *posthum* der Ketzerei verdächtigen Menschen auszugraben und wenigstens ihre Skelette dem Scheiterhaufen zu überantworten.

Rachsüchtige kleine Priester kühlten ihre Mütchen an unbotmäßigen Schäfchen. Es blühten Verrat und Denunziation. Alte Fehden wurden über die Blutgerichte abgewickelt, echte Landesverräter, denen unter jedem Regime die Todesstrafe gedroht hätte, zu Märtyrern stilisiert.

Beispielsweise geriet Thomas Cramner, ehemaliger Erzbischof von Canterbury, zum Ober-Märtyrer, ein eiskalter Opportunist, Urheber all der religiösen Wirrnisse. Er war es, der Heinrichs VIII. Scheidung vorangetrieben, letzten Endes ermöglicht und dadurch den Bruch mit Rom herbeigeführt hatte, er war der Verfasser des berüchtigten »Common Book of Prayer«, das jedermann bei Androhung der Todesstrafe anerkennen musste. Auf dem Weg zum Richtblock allerdings sank er in die Knie und beteuerte im Herzen immer ein guter Katholik gewesen zu sein.

Wenn von der ersten englischen Königin die Rede ist, dann fällt automatisch der schmähende Beiname »blutig« (bloody Mary). Dass ihr bis heute – sieht man von wenigen Ausnahmen ab – keine Gerechtigkeit widerfahren ist oder zumindest eine Differenzierung ihres Tuns und Lassens, das geht vor allem auf die Herren John Foxe und John Knox zurück, die beide während Marias Regierungszeit auf das Festland emigriert waren und von dort aus gewaltige Drohungen gegen die Königin losließen. Sie standen auch nicht an kundzutun, dass sie nach ihrer Rückkehr alle Katholiken bei lebendigem Leibe rösten würden.

Der Protestantenführer Foxe veröffentlichte kurz nach Marias Tod sein berühmtes »Buch der Märtyrer«, das mit seinen schamlosen Fälschungen und grotesken Übertreibungen bis fast auf unsere Tage so etwas wie eine zweite Bibel in Englands nicht katholischen Haushalten gewesen ist. John Knox, der »schottische Calvin«, der es auch noch mit Maria Stuart und Elisabeth I. zu tun hatte, legte in seinen Schriften alles Unheil dieser Erde den Frauen auf dem Thron zur Last.

»Die Zahl der Opfer [in England] scheint gering, verglichen mit denen auf dem Festland«, lesen wir bei dem amerikanischen Historiker Conyers Read in seiner Studie über Maria, »aber sie war gewaltig in England. In der Tat war es unerhört für englische Verhältnisse. Darum schuf sie in der Vorstellung der Engländer eine stereotype Vorstellung von Rom und seinen Methoden, welche … Jahrhunderte nicht ausrotten konnten.«*

Die Wut und die Abneigung der Menschen bündelten sich auf die Person Marias, auf die Katholikin, auf die mit Spanien Verbundene. Sie vergaßen und verdrängten, dass weder Marias Vater noch deren Schwester zimperlicher waren bei der Durchsetzung ihrer Macht und der Vernichtung ihrer Feinde. Keinem halbwegs vernünftigem Menschen fiele es ein, von »bloody Henry« oder »bloody Elizabeth« zu reden.

Die englischen Ketzerverbrennungen (etwa 300 an der Zahl, an die später im »Buch der Märtyrer« ungeniert eine Null angehängt wurde) geschahen, und das darf nicht aus den Augen verloren werden, in vollem Einverständnis mit, zum Teil auch über Initiative von Parla-

---

* Zum Vergleich: Nur 17 Jahre später werden in Frankreich rund 30 000 Protestanten hingemetzelt.

ment und Kronrat. Auch Philipp, der Mann aus dem Zentralland der Inquisition, ließ keinen Zweifel an seinem vorbehaltlosen Einverständnis.

Nur von Maria, die stets *allein* für die Flammenopfer verantwortlich gemacht wird, ist seltsamerweise keine einzige mündliche oder schriftliche Äußerung zu dem blutigen Thema bekannt. Das Wenige, das wir wissen, fand eine andere Ausdrucksform, stimmt nachdenklich und wirft Fragen auf. Was hat den Schock bei der Parlamentsdebatte vom November 1554 ausgelöst? Wieso verfiel sie ausgerechnet Anfang Februar 1555, als das Wüten der Gegenreformation begann, in eine derart tiefe Depression, dass sie tagelang nicht ansprechbar war?

Dahin die Euphorie über die Schwangerschaft, die am 28. November 1554 mit landesweiten Gottesdiensten und flehentlichen Gebeten um einen *männlichen* Erben kundgetan worden war. »Die Königin ist bei ausgezeichneter Gesundheit, sieht viel besser aus als zur Zeit ihrer Hochzeit«, hat Gomez damals geschrieben. Weiter: »Sie ist schon sichtbar stärker geworden, biegt den Leib nach vorn, sodass alle die Schwangerschaft sehen können.«

Ende März 1555 zieht sich Maria nach Schloss Hampton Court zurück, um dort in aller Ruhe ihre schwere Stunde zu erwarten, die von den Ärzten für den 9. Mai errechnet worden ist. Alle Vorbereitungen sind beendet, Ärzte, Hebammen, Ammen stehen bereit, sogar das Taufkleid ist schon fertig genäht.

Woher das Gerücht kommt, weiß man nicht. Am Morgen des 30. April ist es plötzlich da, wird geglaubt und mit Freuden aufgenommen: die Königin sei in der Nacht von einem gesunden Knaben entbunden worden. Vorübergehend vergessen der Zorn auf die Herrscherin, man trinkt den freigiebig ausgeschenkten Wein, man entzündet Freudenfeuer, Kanonendonner macht die frohe Kunde unüberhörbar. Sogar der Kaiser im fernen Brüssel wird unterrichtet und vernimmt die Botschaft mit bewegter Anteilnahme.

Am nächsten Tag ist alles anders. Aus Hampton Court verlautet, dass die Königin noch nicht geboren habe, und »alle Leute sind schrecklich traurig und enttäuscht«, vermeldet der venezianische Gesandte nach Hause.

Die Stimmung ist gedämpft. Sie wird nicht besser, als die Nachricht vom Tod Johannas der »Wahnsinnigen«, Philipps Großmutter, zugleich Marias Tante, eintrifft. Die nun anbefohlene Hoftrauer unterbindet selbst die harmloseste Kurzweil, endlose Messen und Gebetsstunden lassen die Zeit des Wartens auf das königliche Baby noch bleierner wirken.

Maria nimmt an den Trauer- und Gedenkfeiern nicht teil. Sie bleibt meist in ihren Gemächern, spricht nur das Nötigste, wirkt bis zur letzten Nervenfaser angespannt. Der Verdacht, dass sie gar nicht schwanger sei, wird immer häufiger hinter vorgehaltener Hand ausgesprochen und weiter geleitet. Ein Höfling hat sie beobachtet, wie sie auf einem Schemel zusammengesunken saß, die Beine hochgezogen – eine für eine Hochschwangere unmögliche Haltung. Andere haben sie »leichtfüßig wie ein junges Mädchen« durch den Garten gehen gesehen – auch dies nicht typisch für eine schwerleibige Frau.

Andererseits hat Maria mehrfach behauptet, Kindesbewegungen gefühlt zu haben. Dass ihre Brüste stark geschwollen sind und die Warzen eine milchige Flüssigkeit abgesondert haben, müssen sogar die Hebammen bestätigen, die bereits seit einiger Zeit Zweifel an der Schwangerschaft vorgebracht haben, sehr zum Ärger der Ärzte. Sie weisen das Weibergewäsch barsch zurück, bestehen auf der Richtigkeit ihrer Diagnose. Ihre Majestät ist guter Hoffnung, daran ist nicht zu deuteln.

Nach dem 7. Mai dann ein neues Gerücht: Die Königin hätte eine Fehlgeburt erlitten, schwebe in Lebensgefahr. Kurz darauf zeigt sich Maria dem Hof. Sie scheint schwach, aber durchaus gesund. Der Körperumfang ist noch immer enorm.

Die Ärzte errechnen zwei neue mögliche Geburtstermine: Am 23. Mai, allerspätestens um den 4. Juni herum, wird das Kind das Licht der Welt erblicken. Atemlose Spannung, als der erste Leibarzt, Dr. Calagila, am 21. Mai feierlich kundtut, dass die Entbindung unmittelbar bevorstehe. Der Fötus hätte sich bereits nach unten gesenkt, der Leib ihrer Majestät sei schmaler geworden. Es verstreicht der 21. Mai, der 22., der 23. – nichts geschieht. Der Arzt schweigt. Von Maria ist nichts zu sehen, nichts zu hören.

Sie hat sich in ihrem Zimmer eingeschlossen, öffnet nur, um die Mahlzeiten entgegen zu nehmen. Dennoch wissen wir von ihrer unsagbaren Pein, denn ihr Gebetbuch ist erhalten geblieben. Die beiden Seiten, die Bitten um eine glückliche Niederkunft enthalten, sind verschmiert, geknittert und von den vielen darauf geflossenen Tränen verhärtet.

Philipp hat eine strenge Nachrichtensperre über Hampton Court verhängt, um so wilder wuchern die Gerüchte landesweit. Es heißt, die Königin sei tot, Elisabeth werde bald den Thron besteigen, eine Invasion der Spanier stünde unmittelbar bevor. Zusammenstöße zwischen Anhängern und Gegnern der beiden Fürstinnen, zwischen Engländern und Spaniern sind die Folge. Als dann, wie auf einen Schlag, wieder die Scheiterhaufen zu lodern beginnen, scheint eine allgemeine Revolte knapp bevorzustehen. Sie wird im Keim erstickt.

Nichts dringt von Hampton Court nach draußen, nichts scheint aber auch hineinzudringen. Dort wartet man auf ein Kind, das nicht und nicht kommen will. Die Geistlichen veranstalten eine Bittprozession, die rund um das Haus geführt wird, Priester an der Spitze, gefolgt von psalmodierenden Mönchen und der Gebete murmelnden Hofgesellschaft. Zum ersten Mal seit längerer Zeit zeigt sich Maria am Fenster. Sie lächelt, sie winkt.

Die Gebete scheinen erhört worden zu sein. Nach exakt drei Tagen verspürt die Königin die ersten Wehen, das ganze Schloss gerät in Aufruhr – doch nach ein paar Stunden ist es schon wieder vorbei. Keine Wehen, kein Kind.

Keine Wehen, kein Kind. Maria flieht in die Unwirklichkeit einer Traumwelt. Sie lässt Geburtsanzeigen schreiben, die an den Papst, an die Fürsten Europas verschickt werden sollen, nur Datum, Geschlecht und Name des Kindes sind ausgespart, um dann eingefügt zu werden, sobald das große Ereignis eingetreten ist. Maria unterschreibt jedes

Blatt mit eigener Hand. Wir dürfen vermuten, dass die anwesenden Schreiber unmerklich die Köpfe geschüttelt haben.

Dann ein makabrer Zwischenfall: Ein Abgesandter des Königs von Polen trifft ein, den man nach der ersten, falschen Geburts-Nachricht auf die Reise geschickt hat. Er versteht kein Englisch, die Engländer und Spanier verstehen kein Polnisch, der Emissär baut sich feierlich auf, hält eine Ansprache in Lateinisch: Gratulation zur Geburt des Thronerben. Gequältes Gelächter der Zuhörer, Ratlosigkeit beim polnischen Boten …

Ende Juni ist Maria im elften Monat »schwanger«. Ärzte und Hebammen geben keine Kommentare mehr ab, Maria liegt noch immer auf den Knien und weint in ihr Gebetbuch um ein Wunder. Wann genau sie aufgegeben hat, ist ungewiss. In den ersten Tagen des Monats August übersiedelt der Hof plötzlich in ein anderes Schloss, die Königin, sichtbar erschlankt, nimmt die Regierungsgeschäfte wieder auf. Über die Beendigung der seltsamen Schwangerschaft, die, was hin und wieder vorkommt, nur eine scheinbare gewesen ist, wird kein einziges offizielles Wort verloren.

Philipp war enttäuscht und wohl auch zornig über das Ausbleiben des ersehnten Nachwuchses. In der letzten Phase des langen Wartens hätte er sich, so verriet ein Eingeweihter, sogar mit einer Tochter zufrieden gegeben. Nun aber traf er hastig Anstalten für eine rasche Abreise nach Brüssel. Dafür gab es eine Reihe von schwerwiegenden Gründen.

Die Differenzen zwischen Spaniern und Engländern hatten ein unerträgliches Ausmaß erreicht. Täglich gab es Überfälle und Prügeleien mit schließlich Dutzenden Toten.

Außerdem war der Gemahl der Königin so gut wie bankrott. Die Belastungen durch die beiden aufwändigen Hofhaltungen hatten sein Barvermögen aufgezehrt. Von den Engländern war kein Penny zu erwarten. Er musste auf den Kontinent, um in den Habsburg wohlgesonnenen Bankhäusern Anleihen aufzunehmen.

Den Damen und Herren seines Gefolges ging es nicht besser. Deren Lage wurde noch dadurch erschwert, dass ihnen die Engländer mit unverschämt überhöhten Preisen das Weiße aus den Augen zu nehmen versuchten. Alle, alle brannten darauf, mit ihrem Herrn die Insel zu verlassen.

Die gewichtigste Ursache für Philipps Reiselust war der Wunsch seines Vaters, ihm baldmöglichst die Herrschaft zu übergeben. Kaiser Karl V. war schon 55 Jahre, für damalige Verhältnisse sehr alt, von endlosen Kriegszügen ausgelaugt, von schwerer Gicht und stetig düsterer werdender Melancholie geplagt.

Nur ungern sah Maria den Geliebten scheiden. Was sie empfunden haben mag, als er selbstherrlich die Regierungsschäfte für die Zeit seiner Abwesenheit regelte, wissen wir nicht. Er bestimmte Kardinal Pole zu seinem persönlichen Vertreter und wies in seiner Abschiedserklärung den Kronrat an, dem Bischof »in allen Belangen zu folgen«, sich seinen Ratschlägen und Meinungen nicht zu widersetzen. Die Rede war kurz und einprägsam. Maria wurde darin nicht einmal erwähnt.

Sie begleitete ihn bis Greenwich, von wo Philipp am 29. August 1555 zu Schiff die Themse hinunter abreiste. Sie winkte ihm nicht nach, sie wirkte wie versteinert. Doch kaum in ihrem Zimmer angekommen, brach sie in haltloses Schluchzen aus, wie wir den indiskreten Erinnerungen einer Hofdame entnehmen.

Über Philipps Rat (Befehl?) quartierte sich nach dessen Abschied Kardinal Pole in unmittelbarer Nachbarschaft von Marias Gemächern ein, um ihr jederzeit tatkräftig zur Seite stehen zu können – und er erlebte eine ärgerliche Überraschung. Die Königin schien seine Nähe zu schätzen, hörte seine Ratschläge aufmerksam an – und sie tat dann genau das, was *sie* wollte. Wie Pole in seinen Briefen an Philipp ausführte, traf sie alle Entscheidungen nach eigenem Ermessen, unterschrieb Gesetzesvorlagen nach ihrem Gutdünken.

Sie arbeitete tagsüber bis zum Umfallen, nachts schlief sie kaum. Die Trennung von Philipp belastete sie, und die meisten dunklen Stunden verbrachte sie damit, ihm endlose Briefe zu schreiben, auf die aber nur dürre Antworten folgten. Geschäftsmäßige Routinebriefe, die sich häufig um einen ganz bestimmten Punkt drehten: Wann denn endlich seine, Philipps, Krönung zum englischen König vollzogen werden würde.

Er habe die Königin, schreibt Venedigs Gesandter Giovanni Michiel, »mit Tränen in den Augen« getroffen, sie hätte ihm erzählt, seit Wochen nichts von ihrem Gemahl gehört zu haben.

Philipp schob den Zeitpunkt seiner Rückkehr immer weiter hinaus, und er gab auch glaubwürdige Gründe dafür an. Nachdem ihm sein Vater am 25. Oktober 1555 das Regiment abgetreten hatte, musste Philipp alle größeren Städte Flanderns und der Niederlande besuchen, um die Huldigung seiner Untertanen entgegenzunehmen. Verletzend deutlich wurde er, nachdem Maria ihm geschrieben hatte, dass im Augenblick eine Krönung nicht möglich sei. Da erwiderte er unmissverständlich, es fordere seine Würde, die Regierung unumschränkt mit ihr zu teilen, eher bestünde kein Anlass, nach England zu reisen.

Durchaus mit der Würde des Gemahls einer englischen Königin schien ihm allerdings vereinbar, sich nicht nur nächtelang mit flandrischen Schönen zu amüsieren, sondern sich dann auch noch eine offizielle Geliebte zuzulegen. Seine englischen Gefolgsleute waren »not amused«, unterließen es aber, Maria über das Treiben des angebeteten Gemahls zu unterrichten. »Es hätte ihr das Herz gebrochen«, schrieb einer von ihnen. Doch man kann sicher sein, dass sie es auf die eine oder andere Weise doch erfahren hat. Französische Agenten gab es an allen Ecken und Enden, und nichts musste ihnen willkommener sein als der englischen Königin das Herz zu brechen.

Der französische Gesandte François de Noailles mit seinen unerschöpflichen Reserven an Schmier- und Bestechungsgeldern war es auch, der mithalf, die Stimmung gegen Maria in allen Gegenden der Windrose und in allen Gesellschaftsschichten weiter aufzustacheln. Es wurde als unumstößlich sicher und eindeutig belegbar dargestellt, dass Philipp nur darum so lange in Flandern weilte, um eine gewaltige Armee aus Deutschen, Spaniern und Flamen auf die Beine zu stellen, die England überfallen und die Krone endgültig in seine Gewalt bringen sollte.

Flugzettel überschwemmten das Land, in denen die Königin und ihr Gemahl aufs Unflätigste beschimpft und aufs Ordinärste verspottet, die von ihnen veranlassten Gräueltaten ins Monströse überzeichnet wurden. Mit wohligem Schauder wurde die Geschichte einer jungen Frau vernommen, die auf dem Weg zum Scheiterhaufen ein Kind geboren, das man mit ihr zusammen in die Flammen geworfen hätte.

Ein sorgfältig ausgefeilter Plan zum Sturz Marias und zur Inthronisierung ihrer Schwester Elisabeth wurde inzwischen in aller Stille ausgearbeitet. Ein Sir John Dudley aus dem Clan, der schon einmal Maria an den Rand des Untergangs gedrängt hatte, sammelte in Frankreich unter geflüchteten Protestanten Mitstreiter. Sie wollten eine kleine, schlagkräftige Truppe formieren, über den Kanal setzen, um sich dort mit einer heimlich ausgehobenen Armee zu vereinigen. Dudley rechnete mit einer Schar von 20 000 Mann, die auf dem Weg nach London zu einer gewaltigen Heerschar anwachsen und die Hauptstadt im Sturm nehmen könnte.

Der Plan stand und fiel mit seiner Finanzierbarkeit. Frankreich war zwar gewillt mit Ideen sowie einigen Schiffen beizustehen, aber nicht größere Summen für Waffen und Soldaten lockerzumachen. Dudley hatte, unterstützt von Männern, die über das nötige Wissen verfügten, den Raub des englischen Staatsschatzes ins Auge gefasst.

Die Vorbereitungen für das waghalsige Unternehmen waren bereits weit fortgeschritten, als es einer der potenziellen Mittäter mit der Angst zu tun bekam. Er lief zu Kardinal Pole, beichtete alles, was er wusste – und kam mit dem Leben davon. Nur wenige unbedeutende Mitwisser konnten ausgeforscht werden und wurden hingerichtet. Die Rädelsführer in England blieben unentdeckt und Dudley samt Genossen saßen ohnehin im sicheren Frankreich.

Die herbste Enttäuschung für Maria: Auch zwei Männer ihrer nächsten Umgebung sind in das Komplott verstrickt. Sie ist zutiefst schockiert, wirkt angespannt und nervös, tiefes Misstrauen gegen alle und jede überfällt sie. Ihre Wachen werden mit streng ausgewählten Männern verstärkt, nicht einmal in ihr Schlafzimmer wagt sie sich allein, zwei ihrer Hofdamen müssen es ständig mit ihr teilen.

»Ich bin von Feinden umringt und kann keinen Schritt tun, ohne mein Königreich zu gefährden«, schreibt sie an Philipp. Doch der zeigt sich nicht beeindruckt, macht keine Anstalten, ihr zu Hilfe zu eilen. In ihrer Not wendet sie sich an den kaiserlichen Schwiegervater. Die Majestät möge ihre Kühnheit verzeihen, aber sie bitte ihn in aller Demut, ihrem Gatten zu gestatten (!) zu ihr zurückzukehren. Er möge »die unaussprechliche Traurigkeit, die mir die Abwesenheit des Königs bereitet«, in Betracht ziehen.

Eine Antwort Karls V. ist nicht bekannt, auch nicht, ob er Philipp gebeten oder angewiesen hat, Maria beizustehen. Selbst wenn er es getan hätte – Philipp ist nicht mehr der junge, unerfahrene Mensch, der dem leisesten Wink des Vaters blindlings gehorcht. Er ist Spaniens König, Herr über seine Beschlüsse und die Botschaft nach London lautet weiterhin: Er werde anreisen, sobald es ihm seine nicht näher beschriebenen Vorhaben und Verpflichtungen gestatten.

Ein letzter Versuch, ihn umzustimmen, schlägt kläglich fehl. Maria schickt ihm einen persönlichen Botschafter. Sir John Mason schildert Philipp in drastischen Worten Marias prekäre Lage und erhofft Erfolg durch ein letztes Argument, das so triftig allerdings nicht ist. Die 40-Jährige lässt bestellen, dass »noch nicht alle Hoffnung auf einen Erben geschwunden« sei.

Philipp kommt dann doch, nicht um ein Kind zu zeugen, nicht um die englische Krone zu erlangen. Er kommt, weil er Geld, Waffen, Krieger, Schiffe braucht, die er ultimativ fordert. Wenn Maria seiner Bitte nicht Folge leiste, käme er niemals mehr nach England. Maria, »fast wahnsinnig vor Liebe und Sehnsucht«, wie der venezianische Gesandte berichtet, stimmt sofort zu. Philipp soll alles haben, was er braucht.

Der König ist tief in kriegerische Auseinandersetzungen verwickelt. Seine Truppen stehen vor Rom, was Papst Paul IV., einen engen Verbündeten Frankreichs und inbrünstigen Hasser des Hauses Habsburg, dazu veranlasst, den »Katholischen König« Philipp II. zu exkommunizieren, »diesen Unruhestifter, dessen Infamie noch die seines Vaters, Kaiser Karls V. übersteigt«, tobt der Heilige Vater.

Diese päpstliche Bannbulle ist in allen katholischen Ländern kund und wissen zu tun – auch in England. Man kann sich ausmalen, mit welchem Herzweh und welchen Gewissensqualen Maria die Unterdrückung dieser Bulle veranlasst. Aber sie tut es. Irdische Liebe geht hier vor Glaubensgehorsam. Eine Ketzerei?

Der Krieg Spaniens gegen Frankreich ist unausweichlich geworden. Dafür braucht Philipp die Unterstützung Englands, womöglich verbunden mit einer Kriegserklärung an Frankreich. Im Ehevertrag ist zwar ausdrücklich festgeschrieben, dass Philipp das englische Königreich unter keinen Umständen in seine Kriege mit hineinziehen darf, doch das kümmert ihn wenig. Hat er nicht gleich nach Vertragsabschluss seinen Widerruf festgehalten? Eben.

Und auf Maria kann er bauen, sie wird ihn niemals im Stich lassen. Freudig schließt sie den Gemahl am 18. März 1557 endlich wieder in die Arme und sie hat bereits ausgezeichnete Vorarbeit geleistet. Kriegsschiffe sind bereit zum Auslaufen, die Garnison von Calais, das noch zu England gehört, ist in Alarmbereitschaft, 6000 Mann Infanterie und 600 Kavalleristen warten auf den Einsatzbefehl.

Philipp allerdings stellt die Loyalität seiner ihm blindlings ergebenen Ehefrau auf eine harte Probe. Unklugerweise, um nicht zu sagen skrupellos, hat er seine augenblickliche Geliebte, eine Herzogin von Lothringen, mit nach London gebracht. Bei den ihm zu Ehren gegebenen Empfängen und Festen platziert er die Schöne häufig zu seiner Linken, während Maria mit angespannter Miene zu seiner Rechten thront. Sofort überkommt uns ein Déjà-vu: Wir entsinnen uns der peinlichen Szene, wie sich Philipps Urgroßvater, Kaiser Maximilian I., ungeniert zwischen seine Frau Bianca Maria Sforza und seine Jugendliebe Rosina von Kraig setzte. Man sieht den alten Spruch bestätigt, wonach der Apfel nicht weit vom Stamm fällt.

Englische Quellen schweigen nobel zu der Affäre, französische berichten umso detaillierter über heftige Ausbrüche von Eifersucht seitens der Königin. Sie finden ihr schnelles Ende, nachdem die Herzogin ziemlich überstürzt aus London abgereist ist.

Von dieser Last befreit trifft Maria mit neu entflammter Energie Kriegsvorbereitungen, nachdem sie in den Monaten vor Philipps Heimkunft den Eindruck erweckt hatte, sich nur noch mit Mühe auf den Beinen halten zu können. Ihre alten Übel, Migräne, Schlaf- und

Appetitlosigkeit, Depression, hatten ihr arg zugesetzt. Die Ärzte hatten diese Leiden noch verschlimmert, indem sie die Patientin durch ständige Aderlässe fast zum Ausbluten brachten.

Maria sieht zwar noch immer erbarmungswürdig aus, tiefe Falten durchziehen ihr weißes Gesicht, doch ihre Entschlossenheit, Philipp beizustehen, kennt keine Grenzen. Durch Schmeicheleien und Drohungen bringt sie die Mitglieder des Kronrates dazu, Geld und Material zu besorgen, die Steuerschraube anzuziehen und der Prägung von minderwertigen Münzen zuzustimmen.

England steht gewissermaßen Gewehr bei Fuß, als sich, dem Himmel sei Dank, auch der äußerliche Anlass findet, tatsächlich den Krieg zu erklären. Im Norden des Landes ist unter der Führerschaft eines gewissen Thomas Stafford ein bewaffneter Aufstand gegen die, wie es in den Proklamationen heißt, »teuflische, der englischen Krone unwürdige Königin« ausgebrochen, und zwar nachweisbar über Initiative und mit Unterstützung durch die französische Krone. Der Aufstand wird niedergeschlagen, die Kriegsdeklaration erfolgt am 5. Juni 1557.

Philipp ist mit seiner Gemahlin höchst zufrieden und geruht die karge Zeit, die nicht mit dem Planen künftiger Heldentaten erfüllt ist, ausschließlich mit ihr zu verbringen. Sie wird das Glück dieser letzten Wochen teuer bezahlen müssen.

10 000 Mann Infanterie, 10 000 Berittene stehen Philipp nun zur Verfügung und eine mit 800 000 Kronen wohlgefüllte Kriegskasse. Am 6. Juli 1557 schifft er sich in Dover ein. Maria hat ihn bis zur Reling begleitet, während der vier Tage währenden Reise aus London in den verschiedenen Unterkünften Tisch *und Bett* mit ihm geteilt.

Wunschtraum, Wahrheit oder Wunder? Im September fühlt sie sich guter Hoffnung, wartet aber bis Dezember, ehe sie es ihrem Mann mitteilt. Sie hätte sich, so schreibt sie, »ganz sicher« fühlen wollen. Die Niederkunft würde von den Ärzten für März vorausberechnet.

Ob Philipp diese Botschaft ernst nimmt oder nicht – jedenfalls *will* er sie glauben, sie erhellt ihm ein wenig die trüben Tage, da in Frankreich eine Niederlage nach der anderen folgt. Am 1. Januar 1558 fällt die Festung Calais, das Herzstück Englands auf dem Kontinent. Was nicht für möglich zu halten ist, nun trifft es ein: Selbst die königstreuesten unter Marias Untertanen, ihre ergebensten Bewunderer und Anhänger, können ihrer Wut, ihres Zorns und ihrer Enttäuschung kaum Herr werden. Wie viele mögen ihr aus vollem Herzen die Pest an den Hals gewünscht haben?

Genugtuung und Revanche werden die wenigsten von ihnen erleben: In 30 Jahren wird der Untergang der als unbesiegbar geltenden »Armada« Philipps, des gewesenen Königs von England, just von Calais aus seinen Anfang nehmen …

Ungefähr zu der Zeit, da die Hiobsbotschaft vom Fall der Festung Calais eintrifft und die allseitige Ablehnung der Königin ihrem Höhepunkt zustrebt, wird allen Menschen, die ihre fünf Sinne beieinander haben, klar, dass Marias grotesk anschwellender Leib keinen gesunden Embryo, sondern wahrscheinlich eine kranke Geschwulst birgt. Nur sie selbst klammert sich noch an die Schimäre, fühlt aber gleichzeitig intuitiv, dass ihre Tage gezählt sind.

Anfang März verfasst sie ihren Letzten Willen und bestimmt darin ausdrücklich »die Frucht meines Leibes« als Universalerbin. Als Nächster wird ihr »Herr und von ganzem Herzen geliebter Gemahl« aufs Reichlichste bedacht, schließlich eine Reihe von geistlichen Orden, vor allem im Hinblick auf deren karitative Tätigkeit, und zuletzt das Gefolge.

Als in den späten Sommermonaten wieder einmal das gefährliche Sweat-Fieber grassiert, wird auch sie angesteckt, legt sich ins Bett und wird es nicht mehr verlassen. Manchmal verliert sie das Bewusstsein ganz, manchmal ist es so getrübt, dass sie nicht mehr fähig ist sich in der Realität zurechtzufinden. »Die Wahrheit ist, dass ihr Lebenslicht früher oder später verlöschen wird«, schreibt ein Diplomat, »ihre Ängste scheinen sie mehr zu quälen als ihre tatsächliche Krankheit, so schwer diese auch sein mag.«

In einem wirr gehaltenen Anhang zu ihrem Testament hält sie fest, dass es »keine Frucht meines Leibes« geben wird. Die Frage ihrer Nachfolge lässt sie offen, Elisabeths Name scheint in dem Papier nicht auf.

Philipp, der voraussichtlich bald Witwer sein wird, blickt der traurigen Tatsache furchtlos ins Auge und trifft zielgerechte Vorbereitungen. Am 9. November besucht der Graf von Feria Maria und überbringt ihr eine persönliche Botschaft ihres Mannes. Sie ist nicht mehr imstande, Philipps Zeilen selbst zu entziffern, der Graf muss sie ihr vorlesen, mehrmals. Sie bricht in lang anhaltendes Schluchzen aus und dann bleibt Feria noch bei ihr, redet gütlich und geduldig auf sie ein.

Er kann mit dem Ergebnis seines Krankenbesuches zufrieden sein, ebenso wie sein Herr. Maria hat sich bereit erklärt, ihre Schwester ausdrücklich zur Thronfolgerin zu bestimmen. In einer Botschaft an Elisabeth bittet sie diese, ihre Schulden zu begleichen, die durch den Krieg gegen Frankreich entstanden sind, den katholischen Glauben nicht anzutasten sowie ihre Diener nach Möglichkeit zu übernehmen oder sonstwie zu versorgen.

Darüber hinaus überlässt sie der Schwester auf der Stelle ihren gesamten und wie einen persönlichen Schatz geliebten Schmuck, verbunden mit einem weiteren Anliegen: Elisabeth möge doch, im Interesse des Landes, sobald wie möglich heiraten. Gut gemacht, Feria. Maria ist ihm arglos in die Falle getappt.

Was Maria nicht im Entferntesten ahnen konnte: Feria hat in London eine zweite, weit diffizilere Mission zu erfüllen. Philipps Gesandter soll herausfinden, ob Elisabeth bereit wäre, den zukünftigen Witwer ihrer Schwester zu ehelichen. Die Antwort ist kurz und klar: Elisabeth lässt ausrichten, sie würde nicht so verrückt sein wie ihre Schwester und einen Ausländer heiraten.

Um Maria ist es mittlerweile immer stiller geworden. Einer nach dem anderen stehlen sich ihre Höflinge aus dem St.-James-Palast, wo Maria im Sterben liegt, um sich Elisabeths kleinem Hofstaat in Schloss Hatfield, Hertfordshire, anzudienen. Maria merkt es nicht einmal. Sie dämmert teilnahmslos vor sich hin und ihr leiser Tod am 17. November 1558 wird zunächst gar nicht wahrgenommen. Man hielt sie für schlafend. Darum ist die genaue Stunde ihres Todes nicht bekannt.

Als einer der Ersten ist Elisabeths Kammerherr Nicholas Throckmorton am Sterbelager, nestelt der Verblichenen hastig den Ehering vom Finger um ihn, wie eine Trophäe des Sieges, seiner Herrin zu überbringen. Die neue Königin hält einen Augenblick lang den Atem an, dann fällt sie auf die Knie und schreit: »Das ist Gottes Geschenk, das ist wunderbar!«

Wie von Zauberhand gezogen, beginnen wenige Stunden später alle Glocken zu läuten, alle Kanonen zu donnern, Freudenfeuer werden entzündet, Tische auf die Straßen getragen, an denen getafelt, die neue Königin gefeiert und auf ihr Wohl angestoßen wird.

Andere nehmen sich keine Zeit für frohe Feste. Sie haben Wichtigeres zu tun. Sie stürmen die katholischen Kirchen, schlagen das Gestühl in Trümmer, zerreißen Messgewänder, zerstechen Bilder und zertrampeln oder stehlen die Messgeräte. Nebenbei werden auch noch einige Priester und Mönche hingeschlachtet. Mit dem Schutz der katholischen Kirche, um den Maria ihre Schwester so flehentlich gebeten hat, hat das neue Regime wenig im Sinn. Im Gegenteil.

Marias Bestattung findet ohne den ansonsten üblichen Aufwand statt, weder Philipp noch Elisabeth nehmen daran teil. Nur ein paar ihrer Allergetreuesten folgen dem Sarg. Der Bischof von Winchester, der Philipp und Maria getraut hat, hält einen warmherzigen Nachruf, in dem er ausführlich auf Marias Stärken und Verdienste eingeht, ihre Tapferkeit in kritischen Situationen lobt, ihr soziales Gewissen, das den Armen, Alten und Kranken zugute kam. Ihre Kompromisslosigkeit den katholischen Glauben betreffend streift er nur am Rande.

Elisabeth I. lässt den Bischof am nächsten Tag unter Hausarrest stellen. Die komplette Demontage einer durch ein unglückseliges Schicksal und von einer übergroßen Liebe Getriebenen beginnt gleichzeitig mit der Montage eines Horror-Zerrbildes, das als »Bloody Mary« in den Geschichtsbüchern festgeschrieben wird.

Das weltpolitische Nachspiel zur privaten Tragödie der Maria Tudor begann zwei Jahre später und sollte sich über Jahrzehnte hinziehen.

König Philipp II. von Spanien machte Königin Elisabeth I. von

England einen neuerlichen, diesmal offiziellen Heiratsantrag, mit dem er das Versprechen verband, Calais für England zurückzugewinnen. Sie überlegte eine Zeit lang, war zunächst nicht ganz abgeneigt, lehnte dann aber doch ab mit dem Hinweis auf das Heiratsverbot zwischen Schwägerin und Schwager, das schon die Ehe ihres Vaters mit Katharina von Aragón belastet hatte.

Aus der Fast-Verlobung entwickelte sich im Laufe der Jahrzehnte eine unüberbrückbare Feindschaft. Mit der Vernichtung der spanischen Armada durch die aufstrebende Seemacht England 1588 begann der langsame Niedergang von Habsburgs Herrschaft in Spanien. Sie erlosch im Jahre 1714 (Ende des Spanischen Erbfolgekrieges) für immer.

Damit war Karls V. kühner Plan eines Universalreiches, den er mit der Eheschließung seines Sohnes und der englischen Königin in die Wege leiten wollte, endgültig zunichte geworden.

Verwandtschaftliche Beziehungen der »Goldenen Bräute«

(vereinfacht dargestellt)

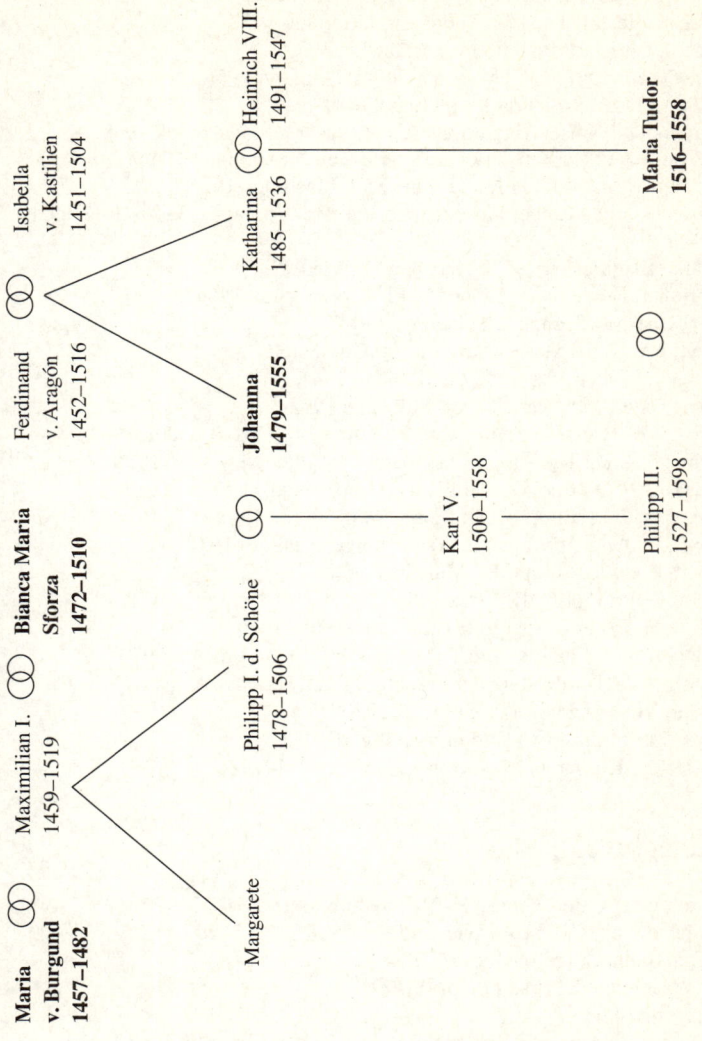

Literatur (eine Auswahl)

Brouwer, Johan: Johanna die Wahnsinnige, München 1978
Chapman, Hester: The Last Tudor King, London 1958
Dericum, Christa: Maximilian I., München 1979
Elton, Geoffry: England Under the Tudors, London 1955
Erickson, Carolly: Bloody Mary, London 1995
Fritz, Monika: Kaiser Maximilian I. und Innsbruck, Innsbruck 1968
Gatt, Anneliese: Der Innsbrucker Hof zur Zeit Maximilians I., Innsbruck 1980
Grill, Heinz: Maximilian I. und seine Zeit, Innsbruck 1977
Hermary-Vieille, Catherina: Johanna die Wahnsinnige, Bergisch-Gladbach 1994
Hamann, Brigitte (Hg.): Die Habsburger, Wien 1988
Hochrinner, Heidemarie: Bianca Maria Sforza, Graz 1966
Imann, Georges: Jeanne la Folle, Paris 1947
Leitich, Ann Tizia: Der Kaiser mit dem Granatapfel, Wien 1966
Lila, Jahn: Bianca Maria Sforza, Mailand 1941
Loades, David M.: Maria Tudor, München 1982
Morrison, N. Brysson: The Private Life of Henry VIII., London 1964
Merriman, R. B.: The Rise of the Spanish Empire, New York 1936
Niederkorn, Christine: Der Hof Kaiser Maximilians I., Graz 1985
Petrie, Charles: Philipp II., Stuttgart 1965
Pfaundl, Ludwig: Johanna die Wahnsinnige, Freiburg 1930
Pfaundl, Ludwig: Philipp II., München 1938
Pierson, Peter: Philipp II., Graz 1985
Prescott, H. F. M.: A Spanisch Tudor, New York 1940
Riddley, Jasper: The Life and Times of Mary Tudor, London 1973
Roschitz, Eva: Das System der habsburgischen Heiraten, Graz 1972
Scheller, Klaus: Die Sforza, Stuttgart 1980
Vossen, Carl: Maria von Burgund, Stuttgart 1982
Wiesflecker, Hermann: Maximilian I., Wien 1971–1986

Bildnachweis:

Personenregister

238